易人外语
Easy Language

英语词根词缀
情境记忆书

易人外语编辑部 / 编著

江苏凤凰科学技术出版社 · 南京

图书在版编目(CIP)数据

英语词根词缀情境记忆书 / 易人外语编辑部编著
. — 南京 : 江苏凤凰科学技术出版社, 2023.8
（易人外语）
ISBN 978-7-5713-3567-0

Ⅰ. ①英⋯ Ⅱ. ①易⋯ Ⅲ. ①英语 – 词汇 – 自学参考
资料 Ⅳ. ①H313

中国版本图书馆CIP数据核字(2023)第088068号

易人外语
英语词根词缀情境记忆书

编　　　著	易人外语编辑部	
责 任 编 辑	祝　萍	
责 任 校 对	仲　敏	
责 任 监 制	方　晨	

出 版 发 行	江苏凤凰科学技术出版社
出版社地址	南京市湖南路1号A楼, 邮编: 210009
出版社网址	http://www.pspress.cn
印　　　刷	天津旭丰源印刷有限公司

开　　　本	718 mm×1 000 mm　1/16
印　　　张	24
字　　　数	390 000
版　　　次	2023年8月第1版
印　　　次	2023年8月第1次印刷

标 准 书 号	ISBN 978-7-5713-3567-0
定　　　价	58.00元

图书如有印装质量问题,可随时向我社印务部调换。

前 言

对很多人来说，学英语的第一步就是背单词。我们都知道，背单词需要掌握正确的方法，才能背得多、背得快、记得久。如果呆板地一个字母一个字母地背单词，不仅进度慢，还记不牢；如果利用拆解法，根据前缀、词根、后缀记忆单词，可以更好地理解单词的构成方式和含义。当背单词像玩拼图一样，可以按照一定的规律，将前缀、词根和后缀组合，我们会发现，背单词其实一点都不难。

然而，要怎么样才能顺利地把拼图"拼接"起来呢？你需要的是一个"情境"。本书的特色在于告别传统的按照前缀、词根、后缀编排单词的方式，不仅在内容的分类上独具巧思，每章内的小节也同样再细分情境，让学习者可以一次掌握具有相近意思的前缀、词根、后缀，并加深印象。简单来说，本书强调的就是在生活情境中，利用前缀、词根，以及后缀学习英语单词，因为情境是容易帮助我们记忆的切入点。

除此之外，每个重点单词还会配上延伸用法以及相关的例句，学习者在记下单词的拼写的同时，也能一并学习该单词在句子中的正确使用方法。本书在部分章节的最后，会附上前缀、词根，或是后缀的可能变化型，并通过简单的基本拆解，让学习者能快速理解补充单词的意义由来。学习者通过这一部分的学习，既能扩展词汇量，又能加深对前缀、词根、后缀的理解。

语言能力的提升必定需要长时间的累积，但在这个过程当中，如果能找到正确且有效的学习方式，便能事半功倍。现在就一起来学习利用前缀、词根、后缀背单词吧！

使用说明

会话秘笈 1

情境式编排，学习效率高！

本书打破传统学习模式，利用情境，将具有相近意思的词根、词缀放在一起，学习更具逻辑、更有效率。

注：英语单词通常可以分为三个部分，即前缀、词根、后缀，在本书中特别用首、根、尾标示。

会话秘笈 2

独家设计情境对话，单词绝不误用！

本书根据前缀、词根或后缀相同的单词，编写了情境对话，学习者可以通过情境学习、记忆单词释义和用法。

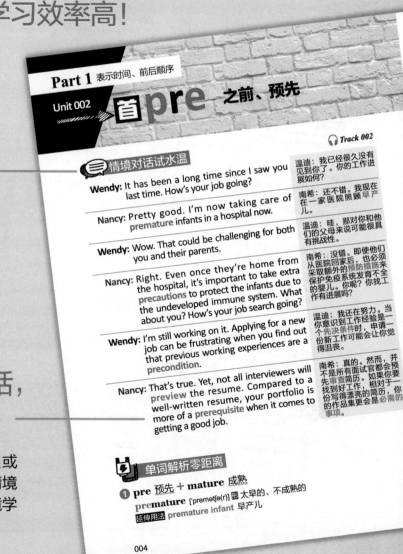

Part 1 表示时间、前后顺序

Unit 002　首 **pre** 之前、预先

🎧 Track 002

情境对话试水温

Wendy: It has been a long time since I saw you last time. How's your job going?

Nancy: Pretty good. I'm now taking care of premature infants in a hospital now.

Wendy: Wow. That could be challenging for both you and their parents.

Nancy: Right. Even once they're home from the hospital, it's important to take extra precautions to protect the infants due to the undeveloped immune system. What about you? How's your job search going?

Wendy: I'm still working on it. Applying for a new job can be frustrating when you find out that previous working experiences are a precondition.

Nancy: That's true. Yet, not all interviewers will preview the resume. Compared to a well-written resume, your portfolio is more of a prerequisite when it comes to getting a good job.

温迪：我已经很久没有见到你了。你的工作进展如何？

南希：还不错。我现在在一家医院照顾早产儿。

温迪：哇，那对你和他们的父母来说可能很具有挑战性。

南希：没错。即使他们从医院回家后，也必须采取额外的预防措施来保护免疫系统发育不全的婴儿。你呢？你找工作有进展吗？

温迪：我还在努力。当你意识到工作经验是一个先决条件时，申请一份新工作可能会让你觉得沮丧。

南希：真的。然而，并不是所有面试官都会预先审查简历。如果你要找到好工作，相对于一份写得漂亮的简历，你的作品集更会是必需的事项。

单词解析零距离

❶ pre 预先 + mature 成熟
premature ['premətʃə(r)] 圈 太早的、不成熟的
延伸用法 premature infant 早产儿

004

003

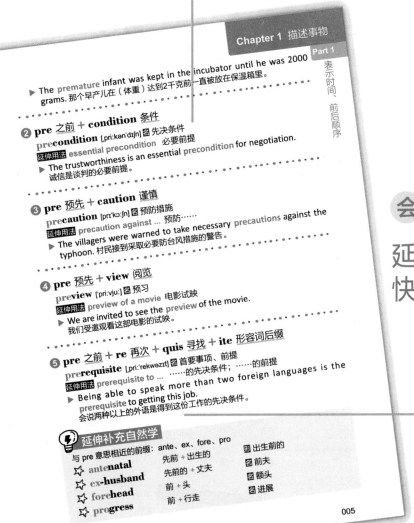

会话秘笈 3

延伸用法加例句，临时急用没问题！

每个重点单词会搭配讲解延伸用法，并根据用法编写例句。学习者在记下单词的拼写之后还能学习其在句子中的正确使用方法，这种拆解记忆单词的方法既有趣又高效。

► The premature infant was kept in the incubator until he was 2000 grams. 那个早产儿在（体重）达到2千克前一直被放在保温箱里。

❷ pre 之前 + condition 条件
precondition [ˌpriːkənˈdɪʃn] 名 先决条件
延伸用法 essential precondition 必要前提
► The trustworthiness is an essential precondition for negotiation.
诚信是谈判的必要前提。

❸ pre 预先 + caution 谨慎
precaution [prɪˈkɔːʃn] 名 预防措施
延伸用法 precaution against ... 预防……
► The villagers were warned to take necessary precautions against the typhoon. 村民接到采取必要防台风措施的警告。

❹ pre 预先 + view 阅览
preview [ˈpriːvjuː] 名 预习
延伸用法 preview of a movie 电影试映
► We are invited to see the preview of the movie.
我们受邀观看这部电影的试映。

❺ pre 之前 + re 再次 + quis 寻找 + ite 形容词后缀
prerequisite [ˌpriːˈrekwəzɪt] 名 首要事项、前提
延伸用法 prerequisite to ... ……的先决条件；……的前提
► Being able to speak more than two foreign languages is the prerequisite to getting this job.
会说两种以上的外语是得到这份工作的先决条件。

⚡ 延伸补充自然学

与 pre 意思相近的前缀：ante、ex、fore、pro

☆ ante**natal**	先前 + 出生的	形 出生前的
☆ ex-**husband**	先前的 + 丈夫	名 前夫
☆ fore**head**	前 + 头	名 额头
☆ pro**gress**	前 + 行走	名 进展

005

会话秘笈 4

延伸补充一次学，快速扩充单词量！

为了帮助学习者快速扩展词汇量，本书还特别收录了词根、词缀的变化型或意思相近、相反的词根、词缀。学习者可以在进一步熟悉构词法的同时，联想记忆关联词。

目录

Chapter 1 描述事物

Part 1 表示时间、前后顺序

- **Unit 001** 根 tempor 时间 / 002
- **Unit 002** 首 pre 之前、预先 / 004
- **Unit 003** 首 fore 前面、在……之前、先 / 006
- **Unit 004** 根 sequ 追随其后 / 008
- **Unit 005** 首 post 之后 / 010

Part 2 表示方位、方向、地点

- **Unit 006** 首 en 入、向内、使进入 / 012
- **Unit 007** 首 trans 穿过、横越、转变 / 014
- **Unit 008** 根 medi 中间 / 016
- **Unit 009** 首 inter 在……之间 / 018
- **Unit 010** 首 e 出、以外、加强语气 / 020
- **Unit 011** 首 ex 之前、向外 / 022
- **Unit 012** 首 over 超过、过度 / 024
- **Unit 013** 首 hyper 在……之上、过度、超过 / 026
- **Unit 014** 首 sub 下面、在……之下、次、分支 / 028
- **Unit 015** 首 para 在旁边、违反 / 30
- **Unit 016** 尾 ward(s) 往……方向的 / 032

Part 3 表示数量

- **Unit 017** 首 mon(o) 单一 / 034
- **Unit 018** 首 bi 二、双 / 036
- **Unit 019** 首 tri ~ mili 三 ~ 千 / 038
- **Unit 020** 首 semi 一半 / 040
- **Unit 021** 首 multi 多种的 / 042

Part 4 表示形状、大小

- **Unit 022** 根 circ(um) 环 / 044
- **Unit 023** 根 rect 正、直、指导 / 046
- **Unit 024** 根 form 形状、形成 / 048
- **Unit 025** 首 mini 小的 / 050
- **Unit 026** 首 omni 全部的 / 052
- **Unit 027** 根 part 部分、分开 / 054

Chapter 2 世界与自我

Part 1 表示生命

- **Unit 028** 根 anim 生命、精神 / 058
- **Unit 029** 根 bio, bi 生命的、生物的 / 060
- **Unit 030** 根 viv 活、生存 / 062
- **Unit 031** 根 nat 出生 / 064
- **Unit 032** 根 mort 死亡 / 066

Part 2 表示动植物、自然、宇宙

- **Unit 033** 根 flo(u)r 花、叶 / 068
- **Unit 034** 根 luc, lumi 光亮 / 070
- **Unit 035** 根 pyr 火 / 072
- **Unit 036** 根 aqua, aque 水 / 074
- **Unit 037** 根 mar 海洋的 / 076
- **Unit 038** 根 lith 石头 / 078
- **Unit 039** 根 geo 土地 / 080
- **Unit 040** 根 lun, sol 月亮、太阳 / 082
- **Unit 041** 根 astro, aster 星 / 084
- **Unit 042** 根 cosm(o) 宇宙、次序 / 086

Part 3 表示身体

- **Unit 043** 根 capit 头、主要的 / 088
- **Unit 044** 根 cord 心脏 / 090
- **Unit 045** 根 corpor, corp 身体、团体 / 092
- **Unit 046** 根 face 外表、表面 / 094
- **Unit 047** 根 derm 皮肤 / 096
- **Unit 048** 根 manu 手 / 098
- **Unit 049** 根 ped, pod 足 / 100

Part 4 表示情绪、认知、抽象事物

- **Unit 050** 根 grat(e) 高兴的、感谢的 / 102
- **Unit 051** 根 mem(or) 记忆 / 104
- **Unit 052** 根 fid 信任、相信 / 106
- **Unit 053** 根 sci 知道 / 108
- **Unit 054** 根 pass, path 感觉、感受 / 110
- **Unit 055** 根 sent, sens 感觉 / 112
- **Unit 056** 根 psych 灵魂、心理 / 114
- **Unit 057** 根 liber 自由 / 116
- **Unit 058** 根 pac, peac 和平 / 118
- **Unit 059** 根 dyn, dynam 力量 / 120
- **Unit 060** 根 phil 爱 / 122
- **Unit 061** 尾 phobia 恐惧 / 124
- **Unit 062** 根 the(o) 神 / 126
- **Unit 063** 根 therm(o) 热 / 128
- **Unit 064** 尾 ache 疼痛 / 130

Chapter 3 人体

Part 1　表示五官动作

- **Unit 065** 根 spect 看 / 134
- **Unit 066** 根 vis, vid 看 / 136
- **Unit 067** 根 audi, audit 听 / 138
- **Unit 068** 根 ton(e) 声音 / 140
- **Unit 069** 根 son 声音 / 142
- **Unit 070** 根 claim 喊叫、声音 / 144
- **Unit 071** 根 ed, vo(u)r 吃 / 146
- **Unit 072** 根 spir(e) 呼吸 / 148

Part 2　表示说话、语言

- **Unit 073** 根 dict 说、言 / 150
- **Unit 074** 根 lingu 语言、舌头 / 152
- **Unit 075** 根 liter 字母 / 154
- **Unit 076** 根 loqu, log, logue 说 / 156

Part 3　表示四肢动作

- **Unit 077** 根 mot 动 / 158
- **Unit 078** 根 scribe 写 / 160
- **Unit 079** 尾 graph 记录、书写 / 162
- **Unit 080** 根 ject 投掷、丢 / 164
- **Unit 081** 根 cept 拿取 / 166
- **Unit 082** 根 tort 扭曲 / 168
- **Unit 083** 根 port 拿、带 / 170
- **Unit 084** 根 tract 拉 / 172
- **Unit 085** 根 turb 搅动 / 174
- **Unit 086** 根 cise 切、割 / 176
- **Unit 087** 根 vert 转 / 178
- **Unit 088** 根 tain 握 / 180
- **Unit 089** 根 tend 伸 / 182
- **Unit 090** 根 fact 制作、做 / 184
- **Unit 091** 根 gest 搬运、携带 / 186
- **Unit 092** 根 pos(e) 放置 / 188
- **Unit 093** 根 lev, lieve 举、轻 / 190
- **Unit 094** 根 scend 攀爬、上升 / 192
- **Unit 095** 根 flect 弯曲 / 194
- **Unit 096** 根 sid(e), sess 坐 / 196
- **Unit 097** 根 act 行动 / 198
- **Unit 098** 根 ambul 走动、行走 / 200
- **Unit 099** 根 cede, ceed 行走、移动、屈服 / 202
- **Unit 100** 根 cur(r) 跑 / 204
- **Unit 101** 根 vene(t) 来 / 206
- **Unit 102** 根 sist 抵挡、站立 / 208

Part 4 表示行为、动作

- **Unit 103** 首 a 朝向、动作的进行、不、加强语气 / 210
- **Unit 104** 首 re 反向、再次、强调 / 212
- **Unit 105** 首 co 聚合、共同 / 214
- **Unit 106** 首 syn, sym 和、一起、相同 / 216
- **Unit 107** 根 junct 连接 / 218
- **Unit 108** 根 her(e) 黏着 / 220
- **Unit 109** 根 struct 建造 / 222
- **Unit 110** 根 gen 起源、产生 / 224
- **Unit 111** 根 cert 相信、确信 / 226
- **Unit 112** 根 lect 收集、选择 / 228
- **Unit 113** 根 mit, miss 送 / 230
- **Unit 114** 根 duct 引导 / 232
- **Unit 115** 根 pend 悬挂、费用 / 234
- **Unit 116** 根 flu 流 / 236
- **Unit 117** 根 solv(e) 释放 / 238
- **Unit 118** 根 fract, frag 破、打碎 / 240
- **Unit 119** 根 rupt 破裂 / 242
- **Unit 120** 根 fin 结束、最终、限制 / 244
- **Unit 121** 根 clude, close 关闭 / 246
- **Unit 122** 根 not 写、标示 / 248
- **Unit 123** 根 test 测试、证据 / 250
- **Unit 124** 根 sign 记号、标记 / 252
- **Unit 125** 尾 ate 使成为行动、造成 / 254

Chapter 4 社会生活

Part 1 表示人类、个人、社会

- **Unit 126** 根 anthrop 人类 / 258
- **Unit 127** 根 ego 自我 / 260
- **Unit 128** 根 pot 能力、力量 / 262
- **Unit 129** 根 priv 私有、个人的 / 264
- **Unit 130** 根 demo 人民 / 266
- **Unit 131** 根 habit 居住 / 268
- **Unit 132** 根 soci 交际 / 270
- **Unit 133** 根 serv(e) 服务、保留 / 272

Part 2　表示规范、法律

- **Unit 134** 根 leg 指定、法律 / 274
- **Unit 135** 根 norm 规范 / 276
- **Unit 136** 根 polit 政治 / 278
- **Unit 137** 根 domin 统治 / 280
- **Unit 138** 根 reg 命令、统治 / 282

Part 3　表示疾病、学说、纪录

- **Unit 139** 尾 ia 疾病、病痛 / 284
- **Unit 140** 尾 ics 学科、学术 / 286
- **Unit 141** 尾 ism 主义、学说 / 288
- **Unit 142** 尾 olgy, ology 研究、学科 / 290
- **Unit 143** 尾 stasis 停滞状态 / 292

Part 4　表示职业、身份、性别

- **Unit 144** 尾 ant 做某事的人 / 294
- **Unit 145** 尾 er 从事……的人 / 296
- **Unit 146** 尾 ee 做……动作者 / 298
- **Unit 147** 尾 ist 从事……者、某主义或信仰的遵守者 / 300
- **Unit 148** 尾 ess 女性 / 302
- **Unit 149** 尾 hood 身份、时期 / 304
- **Unit 150** 尾 aholic, oholic, holic 嗜……者、对……上瘾者 / 306

Chapter 5 否定与特性

Part 1　表示否定、反对、取消

- **Unit 151** 首 ab 不、相反、离开 / 310
- **Unit 152** 首 mis 错误、无、缺乏 / 312
- **Unit 153** 首 un 无、不 / 314
- **Unit 154** 首 in 无、不 / 316
- **Unit 155** 首 counter 反、对抗 / 318
- **Unit 156** 首 de 解除、反转 / 320
- **Unit 157** 首 dis 相反、不 / 322
- **Unit 158** 首 neg 否定 / 324
- **Unit 159** 首 anti 反对、对抗 / 326
- **Unit 160** 首 contra 反对、对抗、相反 / 328

Part 2 表示性质、特质

- **Unit 161** 根 fort 强壮、强力 / 330
- **Unit 162** 根 firm 坚定、强壮的 / 332
- **Unit 163** 首 hetero, homo 不同的、相同的 / 334
- **Unit 164** 根 crypt 隐藏、秘密 / 336
- **Unit 165** 根 plen, plete 满的、填满 / 338
- **Unit 166** 根 nov 新的 / 340
- **Unit 167** 首 proto 最先、原初的 / 342
- **Unit 168** 尾 less 不能……的、没有……的 / 344
- **Unit 169** 尾 ful 充满……的 / 346
- **Unit 170** 尾 able 可……的、能够……的 / 348
- **Unit 171** 尾 proof 防止……的 / 350
- **Unit 172** 尾 ish 像……般的 / 352
- **Unit 173** 尾 ive 有……倾向的、有……性质的 / 354
- **Unit 174** 尾 ability 具有……性质、可……性 / 356

Part 3 表示状态、情况

- **Unit 175** 尾 ship 状态、身份、关系 / 358
- **Unit 176** 尾 age 状况、行为、数量、性质 / 360
- **Unit 177** 尾 ance 性质、状态 / 362
- **Unit 178** 尾 ence 行为、状态 / 364
- **Unit 179** 尾 ment 行为、行动 / 366
- **Unit 180** 尾 ness 性质、状态 / 368
- **Unit 181** 尾 tion, sion 行动、状态 / 370

Chapter1

描述事物

 根tempor 时间

情境对话试水温

🎧 *Track 001*

Lilian: Do you know that these two artists are **contemporaneous**?	莉莲：你知道这两个艺术家是<u>同时期的</u>吗？
Melody: Really? Their artworks exhibit very contrasting **spatiotemporal** settings.	梅洛迪：真的吗？他们的艺术品展现出对比鲜明的<u>时空</u>背景呢。
Lilian: That's because they have different personality, which has something to do with their family background. One is extremely poor, and one is incredibly rich.	莉莲：这是因为他们拥有不同的性格，且跟他们的家庭背景有点关系。其中一个非常贫穷，另一个则不可思议地有钱。
Melody: I see. This makes me feel like I am just a tiny **temporal** being, like an ant, in this mundane world.	梅洛迪：明白。这让我觉得在这个世界上，我只是个小小的<u>世俗的</u>存在，像一只蚂蚁一样。
Lilian: Aren't we all? **Temporariness** isn't entirely a bad thing. It helps us value what we have.	莉莲：我们不也是吗？<u>无法长久</u>并不全然是件坏事。这样能帮助我们珍惜我们所拥有的。
Melody: True. After all, one's inner knowledge isn't **temporary**. It lasts and shows itself through one's creations.	梅洛迪：那倒是。毕竟，一个人的内在知识不是<u>暂时性的</u>。它会持续下去，并从一个人创作的作品中展现出来。
Lilian: Well said.	莉莲：说得好。

 单词解析零距离

① **tempor** 时间 ＋ **ary** 形容词后缀

temporary ['temprəri] 形 临时的；暂时的

延伸用法 a temporary job 临时工
▶ I found a **temporary** job at the gas station.
我在加油站找到了一份临时工作。

❷ **tempor** 生命 ＋ **ariness** 形容词转名词

temporariness [ˈtemprərinəs] 名 临时性；暂时

延伸用法 the temporariness of life 生命的短暂
▶ I find it hard to deal with the idea of the **temporariness** of life.
我认为面对生命短暂这个观点是困难的。

❸ **tempor** 时间 ＋ **al** 形容词后缀

temporal [ˈtempərəl] 形 时间的；短暂的；世俗的

延伸用法 temporal dimension 时间维度
▶ We all live in this **temporal** dimension. 我们都生活在这个时间的维度。

❹ **spatio** 空间 ＋ **tempor** 时间 ＋ **al** 形容词后缀

spatiotemporal [ˌspeɪʃɪəʊˈtempərəl] 形 时空的

延伸用法 spatiotemporal background 时空背景
▶ This painting portrays a very specific **spatiotemporal** background.
这幅画展现出一个非常独特的时空背景。

❺ **con** 共同 ＋ **tempor** 时间 ＋ **aneous** 形容词后缀

contempor**aneous** [kənˌtempəˈreɪniəs] 形 同时的，同时发生的

延伸用法 be contemporaneous with 与……同期
▶ Chopin is not **contemporaneous** with Mozart.
肖邦与莫扎特不是同时期的。

💡 延伸补充自然学

☆ **a**temporal	表示否定＋时间＋形容词后缀	形 不受时间影响的
☆ **tempor**ality	时间＋名词后缀	名 暂时性；时间性

与 tempor 意思相近的词根：chron

☆ **chron**ic	时间＋形容词后缀	形 慢性的；习惯性的
☆ syn**chron**ize	一起＋时间＋动词后缀	动 同步
☆ **chron**ology	时间＋学科（学问）	名 编年史

Unit 002 首  pre 之前、预先

🎧 *Track 002*

💬 情境对话试水温

Wendy: It has been a long time since I saw you last time. How's your job going?	温迪：我已经很久没有见到你了。你的工作进展如何？
Nancy: Pretty good. I'm now taking care of **premature** infants in a hospital now.	南希：还不错。我现在在一家医院照顾早产儿。
Wendy: Wow. That could be challenging for both you and their parents.	温迪：哇，那对你和他们的父母来说可能很具有挑战性。
Nancy: Right. Even once they're home from the hospital, it's important to take extra **precautions** to protect the infants due to the undeveloped immune system. What about you? How's your job search going?	南希：没错。即使他们从医院回家后，也必须采取额外的预防措施来保护免疫系统发育不全的婴儿。你呢？你找工作有进展吗？
Wendy: I'm still working on it. Applying for a new job can be frustrating when you find out that previous working experiences are a **precondition**.	温迪：我还在努力。当你意识到工作经验是一个先决条件时，申请一份新工作可能会让你觉得沮丧。
Nancy: That's true. Yet, not all interviewers will **preview** the resume. Compared to a well-written resume, your portfolio is more of a **prerequisite** when it comes to getting a good job.	南希：真的。然而，并不是所有面试官都会预先审查简历。如果你要找到好工作，相对于一份写得漂亮的简历，你的作品集更会是必需的事项。

 单词解析零距离

1 pre 预先 ＋ mature 成熟

premature ['premətʃə(r)] 形 太早的、不成熟的

延伸用法 premature infant 早产儿

▶ The **premature** infant was kept in the incubator until he was 2000 grams. 那个早产儿在（体重）达到2千克前一直被放在保温箱里。

❷ **pre** 之前 ＋ **condition** 条件

precondition [ˌpriːkənˈdɪʃn] 名 先决条件

延伸用法 essential precondition　必要前提

▶ The trustworthiness is an essential **precondition** for negotiation.
诚信是谈判的必要前提。

❸ **pre** 预先 ＋ **caution** 谨慎

precaution [prɪˈkɔːʃn] 名 预防措施

延伸用法 precaution against ...　预防……

▶ The villagers were warned to take necessary **precautions** against the typhoon. 村民接到采取必要防台风措施的警告。

❹ **pre** 预先 ＋ **view** 阅览

preview [ˈpriːvjuː] 名 预习

延伸用法 preview of a movie　电影试映

▶ We are invited to see the **preview** of the movie.
我们受邀观看这部电影的试映。

❺ **pre** 之前 ＋ **re** 再次 ＋ **quis** 寻找 ＋ **ite** 形容词后缀

prerequisite [ˌpriːˈrekwəzɪt] 名 首要事项、前提

延伸用法 prerequisite to ...　……的先决条件；……的前提

▶ Being able to speak more than two foreign languages is the **prerequisite** to getting this job.
会说两种以上的外语是得到这份工作的先决条件。

⚡ 延伸补充自然学

与 pre 意思相近的前缀：ante、ex、fore、pro

☆ **ante**natal　先前 ＋ 出生的　形 出生前的
☆ **ex**-husband　先前的 ＋ 丈夫　名 前夫
☆ **fore**head　前 ＋ 头　名 额头
☆ **pro**gress　前 ＋ 行走　名 进展

Unit 003  首 **fore** 前面、在……之前、先

情境对话试水温

🎧 *Track 003*

Kristy: I strongly recommend Ian's latest novel. Though I only finished the foreword last night, I guess you'll definitely love it!	克里斯蒂：我强烈向你推荐伊恩最新的小说。虽然我昨晚只看了前言，但我猜你一定会喜欢的！
Molly: What's it about?	莫莉：内容是关于什么的呢？
Kristy: A boy with a lightning-bolt-shaped scar on his forehead has this mysterious power to foresee the future, foretell the results, and know all details about others' foretime.	克里斯蒂：一个额头上有闪电疤痕的男孩，他拥有预知未来、预言结果，以及了解每个人过去的超能力。
Molly: Harry Potter?	莫莉：哈利·波特？
Kristy: Cut it out!	克里斯蒂：你够了！
Molly: Alright, alright! Lend it to me after you finish reading, but no spoilers, OK?	莫莉：好啦好啦！你看完以后借我，但不要剧透好吗？
Kristy: Sure. Now I hope I can foresee if the baseball tournament will take place tomorrow.	克里斯蒂：当然。我现在希望我也能预知明天棒球联赛会不会举行。
Molly: I checked the weather forecast and it said it will be raining tomorrow. I think it'll be postponed to next Saturday.	莫莉：我查了天气预报，说明天会下雨，我认为比赛将会延迟到下周六。
Kristy: No way!	克里斯蒂：不要！

单词解析零距离

❶ **fore** 预先 ＋ **cast** 抛、掷

forecast [ˈfɔːkɑːst] 动 预测、预示　　延伸用法 **weather forecast** 天气预测

▶ According to the weather **fore**cast, it will rain this afternoon.
根据天气预报，今天下午会下雨。

❷ fore 前面的 ＋ **head** 头部

forehead ['fɔ:hed] 名 前额　　延伸用法 forehead thermometer 额温枪
▶ The nurse used a **fore**head thermometer to take his temperature.
护士用额温枪帮他量体温。

❸ fore 预先 ＋ **see** 看见

foresee [fɔ:'si:] 动 预知
延伸用法 foresee the result of... 预测……的结果
▶ I wish I could **fore**see the result of the final exam.
我希望我可以预知期末考试的成绩。

❹ fore 预先 ＋ **tell** 说

foretell [fɔ:'tel] 动 预测、预言　　延伸用法 foretell the future 预测未来
▶ The cheater **fore**told the woman's future by reading her hand.
这个骗子通过看女人的手相来预测她的未来。

❺ fore 前面的 ＋ **time** 时光

foretime ['fɔ:taɪm] 名 过往
延伸用法 say goodbye to foretime 告别过去
▶ We should say goodbye to **fore**time and look to the future.
我们应该告别过去，往前看。

❻ fore 前面的 ＋ **word** 字词

foreword ['fɔ:wɜ:d] 名 前言　　延伸用法 foreword to a book 书的前言
▶ I am honored to have my respected teacher write a **fore**word to my
book. 能请恩师帮我的书写序，我感到很荣幸。

 延伸补充自然学

☆ **forearm**　　　　前面的 ＋ 手臂　　　　名 前臂

情境对话试水温

🎧 *Track 004*

Natalie: You know the **consequences** of breaking the school rules, right?

娜塔莉：你知道打破校规的后果，对吧？

Laura: I know, but I believe it's the right thing to do. I hate seeing those **obsequious** people who always try to flatter the greedy principal.

劳拉：我知道，但是我相信这是对的事情。我讨厌看到那些奉承的人总是试着要讨好贪心的校长。

Natalie: But you have to know that this issue is bred by a **sequence** of previous events. It's not that simple.

娜塔莉：但你必须知道，这个问题是由先前一连串事件所导致的。事情没有那么简单。

Laura: So it's wrong for me trying to correct this **subsequent** outcome, which has already become a burden for the students?

劳拉：所以我想要解决这个随之而来的后果是错的吗？这早已变成学生们的负担了。

Natalie: That's not what I meant. But I don't see how painting an ugly graffiti is going to help the issue you're talking about.

娜塔莉：我不是那个意思。但我不明白画一个丑陋的涂鸦对你说的问题有什么帮助。

 单词解析零距离

❶ **con** 共同 ＋ **sequ** 跟随 ＋ **ence** 名词后缀

consequence ['kɒnsɪkwəns] 名 结果

延伸用法 of no consequence 无足轻重

▶ He is only a man of no **consequence**.
他只是个无足轻重的小人物。

❷ ob 到 **＋ sequ** 跟随 **＋ ious** 形容词后缀

obsequious [əb'si:kwiəs] 形 奉承的

延伸用法 **obsequious flattery** 阿谀之词

▶ Jack's **obsequious** flatteries make his boss overwhelmed with joy.
杰克的阿谀谄媚之词让他老板乐不可支。

- -

❸ sequ 跟随 **＋ ence** 名词后缀

sequence ['si:kwəns] 名 接续

延伸用法 **a sequence of** 一连串

▶ After interviewing a **sequence** of applicants, the interviewers were all tired.
在面试了一连串的应聘者后，所有面试官都累了。

- -

❹ sub 在……下面 **＋ sequ** 跟随 **＋ ent** 表示性质

subsequent ['sʌbsɪkwənt] 名 后继

延伸用法 **subsequent to** 在……之后

▶ On the day **subsequent** to their divorce, he married another woman.
在他们离婚的第二天，他就娶了另一个女子。

💡 **延伸补充自然学**

sequ的变化型：secu、sec、sue

☆ **consecutive**　　共同＋紧跟的　　形 接续的

☆ **second**　　　　跟随的＋性质　　形 第二的

☆ **ensue**　　　　加强＋跟随　　动 接踵而来

首 post 之后

情境对话试水温

🎧 *Track 005*

Marvin: I heard that you're now a postgraduate student.

马文：我听说你现在是一名研究生。

Linda: Yes. I'm now focusing on postmodern cultural theories.

琳达：是的。我现在正专攻后现代的文化理论。

Marvin: Wow. Sounds deep. How many people are there in your class?

马文：哇，听起来很深奥。你的班级里有多少人呢？

Linda: It depends. But I'm so fed up with my team partner postponing her part of the project. It's so annoying.

琳达：要看情况。但我真的受够了我的组员一直在拖延上交她那部分的作业。真的很烦。

Marvin: You should notify your professor. Write a postscript on your report.

马文：你应该告知你的教授。在你的报告上做个附录。

Linda: I wish it is that easy. Her report always came posterior to mine! Then I became the telltale!

琳达：我希望真有那么简单。她的报告总是比我晚交！这样我就变成搬弄是非的了！

Marvin: She's the one that hasn't done things right. Why do you have to feel guilty about it?

马文：她是那个没把事情做好的人。为什么你要为此觉得自责？

单词解析零距离

1 post 后面的 ＋ modern 现代的

postmodern [ˌpəʊstˈmɒdn] 形 后现代的

延伸用法 postmodern theory 后现代理论

▶ This professor is well-known for his in-depth grasp in **postmodern** theories. 这位教授以他对后现代理论的深度理解而出名。

❷ post 后面的 ＋ **pon** 放置 ＋ **e**

postpone [pə'spəʊn] 动 延期、延迟

延伸用法 **postpone a meeting** 延后开会

▶ The manager requested to **postpone** the meeting to the afternoon. 经理要求将会议延迟到下午。

❸ post 后面的 ＋ **e** ＋ **ior** 形容词后缀

posterior [pɒ'stɪərɪə(r)] 形 后面的 名 后部；臀部

延伸用法 **the posterior side** 后面的部分

▶ The **posterior** side of the building is out of use now. 这栋大楼后面的部分现在已经不能使用了。

❹ post 后面的 ＋ **gradu** 一步一步 ＋ **ate** 表示群体

postgraduate [ˌpəʊst'grædʒuət] 名 研究生 形 研究生的；大学毕业后的

延伸用法 **study as a postgraduate** 读研

▶ I studied hard in order to get into that famous school and study as a **postgraduate**. 我认真读书只为了进入那所有名的学校读研。

❺ post 后面的 ＋ **script** 书写

postscript ['pəʊstskrɪpt] 名 附笔；附录

延伸用法 **add a postscript** 加上附注

▶ I added a **postscript** in my report, hoping that I could get extra credits. 我在我的报告中加了附录，希望可以得到额外的分数。

💡 延伸补充自然学

☆ **post-war** 后面的＋战争 形 战后的
☆ **postlude** 后面的＋演奏 名 后奏曲

首 en 入、向内、使进入

💬 情境对话试水温　　　　　　　　🎧 *Track 006*

Ethan: Why did I ever want to **enroll** in this class at the first place?	伊桑：我当初到底为什么会想要注册这堂课？
Mary: What happened?	玛丽：怎么了？
Ethan: I feel **encaged** in all these theories. They're so unpractical.	伊桑：我觉得好像被这些理论困在笼子里一样。它们好不实用。
Mary: Well, once you absorb them and transform them into a form of mindset, you won't feel **entrapped** again.	玛丽：这个嘛，一旦你把它们吸收了，并转换思维模式，你就不会觉得被骗了。
Ethan: I'm just very lost in this course. The professor just sent the files to us and provided no explanations.	伊桑：我只是在这堂课上觉得很迷惘而已。教授只把档案发给我们，然后没有提供解释。
Mary: Okay. Now, I know why. You didn't notice that the handouts were **enclosed** in the email, right?	玛丽：好的。我现在知道为什么了。你没有注意到讲义被附在电子邮件里面，对不对？
Ethan: Oh my God ...	伊桑：我的天……

单词解析零距离

❶ en 向内 **+ roll** 名单

enroll [ɪnˈrəʊl] 勔 注册、登记

延伸用法 be enrolled for military service 应召入伍

▶ Sam was **enrolled** for military service as soon as he graduated.
萨姆一毕业就应召入伍了。

❷ en 入、向内 **+ cage** 笼子

encage [ɪnˈkeɪdʒ, enˈkeɪdʒ] 勔 关进笼子

延伸用法 feel encaged 感觉被囚禁

▶ Many women feel **encaged** in their marriages.
许多女人感觉自己被囚禁在自己的婚姻中。

❸ en 使进入 **+ trap** 陷阱

entrap [ɪnˈtræp] 勔 使……陷入圈套

延伸用法 entrap ... into ... 诱骗……做……

▶ Those teenagers were **entrapped** into begging.
那些少年被诱骗来乞讨。

❹ en 入、向内 **+ close** 关闭

enclose [ɪnˈkləʊz] 勔 圈住、关住

延伸用法 enclose herewith 随函附上

▶ A recent photo of me is **enclosed** herewith.
随信附上一张我的近照。

 **延伸补充自然学**

| ☆ **entomb** | 入 + 墓地 | 勔 埋葬 |
| ☆ **encase** | 入 + 箱子 | 勔 包装 |

 首 **trans** 穿过、横越、转变

情境对话试水温　　　　　　　　　　🎧 *Track 007*

Mario: Are the goods ready for transport?	马里奥：货品都准备好运送了吗？
Phoebe: Yes, but I want to remind you that they also need to be transferred to another company for quality inspection during the shipment.	菲比：是的，不过我想要提醒你，这些商品在运输途中也需要被转运到另一家公司进行质量检查。
Mario: I know. Do transmit the required files for the examination first.	马里奥：我知道。请先将检测需要的文件发送出去。
Phoebe: Copy that. I'll also transcribe the information we need here, just in case.	菲比：收到。我也会把我们这里需要的信息誊写下来，以防万一。
Mario: You are very thoughtful. By the way, how long will the goods arrive at the destination?	马里奥：你真的想得很周到。对了，商品多久会到达目的地？
Phoebe: Just a couple of days.	菲比：几天吧。
Mario: Wow. Logistics is really transcending, huh?	马里奥：哇。物流业真的不断在超越，是吧？
Phoebe: You bet.	菲比：当然。

 单词解析零距离

❶ **trans** 穿过 ＋ **port** 运送

transport ['trænspɔ:t] 名 运输

延伸用法 ready for transport 准备运输

▶ The merchandise is ready for transport. 商品已准备运送。

❷ **trans** 横越 ＋ **fer** 携带

transfer [træns'fɜ:(r)] 动 转移；调动；转运

延伸用法 **be transferred to** 被转移到

▶ I had been, unfortunately, **transferred** to the department that has to constantly work overtime.
很不幸，我已经被调往需要常常加班的部门了。

❸ **trans** 从一端到一端 ＋ **mit** 传送

transmit [træns'mɪt] 动 传送；发射；传染

延伸用法 **transmit disease** 传染疾病

▶ Some animals may **transmit** disease.
有些动物可能会传播疾病。

❹ **tran** 转移 ＋ **scribe** 写

transcribe [træn'skraɪb] 动 誊写

延伸用法 **transcribe a letter** 抄写一封信

▶ I **transcribe** the letter in case the original one goes missing.
我把信抄写了一遍，怕原件会丢失。

❺ **tran** 横越 ＋ **scend** 爬

transcend [træn'send] 动 超越

延伸用法 **transcend the boundaries** 突破疆界

▶ Some artworks can truly **transcend** the boundaries between dream and reality.
有些艺术品真的能够超越梦与现实的疆界。

延伸补充自然学

✡ **transfix**	穿越＋固定	动 使惊呆	
✡ **transform**	转移＋形状	动 改变形态	

与 trans 意思相近的前缀：dia

✡ **diameter**	穿越＋测量	名 直径
✡ **diagonal**	穿越＋角度	形 对角线的

根 **medi** 中间

情境对话试水温

🎧 *Track 008*

Amber:	This painting gives me an **immediate** sense of sadness. How weird!	安柏：这幅画给了我一种**直接**的悲伤感。太奇怪了！
Miriam:	I felt the same way, too. This one is from the **medieval** age, and it's not the **mediocre** kind of production, but a creation made from a true craftsman.	米丽娅姆：我也这么觉得。这幅画传自**中世纪**，而且不是一幅平庸的作品，而是来自真正匠人的创作。
Amber:	I appreicate how he utilizes sunlight as the **medium** to portray the relations among the people in it.	安柏：我欣赏他利用太阳作为展现画中人物关系的媒介。
Miriam:	Yes. I guess the painter wanted to show how mother nature and human beings **mediated** a balance between the two sides.	米丽娅姆：是的。我猜，这位画家想要展现的是大自然和人类如何促成双方的平衡。
Amber:	You have such wonderful interpretations of this painting.	安柏：你对于这幅画真的有很棒的诠释。
Miriam:	I'm flattered.	米丽娅姆：过奖了。

单词解析零距离

1 **im** 表示否定 ＋ **medi** 中间的 ＋ **ate** 形容词后缀

immediate [ɪ'miːdiət] 形 立即的；即刻的

延伸用法 an immediate feedback 一种即时反馈

▶ The speaker received an **immediate** feedback from the guests.
讲者立刻得到了听众的即时反馈。

❷ medi 中间的 **+ eval** 形容词后缀

medieval [ˌmediˈiːvl] 彨 中世纪的

延伸用法 **medieval architecture** 中世纪建筑

▶ Henry has been studying **medieval** architecture for over ten years.
亨利研究中世纪建筑已经超过十年了。

❸ medi 中间的 **+ ocre** 状态

mediocre [ˌmiːdiˈəʊkə(r)] 彨 平庸的

延伸用法 **a mediocre performance** 平庸的演出

▶ The actress only gave a **mediocre** performance in this movie.
这位女明星在这部电影里的表现只能算是平庸。

❹ medi 中间的 **+ um** 名词后缀

medium [ˈmiːdiəm] 彨 中间的；平庸的 名 中间；媒介

延伸用法 **a medium of** 作为……的媒介

▶ Nature is usually the **medium** of expression for artists.
大自然对艺术家来说通常是表达的媒介。

❺ medi 中间的 **+ ate** 动词后缀

mediate [ˈmiːdieɪt] 动 调停；调解 彨 居中的

延伸用法 **mediate between** 在……中协调

▶ The dean of our department had to intervene in the issue now and
mediate between teacher and the student.
我们系的院长现在必须介入这件事，并在老师和学生之间进行协调。

延伸补充自然学

✿ **midterm**	中间的 + 结束	名 期中
✿ **mediator**	中间 + 表示人	名 居中协调者
✿ **intermediate**	之间 + 中间 + 形容词后缀	彨 中间的；中等的

Unit 009 首 **inter** 在……之间

💬 情境对话试水温

Petty: SPH **International** Baseball Summer Camp will take place at **Intercontinental** Baseball Stadium this July.	佩蒂：SPH国际棒球夏令营七月将在洲际棒球场举行。
Nelson: You mean the one at the **intersection** of Chongde Rd. and Huanzhong Rd.?	尼尔森：你是说崇德路跟环中路十字路口的那个棒球场吗？
Petty: Yes. **Intermediate** school students will gather and join the summer camp. It aims to improve not only baseball skills but **interpersonal** skills. They're recruiting translating and interpreting volunteers. Are you interested? You can fulfill the online volunteer sign-up sheet.	佩蒂：对的。中学生都会聚集在一起参加这个夏令营，目标不只是提升他们的棒球技能，也希望提升他们的人际交往能力。他们正在招募翻译志愿者，你有兴趣吗？只需要线上填写志愿者报名表单。
Nelson: Count me in! First, I need to find an **internet** café to fulfill the online sheet because my computer is so laggy!	尼尔森：我要参加！但首先我要找家网咖填表单，因为我的电脑运行超慢！

 单词解析零距离

❶ **inter** 在……之间 ＋ **continental** 洲的

intercontinental [ˌɪntəˌkɒntɪˈnentl] 圈 大陆之间的、洲际的

延伸用法 **intercontinental flights** 洲际航班

▶ The airport has direct **intercontinental** flights to most major cities around the world. 该机场有直飞世界主要城市的洲际航班。

❷ **inter** 在……之间 ＋ **mediate** 中间

intermediate [ˌɪntəˈmiːdiət] 圈 居中的

延伸用法 **intermediate school** 初级中学

▶ He went to a local **inter**mediate school before he entered high school.
他在进入高中之前，进入了一家本地的初级中学。

❸ **inter** 在……之间 ＋ **national** 国家的

international [ˌɪntə'næʃnəl] 彤 国际的

延伸用法 International Date Line 国际日界线

▶ Greenwich is a town that lies on the International Date Line.
格林威治是个位于国际日界线上的小镇。

❹ **inter** 在……之间 ＋ **net** 网

internet ['ɪntənet] 名 互联网

延伸用法 internet café 网咖

▶ Eric spent the whole day in an **inter**net café playing online games.
埃里克一整天都泡在网咖里玩网络游戏。

❺ **inter** 在……之间 ＋ **personal** 个人的

interpersonal [ˌɪntə'pɜːsənl] 彤 人际的

延伸用法 interpersonal intelligence 人际智能（人际关系智能）

▶ An exceptional publicist should possess outstanding **inter**personal intelligence.
一个优秀的公关人员应该拥有出色的人际智能。

❻ **inter** 在……之间 ＋ **section** 部分

intersection [ˌɪntə'sekʃn] 名 十字路口

延伸用法 intersection theory （数学）相交理论

▶ The math teacher is explaining the **inter**section theory to the students. 数学老师正在对学生解释相交理论。

延伸补充自然学

✫ **inter**link 在……之间 ＋ 连接 动 连接

✫ **inter**marry 在……之间 ＋ 婚姻 动 通婚

Unit 010  出、以外、加强语气

 情境对话试水温 🎧 *Track 010*

Jennifer: Ben and I file for divorce. My love and sympathy for him has totally **evanished** into the air.

詹妮弗：我跟本申请离婚了，我对他的爱跟同情已经荡然无存了。

Olivia: What about your two little boys?

奥莉维亚：那你们的两个儿子怎么办？

Jennifer: I'll try to get full custody of my sons with all strength. The lawyer suggested that I should **elaborate** the whole thing to prove that I am the only one qualified to get full custody. Ben never cares about the children but he pretended that he couldn't live without us in court! That was disgusting!

詹妮弗：我会尽全力争取所有监护权，律师建议我详细说明所有事件，以证明我才是有资格取得所有监护权的人。本从来就不在乎孩子，却在法庭上装得好像没有我们他活不下去，真的太恶心了！

Olivia: The fact is sure to **emerge** eventually. Let me know if there's anything I could help.

奥莉维亚：真相一定会水落石出的，有任何需要帮忙的地方一定要让我知道。

Jennifer: All I want to do now is **eject** that odious man from my house! I'm **evaluating** the possibility of **emigrating** to Canada with my kids.

詹妮弗：我现在只希望把那个可憎的男人赶出我家！我也正在评估带着孩子移居加拿大的可能性。

Olivia: True. Start a new life with a new environment.

奥莉维亚：嗯，到新的环境开始新的生活。

单词解析零距离

① e 出 + **ject** 喷射

eject [ɪˈdʒekt] 励 赶出、喷射　　延伸用法 **eject sb. from ...** 将某人赶出……

▶ The restaurant manager **ejected** that rowdy man from the restaurant.
餐厅经理将那捣乱的男人轰了出去。

② e 加强语气 + **labor** 劳作 + **ate** 动词后缀

elaborate [ɪˈlæbərət] 形 精心制作、策划的 励 阐述

延伸用法 **elaborate on** 详细说明

▶ The police asked the witness to **elaborate** on the incident.
警方要求该目击者详述案发经过。

③ e 以外 + **merge** 融合

emerge [ɪˈmɜːdʒ] 励 浮出、显现　　延伸用法 **emerge from** 从……中显露

▶ More and more political scandals **emerged** from the investigation.
越来越多的政治丑闻在调查中被揭露出来。

④ e 出 + **migr** 迁移 + **ate** 动词后缀

emigrate [ˈemɪɡreɪt] 励 迁出（国外）

延伸用法 **emigrate from** 从……迁入

▶ Sam **emigrated** from Japan to Belgium. 萨姆从日本移居到比利时。

⑤ e 加强语气 + **valu** 价值 + **ate** 动词后缀

evaluate [ɪˈvæljueɪt] 励 评估　　延伸用法 **evaluate performance** 绩效评估

▶ Our manager **evaluates** each employee's performance carefully.
我们经理谨慎地评估每个员工的表现。

⑥ e 加强语气 + **vanish** 消失

evanish [ɪˈvænɪʃ] 励 消失　　延伸用法 **evanish into thin air** 烟消云散

▶ My remaining respect for him has **evanished** into thin air.
我对他仅有的尊敬已经烟消云散了。

Unit 011 首ex 之前、向外

情境对话试水温

🎧 *Track 011*

Emily: I witnessed Abby's **ex-husband** **exclaimed** in anger that he would never give up two daughters' custody. Abby was arguing with him, but made a quick **exit** after spotting me standing right next to them.	埃米莉：我昨天目睹艾比的前夫生气地大声嚷嚷说，他不会放弃两个女儿的监护权。艾比跟他吵得正凶，但发现我就站在他们旁边后就马上离开了。
Cody: I've never heard that she had a husband!	科迪：我从来不知道她有丈夫！
Emily: Her ex-husband was an **ex-soldier**, now working for an international trading corporation, in charge of **exporting** industrial products to Australia.	埃米莉：她前夫是个退伍军人，现在在国贸公司上班，负责出口工业产品到澳大利亚。
Cody: You know all the details!	科迪：你知道得好详细呀！
Emily: I **extracted** these from Abby's colleague. You know, break room chatting.	埃米莉：我从她同事那里得到的消息，你知道的，茶水间八卦嘛。

单词解析零距离

❶ ex 前面的 ＋ **husband** 丈夫

ex-husband [ˌeks'hʌzbənd] 名 前夫

延伸用法 dead ex-husband 死去的前夫

▶ She admitted that her dead **ex-husband** was the only one who treated her well. 她承认死去的前夫是唯一善待她的人。

❷ ex 向外 ＋ **claim** 说明

exclaim [ɪk'skleɪm] 动 （由于情绪激动）叫嚷

延伸用法 exclaim against 大声抗议；强烈谴责

▶ Everyone **exclaimed** against the erroneous judgement.
所有人都对这起误判予以强烈谴责。

❸ **ex** 向外 ＋ **it** 走动

exit ['eksɪt] 名 出口、通道
延伸用法 **make one's exit** 退出
▶ Please sign out before you make your **exit**. 离开前请先签退。

❹ **ex** 向外 ＋ **port** 运输

export [ɪk'spɔːt] 名 输出品
延伸用法 **export promotion** 出口鼓励；外销推广
▶ The policy of **export** promotion has greatly improved the economy of the country. 出口鼓励政策大大地改善了这个国家的经济状况。

❺ **ex** 前面的 ＋ **soldier** 军人

ex-soldier [ˌeks'səuldʒə(r)] 名 退伍军人
延伸用法 **employment of ex-soldier** 退伍军人就业
▶ The government should bring up strategies to increase the employment of **ex-soldiers**.
政府应该出台增加退伍军人就业的政策。

❻ **ex** 向外 ＋ **tract** 拉

extract ['ekstrækt] 动 用力拉出、萃取、提炼
延伸用法 **extract ... from ...** 从……提取……
▶ The reporter **extracted** some insider information about the election from the campaign staff.
记者从竞选工作人员那得到了一些选举的内幕消息。

⚡ 延伸补充自然学

☆ **exotic**　　　　外面的　　　　　　形 外来的
☆ **exogamy**　　　向外 ＋ 婚姻　　　名 异族联姻
☆ **expose**　　　　向外 ＋ 放置　　　动 暴露

Unit 012

 over 超过、过度

情境对话试水温

🎧 *Track 012*

Chloe: It was a nightmare traveling with Ruby! I'm not gonna do this AGAIN!	克洛伊：跟露比一起旅行是个噩梦！我再也不干了！
Ollie: What happened? It seems that your anger is overflowing...	奥莉：怎么了？感觉你的怒气已经溢出来了。
Chloe: We planned to fly to Hong Kong and transferred to Dubai. We decided to meet up at 9 a.m. at the boarding gate, but she didn't show up until 9:20. At 9:30, I had no choice but to get on board myself.	克洛伊：我们预计飞香港之后转机到迪拜，我们约好九点在登机口见，但她到了九点二十都还没出现。没办法，我只好在九点半自己先上飞机了。
Ollie: Then, why didn't she show up?	奥莉：那么她为什么没出现？
Chloe: The reason was so ridiculous! She overslept. She missed my 36 phone calls because she put it on the silent mode.	克洛伊：理由超荒谬！她睡过头了。她把手机调成静音模式，所以没听到我打了36通电话。
Ollie: It was really hard to overlook the stupid fault.	奥莉：这种低级错误真的很难让人原谅。
Chloe: You won't believe that her oversleeping was just the overture to my terrible and long journey. She took another flight to Dubai. During the trip, she lost her phone, kept complaining about the food and weather, unwilling to walk under the sun, and only wanted to dine in high-end restaurants.	克洛伊：你不会相信，她睡过头只是我这趟可怕又漫长的旅行的序曲而已。她乘坐了另一趟航班，在旅行中她把手机搞丢了，还不停地抱怨食物和天气，不愿在太阳下走路，而且只想去高级餐厅吃饭。
Ollie: You really overworked yourself for traveling with her.	奥莉：跟她一起旅行真是让你过度劳累。

单词解析零距离

1 **over** 过度 ＋ **flow** 流

overflow [ˌəʊvəˈfləʊ] 动 溢出

延伸用法 overflow with joy 洋溢着喜悦

▶ Holding the baby in her arms, her heart **overflowed** with joy.
她怀里抱着婴儿，心中洋溢着喜悦。

2 **over** 超过 ＋ **look** 看

overlook [ˌəʊvəˈlʊk] 动 俯瞰；忽视

延伸用法 overlook one's fault 原谅某人的错误

▶ Don't expect him to **overlook** your fault. 别期待他会原谅你的错误。

3 **over** 过度 ＋ **sleep** 睡觉

oversleep [ˌəʊvəˈsliːp] 动 睡过头

延伸用法 oversleep oneself 睡过头

▶ Set the alarm clock in case you **oversleep** yourself tomorrow.
先设定闹钟，以免明天睡过头了。

4 **over** 过度 ＋ **ture** 行为

overture [ˈəʊvətʃʊə(r)] 动 主动提议

延伸用法 the overture to ... ……的开端

▶ The dancing performance was the **overture** to the ceremony.
舞蹈表演揭开了典礼的序幕。

5 **over** 过度 ＋ **work** 工作

overwork [ˌəʊvəˈwɜːk] 动 太过操劳

延伸用法 overwork oneself 过度劳累

▶ The doctor warned the woman against **overworking** herself.
医生警告女人不要过度劳累。

Unit 013  首 hyper 在……之上、过度、超过

情境对话试水温

🎧 *Track 013*

Laura: Life is so hard. I have to care for children with **hyperactivity** in the child-care center, and at night, I need to take care of my father-in-law. He has **hypertension**.

劳拉：人生好难。我要在托儿中心照顾多动的孩子，晚上还要照顾我的岳父，他有高血压。

Mavis: Hang in there. Things will get better!

梅维思：撑着点。事情会好转的！

Laura: It's not that I want to complain. I love all of them. It's just that all these stress has made me **hypersensitive** sometimes.

劳拉：不是说我想抱怨。我很爱他们。只是这些压力让我有时候很敏感。

Mavis: I understand. Well, let me show you a website. It teaches people with similar conditions like you to relax.

梅维思：我懂。这样吧，我给你看一个网站，它教导和你拥有类似情况的人如何放松。

Laura: Okay. Please show me now.

劳拉：好的。请现在给我看看。

Mavis: Check this **hyperlink**.

梅维思：点这个超链接。

Laura: Let me see … Well, it's full of the usual **hyperbole**. I guess I'll just rely on my own.

劳拉：让我看看……嗯，这充满了常见的浮夸语。我想我还是靠自己好了。

单词解析零距离

❶ **hyper** 过度 ＋ **act** 动作 ＋ **ivity** 名词后缀

hyperactivity [ˌhaɪpəræk'tɪvəti] 图 活动过度；多动症

延伸用法 the treatment of hyperactivity 多动症的治疗

▶ More and more children are receiving the treatment of hyperactivity nowadays. 现今越来越多的小孩在接受多动症的治疗。

❷ hyper 过度 **＋ tens** 紧张 **＋ ion** 名词后缀

hypertension [ˌhaɪpəˈtenʃn] 名 高血压；过度紧张

延伸用法 **the symptom of hypertension** 高血压的症状

▶ The symptom of **hypertension** includes chest pain, blurry vision, and irregular heart beat.
高血压的症状包括胸腔疼痛、视力模糊以及心跳不规律。

❸ hyper 过度 **＋ sens** 感觉 **＋ itive** 表示性质

hypersensitive [ˌhaɪpəˈsensətɪv] 形 过于敏感的；过敏的

延伸用法 **a hypersensitive personality** 过于敏感的性格

▶ Having a **hypersensitive** personality may lead to interpersonal issues.
过于敏感的个性可能会造成人际关系上的问题。

❹ hyper 超过 **＋ link** 连接

hyperlink [ˈhaɪpəlɪŋk] 名 超链接

延伸用法 **attach a hyperlink** 附上超链接

▶ Please attach the **hyperlink** of the website in the email.
请将网站的超链接附在电子邮件里面。

❺ hyper 过度 **＋ bole** 扔

hyperbole [haɪˈpɜːbəli] 名 夸张法；夸张的语句

延伸用法 **be filled with hyperbole** 充满夸饰法

▶ As usual, the cover of the book is filled with those commonly-used **hyperbole**. 一如往常，这本书的封面充满着常见的夸张法。

延伸补充自然学

与 hyper 意思相近的前缀：ultra

☆ **ultrasonic** 超过＋音波的 形 超声波的

与 hyper 意思相反的前缀：hypo

☆ **hypotension** 低＋紧张＋名词后缀 名 低血压

 **sub** 下面、在……之下、次、分支

情境对话试水温

Track 014

Kyle: I heard that in this subtropical region, there's a tribe that uses a type of herb to penetrate one's subconscious mind.

凯尔：我听说在这个亚热带地区，有一个部落会使用一种草药来侵入人们的潜意识。

Charlie: And do what?

查理：然后要做什么？

Kyle: To cure any subnormal symptoms.

凯尔：治疗任何异常的症状。

Charlie: That sounds like an uncivilized subculture.

查理：那听起来很像是未开化的亚文化。

Kyle: Well, maybe you should stop subdividing everything you see. No wonder you are so pessimistic. You observe all phenomena as fractures.

凯尔：这个嘛，也许你应该停止把你看到的所有事物都再分割。难怪你这么悲观。你把所有现象都视为破坏。

Charlie: There's nothing wrong with that. I'm just trying to say that the ritual you mentioned is very traditional and should be gotten rid of.

查理：这样没有错啊。我只是想要试着说明，你提到的仪式非常传统且需要被淘汰。

单词解析零距离

❶ **sub** 下面 + **conscious** 意识

subconscious [ˌsʌbˈkɒnʃəs] 名 潜意识

延伸用法 subconscious behavior 潜意识行为

▶ Sleepwalking is a subconscious behavior.
梦游是一种潜意识行为。

❷ **sub** 次 ＋ **culture** 文化

subculture [ˈsʌbkʌltʃə(r)] 名 亚文化

延伸用法 youth subculture 青少年亚文化

▶ Otaku is one of the youth **subcultures** in modern Japan.
御宅族是现代日本的一种青少年亚文化。

❸ **sub** 分支 ＋ **divide** 分割

subdivide [ˈsʌbdɪvaɪd] 动 细分、再分

延伸用法 be subdivide into... 被再分割为……

▶ The apartment was **subdivided** into four independent suites.
这间公寓又被分割为四间独立套房。

❹ **sub** 次 ＋ **tropical** 热带

subtropical [ˌsʌbˈtrɒpɪkl] 形 亚热带的

延伸用法 subtropical air mass 亚热带气团

▶ According to the meteorological map, there is a **subtropical** air mass formed near the island.
根据气象图显示，该岛的附近形成了一个亚热带气团。

❺ **sub** 在……之下 ＋ **normal** 正常

subnormal [ˌsʌbˈnɔːml] 形 水准之下的

延伸用法 subnormal intelligence 智力偏低

▶ It's quite rude to call a person of **subnormal** intelligence a retarded.
以白痴称呼一个智力偏低的人是相当无礼的行为。

延伸补充自然学

与 sub 意思相近的前缀：suc、suf、sup、sus

☆ **succumb** 下方 ＋ 死亡 动 屈服

☆ **suffuse** 下方 ＋ 溶解 动 充满

☆ **suppress** 下方 ＋ 压 动 压制、压抑

☆ **suspect** 下方 ＋ 观察 动 猜疑

Unit 015

首**para** 在旁边、违反

情境对话试水温

Teresa: I noticed several paradoxes in this paragraph. They made this article illogical.	特雷莎：我注意到这个段落有一些矛盾之处。它们让这篇文章很没有逻辑。
Laura: Really? Let me see.	劳拉：真的吗？让我看一下。
Teresa: Here. I know the author is trying to paraphrase what he had mentioned in the previous sections, but the attempts apparently failed.	特雷莎：这里。我知道这位作者试着想要将他在前面部分说的话重新叙述，但这些尝试很显然地失败了。
Laura: Well, in terms of the writing methods, he surely couldn't parallel others, but his insight is quite ingenious.	劳拉：嗯，在写作方法上，他当然无法和其他人相比，但是我觉得他的见解相当新颖。
Teresa: How so?	特雷莎：怎么说？
Laura: See how he compares capitalists as social parasites? How audacious!	劳拉：看到他如何将资本主义者比喻为社会寄生虫了吗？超大胆！

单词解析零距离

❶ **para** 相反 ＋ **dox** 意见

paradox ['pærədɒks] 图 自相矛盾的情况；似非而是的说法

延伸用法 be shown in paradox 以矛盾的情况呈现

▶ Truth may sometimes be shown in paradox.
事实有时可能是矛盾的。

❷ **para** 在旁边＋**graph** 图表

paragraph [ˈpærəɡrɑːf] 名 段落；节

延伸用法 in the ~ paragraph 在第……段

▶ In the second **paragraph**, we read that the earth will perish in no more than 20 years.
在第二段落中，我们读到地球二十年之内就会灭亡。

❸ **para** 在旁边＋**phrase** 用……方式表达

paraphrase [ˈpærəfreɪz] 动 意译；解释；改述

延伸用法 paraphrase one's words 重述某人的话

▶ The reporter **paraphrased** the president's words in the news article.
这位记者在新闻稿里重述了总统的话。

❹ **para** 在旁边＋**llel** 表示性质

parallel [ˈpærəlel] 动 使成平行；与……平行；比较 形 平行的；同方向的

延伸用法 A parallels B　A与B呈平行

▶ The park actually **paralleled** the train station.
公园其实与火车站同方向。

❺ **para** 在旁边＋**site** 位置

parasite [ˈpærəsaɪt] 名 寄生虫

延伸用法 suffer from parasites 受寄生虫之苦

▶ Most animals suffer from **parasites** and die of relevant disease.
大多数的动物都受寄生虫之苦，并且死于相关疾病。

延伸补充自然学

☆ **para**medic　　　在旁边＋医疗相关的　　名 医护人员

与 para 意思相近的词根：later

☆ **bi**lateral　　　双的＋边长　　　　形 双边的；双方的

☆ **col**lateral　　　相等的＋边长　　　形 附带的；次要的

尾 **ward(s)** 往……方向的

Melissa: My grandfather is looking for a house faced northward. He said it will help lay aside the fortune.	梅丽莎：我爷爷现在正在找朝北的房子，他说可以聚财。
Paige: I've never heard of that. What other changes do your family need to make?	佩奇：我从来没听过这些，你家还需要做出哪些改变？
Melissa: In order to go for upward mobility, we need to put crystals at the certain directions of the house. Also, for not having downward spiral of misfortune, we have to change the layout of the kitchen so it won't face the main gate.	梅丽莎：为了向上流动，我们要在房子的特定方位放上水晶。而且为了不让厄运缠身，我们必须改变厨房的格局，所以厨房才不会正对大门。
Paige: Those really sound like hard works. I don't believe any of that.	佩奇：听起来就很麻烦，我根本不信这些。
Melissa: Me neither. My grandfather is very wayward, but I still look forward to changing his mind.	梅丽莎：我也不信。我的爷爷非常任性，但我仍然期望能改变他的观念。

⚡ 单词解析零距离

❶ **north** 北方 ＋ **ward** 方向的

northward [ˈnɔːθwəd] 形 朝北的

延伸用法 migrate northward 向北迁移

▶ The migrant birds will migrate northward again after winter.
候鸟在冬天过后又会向北迁移。

❷ **up** 上方 ＋ **ward** 方向的

upward [ˈʌpwəd] 形 朝上的、往上的

延伸用法 upward mobility 向上流动

▶ He will go to every expedient for **upward** mobility.
他会想尽一切办法往上爬。

❸ **down** 下方 ＋ **ward** 方向的

downward [ˈdaʊnwəd] 形 往下的

延伸用法 downward spiral 恶性循环

▶ She was trapped in a **downward** spiral for the past few months.
在过去几个月，她陷入了恶性循环。

❹ **way** 路、习惯 ＋ **ward** 方向的

wayward [ˈweɪwəd] 形 刚愎的，任性的

延伸用法 wayward and difficult 倔强的

▶ She is so **wayward** and difficult, so she never listens to what her mother says. 她是如此倔强，所以她从不听她妈妈的话。

❺ **for** 前面 ＋ **ward** 方向的

forward [ˈfɔːwəd] 形 往前的

延伸用法 look forward to 期待

▶ I am looking **forward** to the summer vacation.
我很期待暑假的到来。

⚡ 延伸补充自然学

与 ward 意思相近的后缀：wide、wise、bound

☆ **world**wide　　世界 ＋ 方向的　　　形 全世界的
☆ **clock**wise　　时钟 ＋ 方向的　　　形 顺时针方向的
☆ **home**bound　　家 ＋ 方向的　　　形 回家乡的

首 mon(o) 单一

Margaret: I love the monologue made by the protagonist. He truly manifested the misery and hopelessness of being born in an era of monarchy.	玛格丽特：我喜欢那个主角的独白。他真正地展现了生存在君主制时代的悲惨与绝望。
Megan: Not to mention how the verses also hinted at the economic monopoly at that time. The country was one of the giant powers globally.	梅根：更不用说诗歌还隐喻了当时的经济垄断。那个国家在当时是全球的经济巨头之一。
Margaret: The only downside of the play was that some of the scenes were basically read in a plain monotone. The performers seemed amateur.	玛格丽特：这部剧唯一的缺点就是，有些场景基本上是用平淡的音调朗诵的。演员们看起来是业余的。
Megan: I agree. But I also think it's because the lines they were responsible of were mostly monosyllable. So, it's hard to blame them.	梅根：我同意。但我同时也认为这是因为他们负责的台词大部分都是单音节词。所以，这很难责怪他们。
Margaret: Well, a professional one will...	玛格丽特：这个嘛，专业的演员就会……
Megan: Stop it, will you? Let's not argue about this.	梅根：停了，好吗？我们就别争论这个了。

单词解析零距离

① mon 单一 ＋ archy 统治

monarchy [ˈmɒnəki] 图 君主国；君主制

延伸用法 constitutional monarchy 君主立宪制

▶ Norway, Spain and Belgium are all constitutional monarchies.
挪威、西班牙及比利时都是君主立宪制的国家。

❷ mono 单一 ＋ **logue** 说

monologue [ˈmɒnəlɒg] 名 独角戏

延伸用法 **interior monologue** 内心独白

▶ This familiar essay is filled with the author's interior **monologues**.
这篇小品文充满了作者的内心独白。

- -

❸ mono 单一 ＋ **syllable** 音节

monosyllable [ˈmɒnəˌsɪləbl] 名 单音节词

延伸用法 **divine monosyllable** 神圣的单音节词

▶ "OM" is a divine **monosyllable** which symbolizes Brahman in India.
"阿曼"在印度是一个代表婆罗门的神圣单音节词。

- -

❹ mono 单一 ＋ **tone** 音调

monotone [ˈmɒnətəʊn] 形 单调的

延伸用法 **speak in a monotone** 说话单调

▶ He was bored of listening to the woman who spoke in a **monotone**.
那个女人说话单调的声音让他感到很无聊。

- -

❺ mono 单一 ＋ **poly** 多数

monopoly [məˈnɒpəli] 名 垄断

延伸用法 **monopoly group** 垄断集团

▶ The government used to be the largest **monopoly** group in that
country. 政府曾经是该国最大的垄断集团。

⚡ 延伸补充自然学

与 mono 意思相近的前缀：uni

☆ **uniform**　　　　将形式变一致　　　名 制服
☆ **unify**　　　　　使……单一　　　　动 使统一

首 **bi** 二、双

情境对话试水温

🎧 *Track 018*

Ricky:	I need to fly to Hong Kong for an international **bicycle** exhibition this weekend.	里基：我这周末要飞去香港参加一个国际自行车展。
Ally:	Again? You were there last year, weren't you?	艾莉：又去？你不是去年才去过吗？
Ricky:	No, it's a **biannual** exhibition. I went with my coordinators for increasing **bilateral** trade with our cooperative enterprises two years ago.	里基：不，这是两年一次的展览，两年前为了和我们合作的企业加强双边贸易，我和协调人去参加了一次。
Ally:	Cool! I receive your **bilingual** EDM **biweekly**! Is Tim responsible for translating the text?	艾莉：酷！我每两周都会收到你们公司的双语电子邮件营销，是蒂姆负责内容翻译吗？
Ricky:	Yes. Oh! Do you know he is single?	里基：没错。对了！你知道他是单身吗？
Ally:	You're such a nosy parker!	艾莉：你也太八卦了吧！

 单词解析零距离

1 **bi** 双 + **ann** 年 + **ual** 关于……的

biannual [baɪˈænjuəl] 形 一年两次的

延伸用法 **biannual publication** 半年刊

▶ This journal of medicine is a **biannual** publication.
这本医学杂志是一份半年刊。

❷ **bi** 二 + **cycle** 圆圈

bicycle [ˈbaɪsɪkl] 名 自行车

延伸用法 tandem bicycle 协力车（双人自行车）

▶ The two of them rode a tandem **bicycle** along the river.
他们俩沿着河骑着协力车。

· ·

❸ **bi** 双 + **later** 边 + **al** 形容词后缀

bilateral [ˌbaɪˈlætərəl] 形 对称的、双方的

延伸用法 bilateral trade 双边贸易

▶ The two countries cosigned an agreement to increase **bilateral** trade.
两国共同签署了一份增加双边贸易的协议。

· ·

❹ **bi** 双 + **lingual** 语言的

bilingual [baɪˈlɪŋgwəl] 形 双语的

延伸用法 bilingual education 双语教育

▶ **Bilingual** education has become a trend in recent years.
近年来，双语教育已经成为一种趋势。

💡 延伸补充自然学

与 bi 意思相近的前缀：du、twi、di

☆ **dual** 　　　　　两个的 　　　　　　　　形 双的

☆ **twilight** 　　　（白天黑夜）两方的光线 　　名 暮光

☆ **dilemma** 　　　有两种选择 　　　　　　　名 困境

Unit 019  首 **tri~mili** 三~千

💬 情境对话试水温　　🎧 *Track 019*

Ethan: Do you want to go to the **triathlon** with me? It's on this Saturday.	伊桑：你想要和我去参加三项全能吗？在这个周六。
Amanda: Nah. I'd pass. I'm going to **quartet** show in the Art Museum.	阿曼达：不了，我不去。我要去艺术博物馆看四重奏。
Ethan: I thought it is held in the **Pentagon**?	伊桑：我记得是在五角大厦举行？
Amanda: Really? Let me check ... Oh my God. You are right! It is the **sextet** performance that takes place in the Art museum.	阿曼达：真的吗？让我看看……我的天，你是对的。六重奏才是在艺术博物馆举行。
Ethan: Haha. So, you still aren't going with me?	伊桑：哈哈。所以，你还是不跟我去吗？
Amanda: I'd go if it's **decathlon**.	阿曼达：如果是十项全能我就去。
Ethan: Stop bragging!	伊桑：少在那边吹嘘！

 单词解析零距离

❶ **tri** 三 ＋ **athl** 竞赛 ＋ **on** 名词后缀

triathlon [traɪˈæθlən] 名 三项全能

延伸用法 compete in a triathlon 参加三项全能比赛

▶ Our whole family will go compete in a **triathlon** this Sunday.
这个星期天，我们全家都会去参加三项全能。

• •

❷ **quart** 四 ＋ **et** 名词后缀

quartet [kwɔːˈtet] 名 四重奏

延伸用法 a gospel quartet 福音四重奏

▶ This church is famous for its gospel **quartet**.
这座教堂以它的福音四重奏而闻名。

❸ pent 五 + **agon** 角度 (=angle)

pentagon ['pentəgən] 名 五角形

延伸用法 **build a pentagon** 盖一座五角大厦

▶ The government decided to build a **pentagon** to honor the death of this president.
政府决定盖一座五角大楼以纪念这位去世的总统。

❹ sex 六 + **et** 名词后缀

sextet [seks'tet] 名 六重奏

延伸用法 **a string sextet** 弦乐六重奏

▶ This Orchestra organization is known for its string **sextet**.
这个乐团因它的弦乐六重奏而出名。

❺ dec 十 + **athl** 运动 + **on** 名词后缀

decathlon [dɪ'kæθlən] 名 十项全能

延伸用法 **win in a decathlon** 赢得十项全能

▶ The disabled man won in a **decathlon** and took home a prize of 1 million dollars.
这位残障人士赢得十项全能并抱回一百万元美金。

💡 延伸补充自然学

☆			
☆ **heptagon**	七 + 角度		名 七边形
☆ **octopus**	八 + 脚		名 八爪鱼；章鱼
☆ **nonary**	九 + 表示与……有关		形 与数字九相关的
☆ **centipede**	百 + 脚		名 蜈蚣
☆ **kilometer**	千 + 米		名 千米
☆ **millenial**	千 + 年		名 千年

Unit 020 首 semi 一半

Nora: Do you know that Andy now works in the semi-conductor industry?	诺拉：你知道安迪现在在半导体产业工作吗？
Robert: Yeah, I know, and I also heard that the prize his company offers is semiannual.	罗伯特：我知道，而且我听说他的公司每半年就会发一次奖金。
Nora: That doesn't sound much.	诺拉：那听起来不怎么样。
Robert: Well, the prize actually amounts to that of other companies offered annually.	罗伯特：嗯，实际上，这笔奖金相当于其他公司每年发放的奖金数额。
Nora: Wow. Also, he got into the semi-final of that international decathlon. He's so versatile.	诺拉：哇。而且，他还进入了那个国际十项全能的半决赛。他真的多才多艺。
Robert: He's now as famous as anyone successful people that publishes their semi-autobiographical novel and probably a film adaptation later on.	罗伯特：他现在就和那些成功人士一样有名，会出版半自传的小说，并且之后可能被改编成电影。
Nora: I wish I could be like him. Anyone has a semiautomatic umbrella? I want to...	诺拉：我希望我可以和他一样。谁有半自动雨伞？我想……
Robert: Hey! Stop saying that! We are all blessed, and the definition of success varies.	罗伯特：嘿！别那样说！我们都很幸运，而且成功的定义因人而异。

 单词解析零距离

❶ **semi** 一半 ＋ **conduct** 传导 ＋ **or** 名词后缀

semi-conductor [ˌsemiˈkənˈdʌktə(r)] 名 半导体

延伸用法 **enter the semi-conductor industry** 进入半导体产业

▶ Many engineers wish to enter the **semi-conductor** industry for high salary. 许多工程师为了高薪期望能进入半导体产业工作。

② **semi** 一半 ＋ **annu** 年 ＋ **al** 形容词后缀

semiannual [ˌsemɪˈænjʊəl] 形 每半年的；半年期的

延伸用法 a semiannual journal 半年刊

▶ *A Bright Star* is a **semiannual** journal that always surprises people with its amazing content.
《明亮之星》是每半年发行一次的期刊，其出色的内容总是能带给人们惊喜。

③ **semi** 一半 ＋ **final** 最后

semifinal [ˌsemɪˈfaɪnl] 名 半决赛

延伸用法 a semifinal match 半决赛

▶ My son is having a **semifinal** match tomorrow. I'm so nervous.
我儿子明天有一场半决赛。我好紧张。

④ **semi** 一半 ＋ **autobiograph(y)** 自传 ＋ **ical** 形容词后缀

semi-autobiographical [ˌsemiˈɔːtəˌbaɪəˈɡræfɪkl] 形 半自传体的

延伸用法 a semi-autobiographical novel 半自传体的小说

▶ *The Silent Night* is a **semi-autobiographical** novel from the recently deceased French director.
《平安夜》为一本最近逝世的法国导演的半自传体小说。

⑤ **semi** 一半 ＋ **auto** 自动 ＋ **matic** 形容词后缀

semiautomatic [ˌsemɪˌɔːtəˈmætɪk] 形 半自动的

延伸用法 carry a semiautomatic umbrella 携带半自动雨伞

▶ She usually carries a **semiautomatic** umbrella in case of rain.
她通常会携带一把半自动的雨伞以防备下雨。

延伸补充自然学

☆ **semidiameter** 一半 ＋ 直径 名 半径

与 semi 意思相近的前缀：demi、hemi

☆ **demigod** 一半 ＋ 神仙 名 （神话中的）半神半人

☆ **hemisphere** 一半 ＋ 球面 名 （尤指地球的）半球

 **multi** 多种的

情境对话试水温

🎧 *Track 021*

Ryan: How are you doing recently, Nick?	莱恩：你最近过得如何，尼克？
Nick: It's great. I'm now working in a **multi-national** company.	尼克：很好。我现在在一家跨国公司上班。
Ryan: Wow. That's impressive. What does your company do?	莱恩：哇，好厉害。你的公司是做什么的？
Nick: We produce **multi-functional** home appliances, and what I like about my job is our **multicultural** working environment. I really learn a lot.	尼克：我们制造多功能家用电器，而且我喜欢我们公司多文化的工作环境。我真的学到了很多。
Ryan: Good for you. I guess the work load is pretty heavy, right?	莱恩：很棒呢。我猜工作量应该很大，对吧？
Nick: Yes. You will master the ability to **multi-task** just within one month!	尼克：对的，你会在一个月内就学会如何一心多用！
Ryan: Highly stressful workplace atmosphere, huh?	莱恩：工作环境很高压，是吧？
Nick: You bet, but that's also why we can release **multiple** kinds of prototype every half a year and bring in huge profits for our company.	尼克：当然，不过这也是为什么我们可以每半年就推出多种样机，并替我们的公司带来巨额盈利。

 单词解析零距离

❶ **multi** 多 ＋ **nation** 国家 ＋ **al** 形容词后缀

multi-national [ˌmʌltɪˈnæʃnəl] 形 多国的；跨国的

延伸用法 a multi-national corporation 跨国企业

▶ Many college students study hard so as to get into this prestigious **multi-national** corporation.
许多大学生用功读书就为了进入这家十分有声望的跨国企业。

❷ **multi** 多 + **function** 功能 + **al** 形容词后缀

multi-functional [ˌmʌltɪˈfʌŋkʃənl] 形 多功能的

延伸用法 a multi-functional system 多功能系统

▶ Our company is hoping to purchase a **multi-functional** system from your factory. 我们公司希望能从贵司购买一个多功能系统。

❸ **multi** 多 + **cultur(e)** 文化 + **al** 形容词后缀

multicultural [ˌmʌltiˈkʌltʃərəl] 形 融合多种文化的；多种文化的

延伸用法 a multicultural society 多文化社会

▶ Children raised from a **multicultural** society are said to be more respectful. 听说在多文化社会中成长的小孩更懂得尊重他人。

❹ **multi** 多 + **task** 任务

multitask [ˌmʌltiˈtɑːsk] 动 处理多个任务；同时做多件事情；一心多用

延伸用法 multitask and to prioritize 同时处理多件事物并排列优先顺序

▶ Being a president of a country must possess the ability to **multitask** and to prioritize.
作为一国总统必须拥有能够同时面对许多事物且能厘清轻重缓急的能力。

❺ **multi** 多 + **ple** 与数字有关的后缀

multiple [ˈmʌltɪpl] 形 复合的；多样的 名【数】倍数

延伸用法 a multiple of something 是……的倍数

▶ 16 is a **multiple** of 4. 16是4的倍数。

💡 延伸补充自然学

☆ **multitude** 多 + 表示动作或状态 名 许多
与 multi 意思相近的前缀：poly

☆ **polygon** 多 + 角度 名 多边形；多角形

☆ **polygamy** 多 + 婚姻；交配 名 一夫多妻（制）；一妻多夫（制）

情境对话试水温

🎧 *Track 022*

Rebecca: Don't you think the **circles** this painter drew are asymmetrical?

丽贝卡：你不觉得这个画家画的圆圈不对称吗？

Ray: Well, that's because they are combined by different **semi-circles**.

雷：嗯，这是因为它们是由不同的半圆形组成的。

Rebecca: I see. That also explains why their **circumference** doesn't match with each other.

丽贝卡：这样啊。这大概也是为什么它们的圆周彼此不相符。

Ray: I mean, it's an abstract painting. Don't be too strict about balance and symmetry. It will lose the fun. Try to observe how these circles seem to be **circulating** in the river instead.

雷：这样说吧，这是一幅抽象画。不要对平衡与对称这么执着，这样会失去乐趣。试着观察这些圆圈是如何在河流里循环的。

Rebecca: Okay ... wow. Now they look like a **circuit**. This painting is full of surprises!

丽贝卡：好的……哇。现在它们看起来就像一个回路！这幅画真是充满惊喜！

 单词解析零距离

1 **circ** 环 + **le** 名词后缀

circle ['sɜ:kl] 名 圆圈；环状物

延伸用法 draw a circle 画圈

▶ Our art teacher asked us to draw a **circle** and paint it with the color we like.
我们的美术老师叫我们画圈并涂上自己喜欢的颜色。

❷ **semi** 一半 ＋ **circ** 环 ＋ **le** 名词后缀

semi-circle [ˌsemiˈsɜːkl] 名 半圆；半圆弧；半圆形

延伸用法 combine two semi-circles 结合两个半圆

▶ If you combine two **semi-circles** with the right angle, you can get a precise full circle.
如果你以正确的角度结合两个半圆，你将会得到一个完美的正圆形。

❸ **circum** 环 ＋ **fer** 带来 ＋ **ence** 名词后缀

circumference [səˈkʌmfərəns] 名 圆周；周长

延伸用法 the circumference of 物体（或图形）的周边

▶ The doctor measured the **circumference** of my upper arms.
医生测量我上臂的周长。

❹ **circ** 环 ＋ **ul** ＋ **ate** 行走；行动

circulate [ˈsɜːkjəleɪt] 动 循环，环行；传播，流传

延伸用法 circulate in the blood 在血液里循环

▶ The medicine we take **circulates** in the blood and cure diseases for us.
我们服用的药物在血液里循环并治愈疾病。

❺ **circ** 环 ＋ **uit** 名词后缀

circuit [ˈsɜːkɪt] 名 环道；一圈，一周 动 绕……环行

延伸用法 a circuit of 物体的一周

▶ We ran a **circuit** of the community to show support toward environmental issues.
我们跑步环绕社区一周，以表示我们对环保议题的支持。

💡 **延伸补充自然学**

与 circ 意思相近的词根：cycl、cycle

☆ **cyclone**   环 ＋ 名词后缀   名 旋风、暴风

☆ **cyclical**   环 ＋ 形容词后缀   形 圆的；环式的；循环的

☆ **bicycle**   双的 ＋ 环 ＋ 名词后缀   名 自行车

Unit 023

根 rect 正、直、指导

💬 情境对话试水温

🎧 *Track 023*

Ellen: The new-elected **rector** is coming to inspect the preparedness of teaching plans of all departments, and to check if everything is on the **correct** track next Monday morning.

艾伦：新上任的校长下周一早上会来视察各部门的教学计划，确认每件事情都在正确的轨道上。

Mina: Monday morning? I have the Monday blues. Do we all need to stand **erect** in line to welcome him?

米娜：周一早上？我有周一症候群。我们需要列队站好欢迎他吗？

Ellen: No need. Just make sure you finish your teaching plans, **rectify** errors, make them perfect, and send them to coordinators by 3 o'clock. The rector **directed** them to collect all documents by tomorrow!

艾伦：不需要，你只要确定你已经完成你的教学计划，修正完里面的错误，确保它很完美，并且在三点前发给组长们。校长指示他们明天前要搜集完所有文件。

Mina: Could you pass me that **rectangle** candy box right over there? I need some sweets to counteract depression.

米娜：可以把那边长方形的糖果盒给我吗？我现在需要一点甜食来抗忧郁。

⚡ 单词解析零距离

❶ cor 一并 ＋ **rect** 直

correct [kə'rekt] 形 正确的

延伸用法 all present and correct 全体到齐

▶ All present and **correct**! Now we can take the road.
全体到齐！现在我们能出发了。

❷ **di** 分开 + **rect** 指导

direct [dəˈrekt] 勔 指引 䙦 直接的

延伸用法 direct action 直接行动

▶ Since the negotiation with the employers came to nothing, they decided to take **direct** actions.
既然与资方的协商没有结果，他们决定采取直接行动。

❸ **e** 往上 + **rect** 直

erect [ɪˈrekt] 勔 竖起

延伸用法 stand erect 站得笔直

▶ The soldiers on guard all stood **erect**. 站岗的士兵们各个站得笔直。

❹ **rect** 直 + **angle** 角

rectangle [ˈrektæŋgl] 图 长方形

延伸用法 oriented rectangle 斜置矩形

▶ Being given three coordinates, the students were asked to find the fourth coordinate of the oriented **rectangle**.
学生们必须以已知的三个坐标找出该斜置矩形的第四个坐标。

❺ **rect** 指导 + **ify** 使……成为

rectify [ˈrektɪfaɪ] 勔 矫正

延伸用法 rectify a mistake 矫正错误

▶ It is more important to **rectify** a mistake than to punish for a mistake.
矫正错误比惩罚过错来得重要。

❻ **rect** 指导 + **or** 人

rector [ˈrektə(r)] 图 校长；教区牧师

延伸用法 honorary Lord Rector 荣誉校长

▶ They have elected Mr. Robinson as the honorary Lord **Rector** of the university. 他们已经推选罗宾森先生担任该大学的荣誉校长一职。

延伸补充自然学

☆ **misdirect**	错误的 + 指导	勔 误导
☆ **rectifiable**	能够再被指导的	䙦 可纠正的

Unit 024 根  form 形状、形成

情境对话试水温

Kim: You know we have to **conform** to the regulations, right?	金姆：你知道我们必须遵守规定的，对吧？
Ada: Yes, I know. But I also feel like certain **reforms** are necessary.	艾达：是的，我知道。但我同时也觉得某些改革是必要的。
Kim: Like how you try to **deform** the building?	金姆：就像你如何尝试毁坏那栋大楼吗？
Ada: I was just attempting to **formalize** a way of expression. They are called graffiti, okay?	艾达：我只是想要让这种表达成为一种正式的方式而已。它们叫作涂鸦，好吗？
Kim: They are too ugly to be graffiti.	金姆：它们太丑，不叫作涂鸦。
Ada: That's because you don't know how to appreciate graffiti. They follow a specific **formation**, okay?	艾达：那是因为你不懂得如何欣赏涂鸦。它们是遵循一种特定形式的，好吗？
Kim: What I'm trying to say is that you may get kicked out of school.	金姆：我想要表达的是你可能会被退学。

单词解析零距离

❶ **con** 一起、共同 ＋ **form** 形成

conform [kən'fɔːm] 励 遵照、遵守、适应

延伸用法 conform to 遵守

▶ Students are required to **conform** to school rules.
学生被要求要遵守校规。

❷ **re** 重新 ＋ **form** 形成

reform [rɪˈfɔːm] 励 改革、革新、改良 名 改革、改良

延伸用法 a reform of ……的改良

▶ The protesters are appealing to a **reform** of the labor system.
抗议者正提出改革劳动系统的诉求。

❸ **de** 反转 ＋ **form** 形状

deform [dɪˈfɔːm] 励 变畸形、变形

延伸用法 deform spine 使脊柱变形

▶ Sitting badly for long time can **deform** spine.
长期坐姿错误会使脊柱变形。

❹ **form** 形式 ＋ **alize** 使……化

formalize [ˈfɔːməlaɪz] 励 使正式、使形式化、正式化

延伸用法 formalize one's idea 使某人的想法正式化

▶ My thesis advisor helped me **formalize** my idea so I can better structure my paper.
我的论文指导老师帮助我将想法正式化，让我能够进一步计划我的论文。

❺ **form** 形成 ＋ **ation** 名词后缀

formation [fɔːˈmeɪʃn] 名 形成、构成、组成

延伸用法 the formation of ……的形成

▶ We went to Grand Canyon to appreciate the stunning **formation** of the gorge. 我们到大峡谷欣赏美到令人屏息的峡谷构造。

延伸补充自然学

与 form 意思相近的词根：morph

☆ **polymorphous** 多＋形状＋形容词后缀 形 多形的、多形态的

☆ **amorphous** 非、没有＋形状＋形容词后缀 形 无定形的

☆ **metamorphosis** 表示变化、变换＋形状＋名词后缀 名 变形、质变、（外形等的）完全变化

Unit 025

 mini 小的

💬 情境对话试水温

Olivia: I went to a **miniature** exhibition last Sunday. It was mind-blowing.	奥莉维亚：我上周日去看了那个微型展。它令人印象深刻。
Grace: Oh. I heart that they were all man-made by a Japanese **minimalist**?	格雷斯：噢。我听说它们是由一位日本极简主义者手工制作的?
Olivia: Yes. The title of the exhibition is "**Minimalism**", one simple word that summarizes the essence of the artworks.	奥莉维亚：是的。展览的名字就是"极简主义"，一个总结了这些艺术品之精华的简单词汇。
Grace: I adore minimalism. I like to see how the artists try to stick to the **minimum** of the materials used, but still manage to make the best out of them.	格雷斯：我喜欢极简主义。我喜欢看那些艺术家如何坚守使用材料的最低量度，但仍然能将其最大价值发挥出来。
Olivia: Same here. It's a plus-and-**minus** process that also displays a perspective toward life.	奥莉维亚：我也有同感。这是一个加与减的过程，同时也展现了一种人生观。

 单词解析零距离

❶ **mini** 小 ＋ **ature** 名词后缀

miniature ['mɪnətʃə(r)] 名 缩样；缩图；小型物

延伸用法 **in miniature** 小型；小规模

▶ This place is like Italy in **miniature**!
这地方像是意大利的缩影。

2 mini 小 + al 表示性质 + ist 表示人的名词后缀

minimalist ['mɪnɪməlɪst] 名 极简抽象派艺术家

延伸用法 become a minimalist 成为极简抽象派艺术家

▶ This young architect wishes to become a **minimalist** like John Pawson.
这位年轻的建筑师期许自己能成为像约翰·波森那样的极简抽象派艺术家。

3 mini 小 + al 表示性质 + ism 表示主义或行为的名词后缀

minimalism ['mɪnɪməlɪzəm] 名 极简派艺术；极简派艺术风格

延伸用法 the trend of minimalism 极简派艺术的风潮

▶ The trend of **minimalism** is coming back.
极简派艺术的风潮正在回归。

4 mini 小 + mun 名词后缀

minimum ['mɪnɪməm] 名 最小量，最小数；最低限度

延伸用法 keep ... to a minimum 保持……在最低限度

▶ The manager was required to keep the budget to a **minimum** due to the recession. 因经济萧条，经理被要求将预算保持在最低限度。

5 min 小 + us 形容词后缀

minus ['maɪnəs] 形 略差一些的；不利的

延伸用法 on the minus side 站在负面或不利的角度

▶ On the **minus** side, we have less budget.
站在负面的角度来看，我们预算较少。

延伸补充自然学

与 mini 意思相近的前缀：micro

⭐ **microscopic**　　　　小 + 范围；规模　　　形 极小的；用显微镜才
　　　　　　　　　　　　+ 形容词后缀　　　　　　可看见的

与 mini 意思相反的前缀：macro

⭐ **macroeconomics**　大 + 经济 + 表示学说、　名 宏观经济学
　　　　　　　　　　　　知识的名词后缀

首 omni 全部的

情境对话试水温

🎧 *Track 026*

Emily: I truly believe no one is omniscient, even God.	埃米莉：我真的相信没有人是全知的，包括上帝。
Harry: But God is omnipresent.	哈利：但是上帝是无所不在的。
Emily: How do you know?	埃米莉：你怎么知道？
Harry: Because God helps me go through those hard times. He is omnipotent.	哈利：因为上帝帮助我渡过难关。他是全能的。
Lilian: What are you two talking about?	莉莲：你们两个在讲什么？
Harry: Oh, we were just rehearsing a play.	哈利：噢，我们只是在排练一出戏。
Emily: We are omnivorous readers, you know. We are currently emerging ourselves in the books regarding the role of God in the past 100 years.	埃米莉：我们是杂食性读者，你知道的。我们最近沉浸于过去一百年书籍中上帝的角色。
Lilian: Really? Then check Dr. Lee's omnibus of her recently-published trilogy. You won't regret it.	莉莲：真的吗？那去看看李博士最近出版的三部曲的选集，你们不会后悔的。

单词解析零距离

❶ **omni** 全部的 ＋ **sci** 表示知道 ＋ **ent** 形容词后缀

omniscient [ɒmˈnɪsɪənt] 形 无所不知的，全知的

延伸用法 an omniscient narrator （故事写作中的）全知叙事者

▶ This classic fiction is told by an **omniscient** narrator, creating a both subjective and objective immersive reading atmosphere.
叙事者以全知观点的角度述说这本经典小说，营造出一种主客观融合且身历其境的阅读氛围。

❷ **omni** 全部的 ＋ **present** 出席的

omnipresent [ˌɒmnɪˈpreznt] 形 无所不在的；遍及各处的

延伸用法 an omnipresent threat 无所不在的威胁

▶ Global warming is an **omnipresent** threat, and we should take action immediately.
全球变暖是个无所不在的威胁，我们应该马上采取行动。

❸ **omni** 全部的 ＋ **potent** 强有力的；有权势的

omnipotent [ɒmˈnɪpətənt] 形 全能的；有无限权力（或力量）的

延伸用法 an omnipotent ruler 全能的统治者

▶ This dynasty was said to be governed by an **omnipotent** ruler and lasted for about 1000 years.
据说这个王朝被一位全能的统治者掌管并且延续超过1,000年之久。

❹ **omni** 全部的 ＋ **vorous** 以……为食物

omnivorous [ɒmˈnɪvərəs] 形 无所不吃的；杂食的

延伸用法 omnivorous animals 杂食动物

▶ Dogs are **omnivorous** animals, and so are pigs and chicken.
狗为杂食性动物，猪和鸡也是。

❺ **omni** 全部的 ＋ **bus** 公交车

omnibus [ˈɒmnɪbəs] 名 公共汽车；选集；文集 形 总括的；多项的；多种用途的

延伸用法 an omnibus of 选集

▶ I went to the bookstore and bought Dr. Lee's **omnibus** of her amazing trilogy on the history of feminism.
我到书店买了李博士赫赫有名的女性主义历史三部曲。

延伸补充自然学

与 omni 意思相近的前缀：pan

☆ **pan**theism 　全部的＋有神论　　名 泛神论
☆ **pan**orama 　全部的＋看　　　　名 全景；全貌、概述

Unit 027

根 **part** 部分、分开

🗨 情境对话试水温

🎧 *Track 027*

Anita: Harper flied to Japan, **departing** at noon. I heard that she'll stay there for at least five years for her new job. Did you know that?

安妮塔：哈珀中午离开，乘坐飞机去日本了，我听说她因为新的工作要在那边待至少五年，你知道这件事吗？

Debby: I haven't heard from her for a while. She grew **apart** from me after she moved to Italy few years ago. I kind of missed the good old days when we worked together. Though it was disgustingly busy, we were the best **partners**.

黛比：我很久没有她的消息了。自从她几年前搬到意大利之后，我们就渐行渐远了。我有点想念以前一起共事的美好时光，虽然真的忙到很恶心，但我们真的是最好的伙伴。

Anita: True. You two were exactly the **counterparts** in personality. Both of you were quite reliable and could always **impact** positive energy to all team, even the director was **partial** to you then.

安妮塔：真的，你两人很相像，你们都很值得信赖，而且总是能为团队带来正面力量，就连主管也偏爱你们。

Debby: Thanks for the compliment, but I can't take all the credit.

黛比：谢谢你的赞美，但这不全是我的功劳。

 单词解析零距离

❶ a 朝向 ＋ part 分开

apart [ə'pɑ:t] 形 分开的

延伸用法 grow apart from someone 与某人逐渐疏远

▶ Jenny grew **apart** from her friends after she got married.
珍妮结婚之后就与朋友逐渐疏远了。

❷ **counter** 相对的 ＋ **part** 部分

counterpart ['kaʊntəpɑːt] 名 对应的人、物
延伸用法 overseas counterpart 境外同业
▶ Peter is in charge of business with their overseas **counterparts**.
彼得负责处理境外同业往来的业务。

❸ **de** 转移 ＋ **part** 分开

depart [dɪ'pɑːt] 动 离开   延伸用法 depart this life 离开人世；亡故
▶ Everyone will **depart** this life one day without exception.
毫无例外，每个人都会在某天离开人世。

❹ **im** 在……内 ＋ **part** 部分

impart [ɪm'pɑːt] 动 告知   延伸用法 impart knowledge 授业
▶ **Imparting** knowledge to students is the main responsibility of teachers. 老师的主要职责就是传授学生知识。

❺ **part** 部分 ＋ **ial** 形容词后缀

partial ['pɑːʃl] 形 局部的   延伸用法 be partial to sb. 偏袒某人
▶ That teacher is obviously **partial** to outstanding students.
那个老师分明就是偏袒成绩好的学生。

❻ **part** 部分 ＋ **ner** 人

partner ['pɑːtnə(r)] 名 伙伴   延伸用法 partners in crime 共犯
▶ The police arrested the man as well as his **partners** in crime.
警方将他以及他的同伙都予以逮捕。

🔋 **延伸补充自然学**

☆ **part**icular   部分 ＋ 与……有关 ＋ 性质 形 独有的
☆ **part**ake   部分 ＋ 拿   动 参与

Chapter 2

世界与自我

Unit 028 根 **anim** 生命、精神

情境对话试水温

Melissa: Have you seen the professor's new **animation**? It's brilliant.

梅丽莎：你已经看过教授最新的动画了吗？它超棒。

Alice: Of course I have. How he vivified the breeze **animating** the trees is just mind-blowing.

艾丽斯：当然。他将风吹动树木生动化的手法真的令人印象深刻。

Melissa: Plus the movement of the **animals**!

梅丽莎：还有动物的动作呢!

Alice: I still remembered the animation was screened during the meeting, and it brings the **inanimate** atmosphere back to life!

艾丽斯：我还记得动画是在会议中播放的，它简直让死气沉沉的气氛重新焕发生机！

Melissa: It's really difficult nowadays to see an already well-honored professor insisting on details.

梅丽莎：一位早已德高望重的教授仍然如此坚持细节，现在真的很难看到。

Alice: True. He literally **reanimates** everything with his craftsmanship.

艾丽斯：真的。他确实就是用他的技艺让一切恢复生气。

单词解析零距离

❶ anim 生命 + ation 名词后缀

animation [ˌænɪˈmeɪʃn] 图 生气；活的状态；激励；动画

延伸用法 with animation 充满生气的

▶ They discussed the up-coming trip with great animation.
他们起劲地讨论着即将到来的旅行。

❷ anim 生命 ＋ **ate** 使成为

animate ['ænɪmeɪt] 动 赋予生命；使有生命

延伸用法 animate the occasion 使场合充满活力

▶ The president's presence animated the occasion.
总统的出席使这个场合充满活力。

❸ anim 生命 ＋ **al** 名词后缀

animal ['ænɪml] 名 动物 形 动物的

延伸用法 animal courage 蛮勇

▶ Courage in excess becomes animal courage.
过分勇敢即成蛮勇。

❹ in 表示否定 ＋ **anim** 生命 ＋ **ate** 表示性质

inanim**ate** [ɪn'ænɪmət] 形 无生命的；无生气的；没有精神的

延伸用法 inanimate objects

▶ He likes to photograph inanimate objects.
他喜欢拍摄静止的物品。

❺ re 再 ＋ **anim** 生命 ＋ **ate** 使成为

reanim**ate** [ri:'ænɪmeɪt] 动 复活；使恢复生气

延伸用法 reanimate a drowned person 使溺水者恢复生气

▶ How come he could reanimate that drowned person?
他为什么能让那个溺水的人恢复生气？

⚡ 延伸补充自然学

☆ **magn**anim**ous** 大 ＋ 充满精神的 形 宽宏大量的

☆ **un**anim**ous** 充满同一种精神的 形 一致同意的

☆ **anim**alize 动物的 ＋ 动词后缀 动 使……动物化

☆ **anim**osity 精神上呈反对状态 名 愤怒；敌意

情境对话试水温

Novia: I heard that Prof. Lee has opened several courses in this university.

诺维亚：我听说李教授在这所大学开了好几门课程。

Alice: You mean that biologist?

艾丽斯：你指那个生物学家吗?

Novia: Yes, the one that has not only invented antibiotic but also possessed in-depth knowledge of the earth biosphere.

诺维亚：是的，那个不仅发明了抗生素，还对于地球生物圈拥有深度了解的生物学家。

Alice: Oh, now I know who you are talking about. Come take his class!

艾丽斯：噢，那我知道你在说谁了。来上他的课吧!

Novia: I read his autobiography the other day. I'm just so enthralled.

诺维亚：我前几天读了他的自传。我真的好着迷。

Alice: I understand. But I think you better manage to pass your biochemistry class first. His classes are very difficult to enroll in unless you have high academic achievement.

艾丽斯：我明白。但是我想你最好先修过你的生物化学课。他的课很难选上，除非你课业成绩很好。

单词解析零距离

① **bio** 生命的 ＋ **logist** 专家

bio logist [baɪˈɒlədʒɪst] 图 生物学家

延伸用法 a famous biologist 一位有名的生物学家

▶ His father is a famous biologist.
他的父亲是一位有名的生物学家。

❷ **anti** 表示相反 ＋ **bio** 生命的 ＋ **tic** 表示性质

antibio**tic** [ˌæntɪbaɪˈɒtɪk] 名 抗生素 形 抗生的

延伸用法 take antibiotic 服用抗生素

▶ It's not good for your health to take **antibiotic** constantly.
频繁服用抗生素对你的健康不好。

❸ **bio** 生物的 ＋ **sphere** 球

biosphere [ˈbaɪəʊsfɪə(r)] 名 生物圈

延伸用法 earth biosphere 地球生物圈

▶ We all know that earth **biosphere** is very versatile and complex.
我们都知道地球生物圈是非常多样且复杂的。

❹ **auto** 自己 ＋ **bio** 生命的 ＋ **graphy** 书写

autobio**graphy** [ˌɔːtəbaɪˈɒgrəfi] 名 自传

延伸用法 read someone's autobiography 读某人的自传

▶ I take great delight in reading Mark Twain's **autobiography**.
我非常享受阅读马克·吐温的自传。

❺ **bio** 生物的 ＋ **chemi** 化学 ＋ **stry** 建造（名词）

biochemi**stry** [ˌbaɪəʊˈkemɪstri] 名 生物化学

延伸用法 study biochemistry 学习生物化学

▶ I study **biochemistry** very hard.
我非常认真地学习生物化学。

延伸补充自然学

☆ **bio**physics	生物的＋物理＋学科	名 生物物理学
☆ **bio**grapher	书写生命的人	名 传记作家
☆ micro**bio**logy	微小的＋生物的＋学科	名 微生物学
☆ amphi**bio**us	两侧＋生物的	形 两栖的

Unit 030 根 **viv** 活、生存

💬 情境对话试水温

🎧 *Track 030*

Annie: What interests me here is that the painter, though always wearing a **vivacious** look, draws really depressing paintings.

安妮：我感到有兴趣的是，即便这个作家总是带有**充满朝气的**模样，这些画却非常阴郁。

Alice: Indeed. While somehow I can tell that she is trying to embody the recent **revival** of absurdism, the melancholy vibe is really strong.

艾丽斯：真的。尽管我可以察觉到，她在尝试表现最近荒谬主义的**复兴**，但是有很强烈的忧郁氛围。

Annie: These paintings surely **revived** memories of my sad adolescence.

安妮：这些画确实**重现**了我悲伤的青春时代。

Alice: I heard that she lost her family during a car accident. They didn't **survive**. She is the only one left.

艾丽斯：我听说她的家人在一场车祸中丧生，没有人**存活**，只剩她一个人。

Annie: Oh… that explains why. Anyway, it's a successful exhibition. The **convivial** atmosphere somehow balances the sadness from the paintings.

安妮：噢……难怪。总之，这是一场成功的展览。**欢愉**的氛围莫名地平衡了画作中的哀伤。

⚡ 单词解析零距离

❶ **viv** 活 ＋ **acious** 形容词后缀

vivacious [vɪˈveɪʃəs] 形 活泼的；有朝气的

延伸用法 **a vivacious look** 有朝气的模样

▶ His father is an elderly man with a **vivacious** look.
他的父亲是个看起来很有朝气的老人。

❷ re 再、又＋ **viv** 活＋ **al** 名词后缀

revival [rɪ'vaɪvl] 图 复兴；再生

延伸用法 **revival of something** 某物的复兴

▶ This phenomenon has caused a **revival** of interest in a number of scholars.
这种现象引起了许多学者兴趣的复苏。

· ·

❸ re 再、又＋ **vive** 活

revive [rɪ'vaɪv] 动 复活；重生

延伸用法 **revive the dead** 使死人复活

▶ The person claimed that he had the power to **revive** the dead.
那个人声称他有能使死人复活的能力。

· ·

❹ sur 于……之上＋ **vive** 生存

survive [sə'vaɪv] 动 生存；存活

延伸用法 **survive from** 从……幸存

▶ The boy was the only one who **survived** from the flood.
那个男孩是这场洪水中唯一幸存下来的人。

· ·

❺ con 一同＋ **viv** 活＋ **ial** 形容词后缀

convivial [kən'vɪvɪəl] 形 欢愉的

延伸用法 **convivial nature** 开朗的天性

▶ The woman is attractive not because of her beauty but of her **convivial** nature.
那位女子的魅力在于她开朗的天性，而非她的美貌。

💡 **延伸补充自然学**

☆ **vivisect**　　活＋切割　　　　图 活体解剖（动物）

☆ **vivid**　　　　活＋形容词后缀　　形 生动的

viv 的变化型：vit

☆ **vitamin**　　　生存＋（化学）胺　图 维生素

☆ **vital**　　　　活＋形容词后缀　　形 充满活力的；极其重要的

根 **nat** 出生

情境对话试水温   🎧 *Track 031*

John: Let me tell you something. According to the **native** elder, each one of us has a **natal** star that will guide us to a destined road of life.	约翰：我来跟你说件事。根据当地耆老的说法，我们每个人都拥有一颗生辰星，它会引导我们走向注定的人生道路。
Jerry: So that star basically determines the **nature** of your existence?	杰瑞：所以那颗星星基本上决定了我们生存的本质？
John: More or less. Therefore, in the old times, some women even shorten or lengthen their **prenatal** period, like suffering longer pain, to choose a "better" star.	约翰：或多或少。所以，在古时候，女性甚至会缩短或延长她们的产前时间，比如忍受更长时间的疼痛，来选择一颗"更好的"星星。
Jerry: Well, I somehow feel like **postnatal** care and happiness affects a person's life in more aspects, don't you think?	杰瑞：这样啊，我总觉得产后照护和是否幸福对一个人的人生会有更多层面的影响，你不这样认为吗？
John: Uhm... yes. But I still believe each of us has this fate that we couldn't say no to.	约翰：嗯，对。但我还是相信我们每个人都有无法说不的宿命。
Jerry: Be your own master!	杰瑞：要当自己的主人！

 单词解析零距离

1 **nat** 出生 ＋ **ive** 形容词后缀

native ['neɪtɪv] 形 当地的

延伸用法 native speaker 母语人士

▶ Sally speaks English well like a **native** speaker.
莎莉的英文说得跟母语一样好。

❷ **nat** 出生 ＋ **al** 形容词后缀，表示……的

natal ['neɪtl] 形 出生的

延伸用法 **natal tooth** 胎生牙

▶ The fatuous father is said to dislike his new baby for her **natal tooth**.
据说这个愚昧的父亲不喜欢他刚出生的孩子，因为她有胎生牙。

❸ **nat** 出生 ＋ **ure** 表示性质

nature ['neɪtʃə(r)] 名 自然；本性

延伸用法 **the call of nature** 上厕所

▶ He left the meeting room suddenly to answer the call of **nature**.
他突然离开会议室去上厕所。

❹ **pre** 前、先 ＋ **nat** 出生 ＋ **al** 形容词后缀

prenatal [ˌpriːˈneɪtl] 形 出生以前的

延伸用法 **prenatal period** 产前阶段

▶ It is normal for an expectant mother to be nervous during **prenatal** period. 准妈妈在产前阶段会紧张是很正常的。

❺ **post** 在……之后 ＋ **nat** 出生 ＋ **al** 形容词后缀

postnatal [ˌpəʊstˈneɪtl] 形 产后的

延伸用法 **postnatal depression** 产后忧郁症

▶ Daisy has been suffering from **postnatal** depression after giving birth to her first child.
黛西生下第一个孩子后就一直为产后忧郁症所苦。

💡 **延伸补充自然学**

nat的变化型：nate

☆ **connate** 伴随着出生的事物 形 天赋的

☆ **innate** 里 ＋ 出生 形 与生俱来的

☆ **supernatural** 超越自然的 形 超自然的

☆ **cognate** 共同出生 形 同起源的

根 mort 死亡

情境对话试水温

🎧 *Track 032*

Milo: I envy the Greek Gods. They are powerful and immortal.

米洛：我好羡慕希腊的神。他们充满力量又长生不死！

Annie: What's wrong with being mortal? Eternity isn't necessarily a good thing.

安妮：会死又如何？永恒并不一定是件好事。

Milo: With mortality, we suffer pain, we get sick, and we die. Isn't that sad? What's the meaning of being alive then? Look where I am now. I'm poor, and I have tons of mortgage to pay.

米洛：在有限的生命里，我们承受痛苦、疾病，然后我们会死亡。那不悲伤吗？那生命存在的意义是什么？看看我现在的处境。我贫穷，并且要支付一大笔贷款。

Annie: My dad is a mortician. He has seen everything. You should really talk to him.

安妮：我爸是名殡葬业者，他看过生老病死。你真的该和他聊聊。

Milo: Remember where I work? A hospital with a mortuary! Oh, man. How can I get rid of this morbid mindset toward life?

米洛：记得我在哪里工作吗？有太平间的医院！哦，我要怎么样才能摆脱这样病态的人生观？

Annie: Come to my house tonight. Maybe you will feel better after meeting my dad.

安妮：今晚来我家吧。也许和我爸见面后你会感觉好点。

单词解析零距离

❶ im 不、否 **+ mort** 死 **+ al** 形容词后缀

immortal [ɪˈmɔːtl] 形 不死的

延伸用法 immortal music 不朽的音乐

▶ Mozart surely created immortal music.
莫扎特确实创造了不朽的音乐。

❷ mort 死 **＋ al** 形容词后缀

mortal ['mɔːtl] 形 致命的

延伸用法 **mortal wound** 致命伤

▶ He received a **mortal** wound in the head.
他头部受了致命伤。

❸ mort 死 **＋ ality** 名词后缀

mortality [mɔːˈtæləti] 名 死亡率

延伸用法 **infant mortality rate** 婴儿死亡率

▶ The infant **mortality** rate in this country is rather high.
这个国家的婴儿死亡率相当高。

❹ mort 死 **＋ gage** 抵押物品

mortgage ['mɔːgɪdʒ] 名 抵押品

延伸用法 **mortgage loan** 抵押贷款

▶ Mark works like a dog in order to pay off his home **mortgage** loan.
为了还清房屋贷款，马克拼了命地工作。

❺ mort 死 **＋ ic** 属于……的 **＋ ian** 人

mortician [mɔːˈtɪʃn] 名 殡葬业人员

延伸用法 **nature's mortician** 自然界的殡葬师

▶ The sexton beetle is called nature's **mortician**, for it does the cleanup when a small creature dies.
埋葬虫因为会清理小生物死后的尸体而被称为自然界的殡葬师。

❻ mort 死 **＋ uary** 表示场所

mortuary ['mɔːtʃəri] 名 太平间

延伸用法 **mortuary makeup artist** 殡葬化妆师

▶ More and more people want to be a **mortuary** makeup artist because it pays well. 因为薪水高，越来越多人想当殡葬化妆师。

延伸补充自然学

mort的变化型：morb

☆ **morbid** 死病的状态 形 病态的

☆ **morbidity** 死病＋名词后缀 名 病态；不健全

Unit 033 **根 flo(u)r 花、叶**

情境对话试水温

🎧 *Track 033*

George: Have you ever seen the **flora** on the island over there? It's really worth visiting.

乔治：你看过那边那座岛上的植物群吗？真的很值得去看。

Mary: No, I haven't. But I've heard the locals say that **flowers** there are one of a kind.

玛丽：没有，我还没看过。但我听当地人说，那边的花绝无仅有。

George: They sure are, and that's probably why there are many professional **florists** here in this community.

乔治：确实是，而且这大概也是为什么这个社区有很多专业的花艺师。

Mary: Oh, right! I've seen many beautiful hand-dyed **floral** patterns.

玛丽：噢，对！我看到很多很漂亮的手工染色花卉图案。

George: I know right? We should really protect this special space on earth so that these flowers may **flourish** forever.

乔治：对吧？我们真的要好好保护这片特别的地方，让这些花朵可以永远盛开。

Mary: I feel the same way. See how the scene matches with the **florid** architectural style here? I'm literally in a paradise!

玛丽：我认同。看看这景色如何和当地华丽的建筑风格相辉映。我简直就是在天堂！

单词解析零距离

❶ **flor** 花 ＋ **a** 名词后缀

flora ['flɔːrə] 名 （某一地点或时期的）植物群

延伸用法 come for the flora 为了植物群而来

▶ Many foreign visitors came for the **flora** to appreciate its magnificence.
许多外国观光客来是为了一探植物的壮丽美景。

❷ flower 花

flower ['flaʊə(r)] 名 花；花卉；开花植物

延伸用法 dried flowers 干花

▶ My mom is good at making dried **flowers**.
我妈妈很擅长制作干花。

❸ flor 花 + ist 名词后缀，通常指人

florist ['flɒrɪst] 名 花商；花店店员；花卉研究者

延伸用法 work as a florist 做花艺师的工作

▶ Many hipsters dream of working as a **florist**.
很多文青都梦想成为一名花艺师。

❹ flor 花 + al 形容词后缀，有……性质的

floral ['flɔːrəl] 形 用花制作的；饰以花卉图案的

延伸用法 floral patterns 花卉图腾

▶ This year's fashion trend is **floral** patterns.
今年的潮流趋势是花卉图案。

❺ flour 花 + ish 动词后缀，表示造成、致使

flourish ['flʌrɪʃ] 动 茁壮成长；繁荣；蓬勃发展

延伸用法 begin to flourish 开始成长；盛开

▶ The flowers began to **flourish** last week.
这些花从上星期就开始绽放。

❻ flor 花 + id 形容词后缀

florid ['flɒrɪd] 形 过分装饰的；花俏的

延伸用法 a florid style 过于花俏的风格

▶ The writer is known for a **florid** style of wording and phrasing.
这位作家是以华丽的写作风格出名的。

⚡ **延伸补充自然学**

与花相关的前缀：herb

☆ **herbal** 草 + 形容词后缀，有……性质的 形 香草的；药草的

☆ **herbivore** 草 + 以……为食 名 食草动物，草食动物

Unit 034 根 luc, lumi 光亮

情境对话试水温

🎧 *Track 034*

Melinda: **Luminaries** of theatre came to our school to give a speech yesterday. I really benefited a lot.	梅琳达：剧场名人昨天到我们学校演讲。我真的受益良多。
Diane: Wow. In what way?	黛安：哇，在哪方面？
Melinda: They **illuminated** the idea of absurdism through an example of looking at a **translucent** glass.	梅琳达：他们用观看半透明的玻璃杯的例子来解释荒谬主义。
Diane: Can you **elucidate**? I'm not following you.	黛安：你可以阐明一下吗？我听不懂。
Melinda: There's always a **lucid** part of what we see, but with a turn of angle, it became unclear again.	梅琳达：我们看的东西总有一面是很清晰的，但是角度一转，它就又变得不清楚了。
Diane: Okay ... which is common sense?	黛安：好吧……但这是常识？

单词解析零距离

❶ lumi 光＋**n**＋**ary** 形容词后缀，关于……的

luminary ['lu:mɪnəri] 名 （某一领域的）专家；知名人士

延伸用法 a luminary in the field of 某个领域的专家

▶ She is a **luminary** in the field of astronomy.
她是一位天文学的专家。

. . . .

❷ il＋lumi 光＋**ate** 动词后缀，表示使成为

illuminate [ɪ'lu:mɪneɪt] 动 照亮；照射；阐明

延伸用法 illuminate an issue 阐明一个议题

▶ The government is supposed to **illuminate** an issue when it arouses controversy.
当一个议题出现争议时，政府应当出面阐明。

❸ **trans** 穿透 ＋ **luc** 光 ＋ **ent** 形容词后缀，在……状态的

translucent [trænsˈluːsnt] 形 半透明的

延伸用法 a **transluent** characteristic 半透明的特色

▶ The artifact is made of a very special material and hence has a **translucent** characteristic.
这件手工艺品是用非常特别的材料制作的，因此呈现半透明的特性。

❹ **e** 超出 ＋ **luc** 光 ＋ **idate** 动词后缀

elucidate [iˈluːsɪdeɪt] 动 阐明；阐述

延伸用法 further **elucidate** 进一步阐述

▶ The speaker was asked to further **elucidate** his viewpoint.
这位演讲者当时被要求进一步阐明他的论点。

❺ **luc** 光 ＋ **id** 形容词后缀

lucid [ˈluːsɪd] 形 清楚易懂的；明晰的

延伸用法 offer **lucid** guidance 提供清楚易懂的指示或指引

▶ My advisor offered me **lucid** guidance whenever I felt lost.
我的教授总在我迷失时，给我很明确的指导。

💡 延伸补充自然学

与光相关的前缀：photo

☆ **photograph** 光 ＋ 记录；图示；书写   名 照片
☆ **photography** 光 ＋ 学问或学科   名 照相术；摄影术
☆ **photosynthesis** 光 ＋ 合成   名 光合作用

根 **pyr** 火

情境对话试水温

Lauren: Did you see the news? A **pyromania** escaped from a psychiatric hospital.	萝伦：你看到新闻了吗？有一个纵火犯从精神病院逃出来了。
Natalie: What? What are we going to do?	娜塔莉：什么？我们要怎么办？
Lauren: It is said that he carried a **pyrometer** with himself. I guess that can be a clue to spot him.	萝伦：据说他随身带着一个高温计。我想这是一个抓到他的线索。
Natalie: I wonder how a person ever becomes a **pyromaniac**. I mean, I understand that fire has its fascinating appeal. The ancestor created **pyrography**, and **pyrogen** exists in mother nature, not to mention fire makes things edible for us!	娜塔莉：我在想一个人怎么会变成一个纵火狂。我的意思是，我懂火具有一种迷人的吸引力。我们的祖先发明了烙画，大自然中也存在发热物质，更不用说火替我们将事物变得可以食用！
Lauren: Well, maybe he has a morbid obsession toward the scene of a flaming house. I mean, this sort of thing is unpredictable.	萝伦：嗯，也许他对于房子着火的画面有一种病态的迷恋。我的意思是，这种事情是无法预测的。
Natalie: I just hope that he can be arrested as soon as possible.	娜塔莉：我只希望他可以赶快被逮捕。

单词解析零距离

❶ **pyro** 火 ＋ **man** 疯狂 ＋ **ia** 名词后缀，表示疾病

pyromania [ˌpaɪrəʊˈmeɪnɪə] 名 纵火癖

延伸用法 the symptom of pyromania 纵火癖的症状

▶ He has shown the symptom of pyromania. We should be cautious. 他
表现出可能纵火的征兆，我们得提高警觉。

❷ **pyro** 火＋**meter** 测量

pyrometer [paɪˈrɒmɪtə] 名 高温计

延伸用法 use a pyrometer 使用高温计

▶ The scientist used a pyrometer to detect the temperature of metals.
这位科学家用了一个高温计来检测金属的温度。

❸ **pyro** 火＋**man** 疯狂＋**ia** 名词后缀，表示疾病＋**(a)c** 形容词后缀常转作名词用

pyromaniac [ˌpaɪrəʊˈmeɪnɪæk] 名 纵火狂

延伸用法 be a pyromaniac 当一个纵火狂

▶ How odd someone wants to be a pyromaniac!
怎么会有人想要当一个纵火狂！

❹ **pyro** 火＋**graphy** 名词后缀，代表学问或学科

pyrography [paɪˈrɒɡrəfɪ] 名 烙画术；烙画

延伸用法 utilize pyrography 利用烙画

▶ Ancient publishers utilized pyrography to complete the making of a
book. 古代的出版商都会利用烙画来制作书籍。

❺ **pyro** 火＋**gen** 名词后缀，表示产生、生成

pyrogen [ˈpaɪərəʊdʒɪn] 名 致热物；致热原

延伸用法 discover pyrogens 发现致热原

▶ The scientist was thrilled to know that he had discovered a pyrogen,
and had the chance to name it after him.
当这位科学家得知是他发现了发热物质并能为其命名时，情绪相当激动兴奋。

💡 延伸补充自然学

☆ **pyrotechnics** 火＋技能＋名词后缀，表示　　名 烟火制造术；烟火使
学说或知识　　　　　　　　　　　　　用法

Unit 036  **根 aqua, aque 水**

🗨️ 情境对话试水温

🎧 *Track 036*

Luise: Do you want to go to the **aquarium** with me this Sunday?	路易丝：你星期日要不要和我一起去水族馆？
Victoria: You mean the one that has a technological **aqueduct** to reroute the water?	维多利亚：你是说用技术导水管换水的那家吗？
Luise: Wow. You did some research, huh?	路易丝：哇！看来你有做功课！
Victoria: Well, I actually have **aquaphobia**, but aquarium is acceptable for me. I adore those little **aquatic** animals!	维多利亚：嗯……其实我有惧水症，但水族馆我觉得还可以接受，我很爱那些水生小动物。
Luise: Me too! And I love how the glass reflects slightly the color of **aquamarine**. It's so beautiful.	路易丝：我也是！而且我喜欢玻璃轻微反射出海蓝色的感觉。那非常漂亮。
Victoria: Let's go there then!	维多利亚：那么我们去那里吧！

 单词解析零距离

① **aqua** 水 ＋ **ium** 名词后缀，代表地方

aquarium [əˈkweəriəm] 图 水族槽；水族馆

延伸用法 an aquarium of ... ……的水族馆

▶ The newly-built building on the corner of the street is an **aquarium** of subtropical marine animals.
街角的那栋新大楼是一家亚热带海洋生物的水族馆。

❷ aqua 水 ＋ **tic** 形容词后缀，表示有……性质的

aquatic [ə'kwætɪk] 彤 水生的；水栖的；水上的

延伸用法 aquatic animals 水生动物

▶ My father is fond of raising **aquatic** animals.
我爸爸喜欢饲养水生动物。

❸ aqua 水 ＋ **phobia** 名词后缀，表示恐惧、害怕

aquaphobia ['ækwəfəʊbɪə] 名 恐水症

延伸用法 have aquaphobia 患有恐水症

▶ All of my families have **aquaphobia**, hereditary through generations.
我家族的所有人皆患惧水症，代代遗传。

❹ aqua 水 ＋ **duct** 输送管；导管

aqueduct ['ækwɪdʌkt] 名 输水管；导水管

延伸用法 an underground aqueduct 地底导水管

▶ The government announced that they are going to build an underground **aqueduct** to improve the drainage system.
政府宣布即将建造一个地下导水管，来加强排水系统功能。

❺ aqua 水 ＋ **marine** 海洋

aquamarine [ˌækwəmə'ri:n] 名 水绿色；海蓝色

延伸用法 the color of aquamarine 海蓝色

▶ I'm fascinated by the color of **aquamarine** shown slightly through the glow of the diamond.
我完全被这颗钻石的海蓝色光芒震慑住。

延伸补充自然学

与 aqua 意思相近的前缀：hyrd(o)

☆ **hydrate** 水 ＋ 动词后缀，表示使成为 动 使成水合物

☆ **hydrophobia** 水 ＋ 名词后缀，表示恐惧、害怕 名 恐水症

☆ **hydrotherapy** 水 ＋ 治疗 名【医】水疗法

Unit 037

根 mar 海洋的

💬 情境对话试水温

Megan: Hi, Harry. I heard that you're now a mariner?	梅根：嗨，哈利，听说你现在是水手？
Harry: Yep, mostly working in a submarine.	哈利：对，大部分时间都在潜艇里工作。
Megan: How do you like your life on the sea?	梅根：海上生活怎么样？
Harry: Well, our country is one of the maritime powers, so I work with a sense of pride.	哈利：我们国家是海上强国之一，所以我与有荣焉。
Megan: Good to know!	梅根：很棒！
Harry: And we have several marine biologists on board. You know how I love sea creatures! They taught me a lot!	哈利：我们船上也有一些海洋生物学家。你也知道我很爱海洋生物！他们教了我很多！
Megan: Sounds terrific. So, when's your next mission?	梅根：听起来超棒，那你下一个任务是什么？
Harry: It's going to be a transmarine one, all the way to the Indian Ocean. It's in June.	哈利：是一个跨海任务，直航驶向印度洋，六月出发。
Megan: All the best to you.	梅根：祝你好运。
Harry: Thanks, Megan.	哈利：谢谢，梅根。

⚡ 单词解析零距离

❶ **mar** 海 ＋ **ine** 形容词后缀，与……有关的 ＋ **(e)r** 名词后缀，表示人

mariner ['mærɪnə(r)] 图 水手；船员

延伸用法 become a mariner 成为一位水手

▶ Both of my brothers wish to become a **mariner**, and are now under training. 我两个兄弟都希望能当一名水手，现在正在受训。

❷ **sub** 在……下方 ＋ **mar** 海 ＋ **ine** 形容词后缀，与……有关的

submarine [ˌsʌbməˈriːn] 形 海底的；水下的 名 潜艇

延伸用法 submarine sandwich 潜水艇三明治

▶ Everytime I go to Subway, I order a **submarine** sandwich.
我每次去赛百味都会点一份潜艇三明治。

❸ **mari** 海 ＋ **time** 时间

maritime [ˈmærɪtaɪm] 形 海的；海事的；航海的

延伸用法 maritime powers 海上强国

▶ Both Britain and Spain were **maritime** powers in the 17th century. 英国跟西班牙在17世纪时都曾为海上强国。

❹ **mar** 海 ＋ **ine** 形容词后缀，与……有关的

marine [məˈriːn] 形 海的；海运的

延伸用法 marine life 海上生活

▶ My grandparents are both experts in the knowledge of **marine** life.
我的祖父母都是海上生活的专家。

❺ **trans** 跨越 ＋ **mar** 海 ＋ **ine** 形容词后缀，与……有关的

transmarine [ˌtrænzməˈriːn] 形 海外的；横越海洋的

延伸用法 a transmarine voyage 出海的旅程

▶ This trip is going to be an exciting **transmarine** voyage!
这趟旅程将会是场很刺激的航海旅游！

⚡💡 **延伸补充自然学**

☆ **ultramarine** 超越＋海＋形容词后缀 形 海外的；群青色的

☆ **submariner** 在……下方 ＋ 海 ＋ 形容词后缀，与……有关的 ＋ 名词后缀，表示人 名 潜水艇船员

Unit 038 **根 lith 石头**

情境对话试水温

🎧 *Track 038*

Larry: Wow. Is this project made by you? I have no idea you are fond of **Neolithic** and **Paleolithic** creatures.	拉里：哇，这专题是你做的吗？我都不知道你对新石器时代跟旧石器时代的东西有兴趣。
John: It's my hidden hobby. I spend most of my leisure time reading related materials.	约翰：没有很多人知道，我花了很多空闲时间在读相关的资料。
Larry: What's this **monolith** called? The one at the center of this page.	拉里：这个巨石叫什么？在这页中间。
John: It's called Marvin's Stone. I actually created this by myself. The professor said we must make something memorial for this project.	约翰：它叫马文巨石，这其实是我自己取的，教授说我们都要想方法来记这些东西。
Larry: Is that a requirement? Oh, no. I only did a research on the **lithosphere**. I thought we only needed to do some compare and contrast.	拉里：教授有说吗？完了，我只研究了岩石圈。我以为只需要研究比较跟对照。
John: Well, it's a **lithology** class. I'm sure the professor will not flunk you as long as your research is good enough.	约翰：这堂课是岩石学，我想只要你的报告够好，教授就不会让你挂科。

单词解析零距离

❶ neo 相当于**new**，表示新的 ＋ **lith** 石头 ＋ **ic** 形容词后缀

neolithic [ˌniːəˈlɪθɪk] 图 新石器时代的；早先的；已经过时的

延伸用法 **Neolithic remains** 新石器时代的遗迹

▶ The archeologists found some **Neolithic** remains on the island.
考古学家在岛上发现了一些新石器时代的遗迹。

❷ paleo 古代的 ＋ **lith** 石头 ＋ **ic** 形容词后缀

paleolithic [ˌpælɪəʊˈlɪθɪk] 彤 旧石器时代的

延伸用法 the Paleolithic period 旧石器时代

▶ The **Paleolithic** period sounds more fun to me.
我对旧石器时代比较有兴趣。

❸ mono 单一的 ＋ **lith** 石头 ＋ **ic** 形容词后缀

monolithic [ˌmɒnəˈlɪθɪk] 彤 独块巨石的；整体的石料

延伸用法 monolithic columns 巨大石块

▶ These ancient **monolithic** columns were said to be discovered in 1954.
据说这些古代的巨大石块是在1954年被发现的。

❹ lith 石头 ＋ **o** ＋ **sphere** 名词后缀，表示球面

lithosphere [ˈlɪθəsfɪə(r)] 名【地】岩石圈；陆界

延伸用法 the hydrosphere and lithosphere 水圈和岩石圈

▶ The hydrosphere and **lithosphere** are two of the compositions making up the Earth's skin. 地球表面是由水圈与岩石圈组成的。

❺ lith 石头 ＋ **o** ＋ **logy** 名词后缀，表示学科

lithology [lɪˈθɒlədʒi] 名 岩石学；【医】结石（病）学

延伸用法 dig into lithology 钻研岩石学

▶ My brother was inspired by a film and decided to dig into **lithology**.
我弟弟受一部电影激励而开始钻研岩石学。

💡 延伸补充自然学

与 litho 意思相近的词根：calc 石灰

☆ **calcium**　　　石灰 ＋ 名词后缀　　　　名 钙

☆ **calcic**　　　　石灰 ＋ 形容词后缀　　　彤 钙的；含钙的

情境对话试水温

🎧 *Track 039*

Jane: Which professor's geography class are you going to take?	简：你要去上哪一位地理教授的课？
Darcy: I'm thinking Prof. Lee's. It's easier to pass.	达西：我在考虑李教授的，比较好通过。
Jane: I thought you want to be a geographer! Don't lower the standard!	简：我以为你想当地理学家！不要降低标准！
Darcy: I know, but my parents want me to make more money in the future. I'm even thinking dropping the geology class.	达西：我知道，可是我爸妈想要我未来多赚点钱。我甚至考虑要弃修地质学了。
Jane: Then do what?	简：那你要修什么？
Darcy: Take a geometry class I guess. They want me to minor in architecture.	达西：改上几何学吧。他们想要我辅修建筑学。
Jane: What a shame. I always thought you have this special aptitude as a geographer. Remember how you memorize all the geographical traits of Mountain Jade all at once? It's so impressive.	简：好可惜。我一直都觉得你对地理学很有热忱。还记得你一次背下玉山所有的地理特征吗？太令人难忘了。
Darcy: I know ... I'll talk to my parents tonight.	达西：我知道……今晚再跟我爸妈聊聊吧。

单词解析零距离

❶ geo 土地 ＋ **graphy** 名词后缀，表示学问或学科

geography [dʒi'ɒgrəfi] 图 地理学；地形；地势

延伸用法 **the geography of** 某个地方的地势

▶ The **geography** of China is diverse and stunning.
中国的地理多样化且令人赞叹。

❷ **geo** 土地 ＋ **graph** 记录；图示；书写 ＋ **er** 名词后缀，表示人

geographer [dʒiˈɒɡrəfə(r)] 名 地理学家

延伸用法 meet with a geographer 与一位地理学家碰面

▶ I met with a **geographer** to gather materials for my geography class.
我拜访了一位地理学家来收集我地理课的资料。

❸ **geo** 土地 ＋ **logy** 名词后缀，表示学科

geology [dʒiˈɒlədʒi] 名 地质学；（某地区的）地质情况

延伸用法 in the field of geology 地质学领域

▶ I want to level up and become an expert in the field of **geology**.
我想要提升我自己并成为一名地质学专家。

❹ **geo** 地理 ＋ **metry** 相当于**measure**，表示测量

geometry [dʒiˈɒmətri] 名 几何学

延伸用法 a geometry class 几何学课程

▶ Do you remember that we went to a **geometry** class together last year?
你记得去年我们一起去上几何学课吗？

❺ **geo** 土地 ＋ **graph** 记录；图示；书写 ＋ **ical** 形容词后缀

geographical [ˌdʒiːəˈɡræfɪkl] 形 地理学的；地理的

延伸用法 the geographical features of 某个地方的地理特质

▶ The team went far into the mountain to study the **geographical** features. 这支队伍深入山中研究其地理特色。

延伸补充自然学

与 geo 意思相近的词根：insul

✪ **pen**insula   近似于 ＋ 岛   名 半岛

Unit 040 根 lun, sol 月亮、太阳

 情境对话试水温

🎧 *Track 040*

Laura: Do you know that the name, Luna, refers to the Goddess of Moon?	劳拉：你知道露娜这个名字指的是月之女神吗？
Paul: I have no idea. You're so resourceful.	保罗：不知道，你好聪明。
Laura: And that's also how **lunar** calendar got its name.	劳拉：而且阴历也与这个词有关。
Paul: What about the sun?	保罗：那太阳呢？
Laura: It's S-O-L-A-R. Remember, the **solar** system? Don't tell me you forgot what we'd learned in Prof. Lee's class.	劳拉：是S-O-L-A-R。太阳系，记得吗？别告诉我你忘记李教授课上教的。
Paul: I do remember, okay? I still couldn't get of that terrible memory when John did this little experiment that tried to **solarize** a strange pot of liquid under the blazing sun.	保罗：我当然记得，我还没办法摆脱关于约翰那段凄惨的回忆，他试图把一罐莫名的液体放在烈日下曝晒。
Laura: And nothing happened. It was so hilarious.	劳拉：结果什么都没发生，太好笑了。
Paul: Yeah, and that was also when I learned the word "**lunisolar**" because John kept telling me he did that experiment based on the lunisolar calendar and it was supposed to succeed!	保罗：对，我就是那天学到了"阴阳"这个词，因为约翰不停地告诉我他用阴阳历的概念做了那个实验，而且绝对会成功！

 单词解析零距离

❶ **lun** 月亮＋**a** 名词后缀

luna [ˈljuːnə] 名 月神；月亮　　延伸用法 the Luna Goddess 月神

▶ In ancient Roman myth, Luna is the epitome of the moon.
在古罗马神话中，Luna一词象征的就是月亮。

❷ lun 月亮 ＋ **ar** 形容词后缀，表示状态

lunar [ˈluːnə(r)] 圈 月的；月球上的　　延伸用法 **lunar calendar** 阴历

▶ Chinese people hold festivals according to the lunar calender.
中国人照着阴历举办许多节庆。

❸ sol 太阳 ＋ **ar** 形容词后缀，表示状态

solar [ˈsəʊlə(r)] 圈 太阳的；利用太阳光的　　延伸用法 **solar energy** 太阳能

▶ Solar energy is seemed as an alternative to traditional coal-burning.
太阳能被视为传统燃煤技术的取代方案。

❹ sol 太阳 ＋ **ar** 形容词后缀，表示状态 ＋ **ize** 动词后缀，表示使成……状态和使……化

solarize [ˈsəʊləraɪz] 囫 使受日光作用
延伸用法 **solarize sth.** 使……受日光作用
▶ Please avoid solarizing the negatives. 请避免让底片曝光。

❺ lun 月亮 ＋ **i** ＋ **sol** 太阳 ＋ **ar** 形容词后缀，表示状态

lunisolar [ˌljuːnɪˈsəʊlə] 圈 日与月的；由于日、月引力的
延伸用法 **lunisolar precession** 日月岁差
▶ The rotational difference between sun and moon with respect to the Earth is called lunisolar precession.
太阳和月亮相对于地球之间自转的误差，称为日月岁差。

延伸补充自然学

✿ **semilunar**	半 ＋ 月亮 ＋ 形容词后缀	圈 半月形的
✿ **lunitidal**	月亮 ＋ 潮汐 ＋ 形容词后缀	圈 月潮的
✿ **antisolar**	反对 ＋ 太阳 ＋ 形容词后缀	圈 反日的

Unit 041  首 astro, aster —— 星

💬 情境对话试水温

Melody: I'm so memorized by the astral planets. They are just beyond expressions.	梅洛迪：星系让我着迷，它们美得无法表达。
Bella: I understand. I guess everyone wished to be an astronaut as a kid.	贝拉：我懂，我猜每个人小时候都梦想当宇航员。
Melody: Not me. In my children, I always hoped to become as astronomer because I preferred close and thorough examination of each star. I didn't really want to stay in a rocket.	梅洛迪：我就不是，我小时候总想当天文学家，因为我比较喜欢贴近并仔细研究每颗星星，我才不想住在石头上。
Bella: Oh, that explains why you're now majoring in astronomy.	贝拉：哦，难怪你现在主修天文学。
Melody: You?	梅洛迪：你呢？
Bella: Nothing serious. I'm now studying economics, but in my spare time, I do some amateur research in astrology.	贝拉：没什么特别的，我现在读经济学，但有空的时候会做一些关于占星学的业余研究。
Melody: Let's meet up some other time and share what we've learned so far!	梅洛迪：我们改天可以约出来聊聊我们学的内容！

 单词解析零距离

❶ astr 星 ＋ **al** 形容词后缀，表示有……性质的

astr al [ˈæstrəl] 形 星的；星状的；星际的

延伸用法 astral bodies 星体

▶ Astral bodies fascinate me with their everlastingness.
星体的永恒性深深吸引我。

❷ astro 星 ＋ **naut** 名词后缀，表示航行者

astronaut ['æstrənɔːt] 名 宇航员
延伸用法 become an astronaut 成为一名宇航员
▶ Every kid wants to become an **astronaut** in the future.
每个小孩都梦想未来成为一名宇航员。

❸ astro 星 ＋ **nom** 表示法则；学科 ＋ **er** 名词后缀，表示人

astronomer [ə'strɒnəmə(r)] 名 天文学家
延伸用法 a retired astronomer 退休的天文学家
▶ My grandmother is a retired **astronomer**, and I admire her very much.
我奶奶是一名退休的天文学家，我非常崇拜她。

❹ astro 星 ＋ **nomy** 名词后缀，表示法则；学科

astronomy [ə'strɒnəmi] 名 天文学
延伸用法 study astronomy under sb. 在某个人底下研究天文学
▶ I decided to study **astronomy** under Prof. Lee and contributed to the society. 我决定上李教授的天文学课，然后把所学回馈社会。

❺ astro 星 ＋ **logy** 名词后缀，表示学科

astrology [ə'strɒlədʒi] 名 占星术；占星学
延伸用法 the science of astrology 占星学
▶ Some claim that there's no such thing as the science of **astrology** at all and it is only nonsense.
据说世上根本就没有什么占星学，都是无稽之谈。

延伸补充自然学

☆ **astro**loger　　星 ＋ 学科 ＋ 名词后缀，表示人　　名 占星家
☆ **astro**physics　星 ＋ 自然科学 ＋ 名词后缀，表示　名【天】天体物理学
　　　　　　　　　　学说或知识

Unit 042 根 **cosm(o)** 宇宙、次序

情境对话试水温

🎧 *Track 042*

Alice: Don't you find it mysterious that the **cosmos** operates in this way? I mean, if we all die, does it still exist?	艾丽斯：你不觉得宇宙的运行很神秘吗？ 我是说，如果人类都灭亡了，宇宙还存在吗？
Melissa: Everything **cosmic** all leads to one conclusion, which is, STOP THINKING!	梅丽莎：宇宙的一切最终都只有一个结果，就是，你想太多了！
Alice: C'mon. You studied **cosmology**. You know what I'm talking about.	艾丽斯：拜托，你学过宇宙学，你懂我在说什么。
Melissa: Let me explain it in this way. Right now, both of us live in this **cosmopolitan**. What do you think?	梅丽莎：那我这样说好了，此时此刻，我们两个人都活在这世上，你怎么看？
Alice: Transient?	艾丽斯：我们只是过客？
Melissa: Yes. We look at this world through our **microcosmic** perspective, and that's because we are all humane.	梅丽莎：这就对啦，我们只能用微观的角度看世界，因为我们只是人类罢了。
Alice: So, what we should do is to deepen and broaden this humane perspective that we have?	艾丽斯：所以，我们应该要做的就是深化和扩张我们所拥有的这个人类视野？
Melissa: Yes. In this case, whether or not the cosmos will exist after we die should cease to matter.	梅丽莎：是的，如此一来，我们死后宇宙是否存在就一点都不重要了。

单词解析零距离

❶ cosmo 宇宙 ＋ **s** 表示复数形式

cosmos ['kɒzmɒs] 名（有和谐体系的）宇宙；秩序；和谐

延伸用法 in the cosmos 在宇宙中

▶ Can we eventually find the meaning of life in the **cosmos**?
我们最终是否能在宇宙中找到生命的意义？

❷ **cosm** 宇宙＋ **ic** 形容词后缀

cosmic [ˈkɒzmɪk] 形 宇宙的；外层空间的

延伸用法 the cosmic system 宇宙系统

▶ The **cosmic** system is actually beyond human comprehension.
宇宙系统实际上是超乎人类所能想象的范围的。

❸ **cosmo** 宇宙＋ **logy** 名词后缀，表示学科

cosmology [kɒzˈmɒlədʒi] 名 宇宙论

延伸用法 the scope of cosmology 宇宙论的范畴

▶ I'm afraid that this question is beyond the scope of **cosmology**.
这个问题恐怕已经超出宇宙学的范围了。

❹ **cosmo** 宇宙＋ **polit** 城市＋ **an** 形容词后缀，表示属于……的

cosmopolitan [ˌkɒzməˈpɒlɪtən] 形 世界性的；国际性的

延伸用法 a cosmopolitan city 大都会城市

▶ Living in a **cosmopolitan** city is very different from living in the countryside. 国际大都市的生活与乡村生活截然不同。

❺ **micro** 微小＋ **cosm** 宇宙＋ **ic** 形容词后缀

microcosmic [ˈmaɪkrəʊˌkɒzəmɪk] 形 小宇宙的；微观的

延伸用法 a microcosmic version of ... 微观版本的……

▶ This village, suffering from famine and corruption, resembles a **microcosmic** version of the world.
这个村落饱受饥荒和腐败之苦，就像世界的缩影。

🔋 **延伸补充自然学**

| ☆ **microcosm** | 微小＋宇宙 | 名 小宇宙；缩图 |
| ☆ **macrocosm** | 大；宏观＋宇宙 | 名 大宇宙；大世界；整体 |

根 capit 头、主要的

🎧 *Track 043*

情境对话试水温

Mark: Did you hear the news? A **captain** of the ship in a harbor small town has been taken away by a group of infamous pirates.

马克：你听说了吗？ 码头小镇的船长被一群恶名昭彰的海盗绑架了。

Mandy: I know. They are known for decapitating **captives**!

曼蒂：我知道。他们都以斩首俘虏出名的！

Mark: It is said that the ship **capsized** in the middle of the ocean; the captain and his crew thought the pirates were rescuers.

马克：据说这艘船在海洋中翻覆，船长和船员以为那群海盗是搜救队。

Mandy: What is the government going to do now?

曼蒂：那现在政府打算怎么处理？

Mark: The officials have no other options but to **capitulate**. The pirates made it clear that if the ransom were not paid, all the people would be dead.

马克：那些官员除了妥协也没得选择。这群海盗表明如果没有收到赎金，船上没人可以活着回来。

Mandy: That's terrible. Hope everything ends well.

曼蒂：太可怕了。希望事情能圆满落幕。

单词解析零距离

❶ **de** 除去 ＋ **capit** 头 ＋ **ate** 动词后缀，表示使成为

decapitate [dɪˈkæpɪteɪt] 动 斩首；解雇

延伸用法 decapitate the enemy 斩首敌人

▶ The Queen ordered to **decapitated** the enemy.
女王要求斩首敌军。

❷ capt 头 **＋ ive** 形容词后缀，表示有……性质的

captive ['kæptɪv] 彤 被俘的；受监禁的；受控制的；被迷住的

延伸用法 **be held captive** 被监禁

▶ The villagers were held **captives** by the rebels.
这群村民被叛乱者挟持了。

- -

❸ capt 主要的 **＋ ain** 名词后缀，表示与……相关的人

captain ['kæptɪn] 名 船长；队长；领队

延伸用法 **a team captain** 团长；队长

▶ A team **captain** is responsible for leading to team to work together and achieve their goal.
队长负责带领团队，共同合作并完成目标。

- -

❹ cap 头 **＋ s ＋ ize** 动词后缀，使……化

capsize [kæp'saɪz] 动 倾覆；翻覆

延伸用法 **capsize in the sea** 在海上倾覆

▶ The report said that the battle vessel **capsized** in the sea due to the hideous weather.
报道指出，该战舰因恶劣的天气状况而在海中翻覆。

- -

❺ capit 头 **＋ ul ＋ ate** 动词后缀，表示使成为

capitulate [kə'pɪtʃuleɪt] 动 （有条件地）投降；屈从；停止反抗

延伸用法 **capitulate to the enemy** 向敌人投降

▶ The Queen failed the assassination, and had to **capitulate** to the enemy at last.
女王暗杀失败，最后不得不向敌军屈服。

延伸补充自然学

☆ **capital**　　　主要的 ＋ 名词后缀　　　名 首都；首府

根 **cord** 心脏

 情境对话试水温

🎧 *Track 044*

Vivian: When are you moving to San Francisco?	薇薇安：你什么时候搬到旧金山？
Ann: Maybe next month.	安：大概是下个月吧。
Vivian: Just can't wait to have you as my neighbors! I will definitely give you a **cordial** welcome then! What about a BBQ party?	薇薇安：简直等不及跟你成为邻居啦！我一定给你**热烈**的欢迎！烤肉派对如何？
Ann: Hahaha! Do I need to prepare a GoPro to **record** the red-letter day next month? Tell me more about my new community.	安：哈哈，我需要准备一台运动摄影机来记录这值得纪念的一天吗？多告诉我一些有关我新社区的事吧。
Vivian: It's a Chinese community and most of the neighbors live in **concord** except the Lins. Even petty things could stir up **discord** between the Lins and others. The Lins are manning battle stations all the time.	薇薇安：它是一个华人社区，大家都**和睦相处**，除了林家人。任何鸡毛蒜皮的小事都能激起他们和其他人的**不愉快**。林家人永远处于战斗状态。
Ann: Your description of the Lins is **concordant** with my cousin's, who is also living in that community.	安：你对他们的描述和我表妹说的如出一辙，我表妹也住在那个社区。
Vivian: Believe it or not, after you move to that community, your attitude toward them would **accord** with mine!	薇薇安：信不信由你啦，等你搬到那里之后，你对他们的态度也会跟我一样！

单词解析零距离

❶ ac 朝向 **＋ cord** 心

accord [əˈkɔːd] 动 与……一致

延伸用法 of one's own accord 自动地、出于自愿

▶ He helped me of his own **accord**. 他是自愿帮助我的。

- -

❷ cord 心 **＋ ial** 形容词后缀，表示属于……的

cordial [ˈkɔːdiəl] 形 热忱的、真挚的

延伸用法 a cordial welcome 热忱欢迎

▶ We will give you a **cordial** welcome and reception.
我们会给予您热烈的欢迎和招待。

- -

❸ con 聚合、共同 **＋ cord** 心

concord [ˈkɒŋkɔːd] 名 协调　　　　**延伸用法** in concord 和谐地

▶ The neighbors here always live in **concord**.
这里的邻居们一直都和睦相处。

- -

❹ dis 相反的 **＋ cord** 心

discord [ˈdɪskɔːd] 名 不一致 动 与……不一致

延伸用法 discord with 与……不协调；与……不一致

▶ His view **discords** with the basic principal. 他的观点与基本原则不符。

- -

❺ re 表示强调 **＋ cord** 心

record [ˈrekɔːd] 名 记录　　**延伸用法** make a record of 将……加以记录

▶ Please make a **record** of the important meeting.
请为这次重要的会议做记录。

- -

❻ con 聚合、共同 **＋ cord** 心 **＋ ant** 形容词后缀

concordant [kənˈkɔːdənt] 形 协调的；和睦的

延伸用法 concordant music 和谐的音乐

▶ The band can play **concordant** music. 这个乐团能奏出和谐的音乐。

Unit 045 根 **corpor, corp** 身体、团体

情境对话试水温

🎧 *Track 045*

Bowen: Do you know the corporal over there? I heard that he is very strict.	博文：你认识那边的下士吗？听说他很严格。
Evan: Yes, I know, and he had won many battles. He said in his autobiography that the corpses he had seen were more than the salt he'd ever taken.	伊凡：我认识，他可是战功赫赫。他还在自传中提到，看过的尸体比吃过的盐还多。
Bowen: And now his figure can be described as ... corpulent. Do you know why?	博文：但他现在看起来……有点胖。你知道原因吗？
Evan: He's now in the business industry. I guess all the late hours and social events have brought some negative effects on his body.	伊凡：他现在从商了，我猜应该是长期熬夜跟应酬造成的。
Bowen: Didn't he mention anything about it in his autobiography as well?	博文：他在自传中没提到这个吗？
Evan: A little. He said that he now runs a corporation and intends to incorporate other affiliated firms into his conglomerate.	伊凡：稍微提了一些。他说他现在正经营一家公司，未来打算将其他相关产业并入他的集团里。
Bowen: I see. Well, I still prefer to see him in a military uniform though.	博文：我懂了，好吧，我还是觉得他穿军服比较好看。

单词解析零距离

❶ **corpor** 身体 ＋ **al** 形容词后缀，表示有……性质的

corporal [ˈkɔːpərəl] 形 肉体的；身体的

延伸用法 corporal punishment 体罚

▶ **Corporal** punishment is forbidden in all schools.
体罚在所有学校都是被禁止的。

❷ **corp** 身体 ＋ **se** 名词后缀

corpse [kɔ:ps] 名 尸体；残骸

延伸用法 a corpse of a human body 人类的尸体

▶ The kids were frightened to see a **corpse** of a human body in the park.
孩子们在公园看见人类尸体都被吓坏了。

❸ **corp** 身体 ＋ **ulent** 形容词后缀，表示充满

corpulent [ˈkɔ:pjələnt] 形 肥胖的

延伸用法 a corpulent old man 肥胖的老人

▶ The police said that a **corpulent** old man had gone missing early in the afternoon. 警方说有一名肥胖的老人今天下午失踪了。

❹ **corpor** 团体 ＋ **ation** 名词后缀，表示情况或行为

corporation [ˌkɔ:pəˈreɪʃn] 名 法人；社团法人；【美】股份（有限）公司

延伸用法 manage a corporation 经营一家公司

▶ My father said that it is tiring and difficult to manage a **corporation**.
我父亲表示要管理一家公司是很累人又困难的工作。

❺ **in** 里面；进入 ＋ **corpor** 身体 ＋ **ate** 动词后缀，使成为

incorporate [ɪnˈkɔ:pəreɪt] 动 包含；加上；吸收

延伸用法 incorporate A into B 把A并入 B

▶ My professor asked me to **incorporate** this theory into my thesis.
我的教授要求我将这个理论融入我的论文。

⚡ 延伸补充自然学

☆ **corporeal**　身体 + 形容词后缀　形 肉体的；物质的
☆ **corps**　身体 + 名词后缀　名 兵团，军，部

💬 情境对话试水温

🎧 *Track 046*

Ellen: Look at your **facial** expression!

艾伦：看看你的表情！

Ray: Haha. I'm just blown away by the magnificent **façade** of this castle. Even though some of the stone columns have been **defaced** by the passage of time. I still want to live in here!

雷：哈哈。我只是被这座城堡宏伟的**外观**震慑住了，虽然随着时光流逝，一些石柱都已经被**破坏**，但我还是想住在这里！

Ellen: Same here. This castle has multiple **facets** to appreciate. It is truly a wonder of architecture.

艾伦：我也是，这座城堡有好多**面**可以欣赏。真是一个建筑奇迹。

Ray: Let's hope the government and the conglomerates aren't trying to **efface** this beautiful phase of human civilization.

雷：希望政府跟企业集团不要**毁**了这人类文明美丽的阶段。

Ellen: Let's pray!

艾伦：祈祷吧！

 单词解析零距离

❶ **fac** 表面 ＋ **ial** 形容词后缀

facial ['feɪʃl] 形 脸的；面部的；表面的

延伸用法 **facial expression** 脸部表情

▶ One's **facial** expression is crucial in terms of behavioral interpretation.
在行为解释方面，一个人的脸部表情相当重要。

• •

❷ **fac** 表面 ＋ **ade** 名词后缀，表示行为、动作或产品

facade [fə'sɑːd] 名 （建筑物的）正面；前面；表面；外观

延伸用法 **the facade of ...** （某物）的外观

▶ The **facade** of the 18th century castle draws millions of tourists annually.
这个18世纪的城堡外观每年吸引数百万的观光客。

❸ **de** 除去＋**face** 外表

deface [dɪ'feɪs] 动 毁坏……的外貌；损坏；涂污（使难辨认）
延伸用法 **deface books** 破坏书籍
▶ It's immoral to **deface** books in public libraries.
破坏公共图书馆的书籍是不道德的。

❹ **fac** 表面＋**et** 名词后缀，表示小的

facet ['fæsɪt] 名 （多面体的）面；（宝石等的）琢面；（问题等的）一个方面
延伸用法 **have/ has many facets** 多方面
▶ This film has many **facets** to religious interpretations.
这部影片在宗教诠释上有很多方面。

❺ **ef** 向外＋**face** 外表

efface [ɪ'feɪs] 动 擦掉；抹去
延伸用法 **efface the memory of** 抹去关于……的记忆
▶ Many victims may spend their whole life trying to **efface** the memory of the traumatic experiences.
许多受害者可能花了一生的时间，试着抹去这些惨痛的记忆。

延伸补充自然学

☆ **interface**	在……之间；互相＋表面	名 界面，分界面；接合部
☆ **preface**	之前（时间／空间）＋表面	名 序言，绪言；引语
☆ **surface**	之上＋表面	名 外表；外观
		动 显露，呈现

根 derm 皮肤

情境对话试水温

Alice: The doctor said that I have a serious **dermal** problem.	艾丽斯：医生说我有严重的皮肤疾病。
Melissa: What is it?	梅丽莎：是什么？
Alice: **Dermatitis**. It's killing me.	艾丽斯：皮肤炎，超痛苦的。
Melissa: I know a very famous **dermatologist**. But it's in Shanghai. If you want to go there, I can accompany you.	梅丽莎：我认识一位很有名的皮肤科医生，但他在上海，如果你想去我可以陪你。
Alice: But the doctor said that it needs a special treatment that deals specifically with **hypodermic** symptoms.	艾丽斯：但医生说需要用一种特殊的疗程来专门处理我皮下的症状。
Melissa: We can still go and consult with him. I guess **dermatology** trainings are alike. If he couldn't provide the treatment you need, you can go back to the one you're visiting now.	梅丽莎：我们还是可以去咨询他。我想皮肤科训练都是一样的，如果他无法给你需要的治疗，我们也可以回来这里继续你的疗程。
Alice: Sounds like a good idea. Thanks, Melissa!	艾丽斯：听起来不错，谢谢你，梅丽莎！

单词解析零距离

❶ derm 皮肤 ＋ **al** 形容词后缀，表示有……性质的

dermal ['dɜ:məl] 形【解】皮肤的；真皮的

延伸用法 dermal layers 真皮层

▶ Damages to **dermal** layers may require weeks to recover.
真皮层受损可能需要好几个星期才能复原。

❷ **dermat** 皮肤 ＋ **itis** 名词后缀，表示发炎

dermatitis [ˌdɜːməˈtaɪtɪs] 名 皮肤炎

延伸用法 **the contraction of dermatitis** 皮肤炎感染

▶ The contraction of **dermatitis** is sometimes difficult to avoid.
有时候皮肤炎感染是很难避免的。

- -

❸ **dermat** 皮肤 ＋ **ology** 学科 ＋ **ist** 名词后缀，通常指人

dermatologist [ˌdɜːməˈtɒlədʒɪst] 名 皮肤科医生

延伸用法 **become a dermatologist** 成为皮肤科医生

▶ My sister has wished to become a **dermatologist** since she was a kid.
我姐姐从小就希望成为一位皮肤科医生。

- -

❹ **hypo** 低 ＋ **derm** 皮 ＋ **ic** 形容词后缀

hypodermic [ˌhaɪpəˈdɜːmɪk] 形 皮下的

延伸用法 **a hypodermic syringe** 注射针筒

▶ Hypodermic syringes are used in some special treatment of **dermal** problems. 有些皮肤问题的特殊疗程会使用针筒。

- -

❺ **dermat** 皮肤 ＋ **ology** 名词后缀，表示学科

dermatology [ˌdɜːməˈtɒlədʒi] 名 皮肤医学

延伸用法 **the field of dermatology** 皮肤学领域

▶ Many people are now aspiring to enter the field of **dermatology** because it is a lucrative business.
很多人现在都渴望进入皮肤学领域，因为有利可图。

💡 延伸补充自然学

☆ **epidermis**	在表面 ＋ 皮	名【解】表皮；外皮
☆ **dermatic**	皮 ＋ 形容词后缀	形 皮肤的
☆ **hypodermal**	低 ＋ 皮 ＋ 形容词后缀，表示有……性质的	形 皮下组织的；皮下的

💬 情境对话试水温

🎧 *Track 048*

Barney: This suit manufacturer claims that their suits are all handmade.

巴尼：这套西装的制造商说他们的西装全都是手工制造的。

Steward: That's why their suits are so expensive and rare. Manufacturing suits by manual labor must take a lot of time to make it delicate and fit.

史都华：难怪他们的西装这么贵又这么稀有。手工制造的西装必须花费很多时间把它做得精致又合身。

Barney: You bet. Only this type of suits can match my status. I can give you my tailor's phone number who is the agent of these suits, so he can definitely make you a man.

巴尼：肯定地，只有这种西装可以衬托我的身份地位。我可以给你我裁缝师的电话，他也是这个品牌西装的代理商，他一定可以帮你穿得很体面。

 单词解析零距离

① manu 手 ＋ **fact** 制作 ＋ **urer** 名词后缀，表示人

manufacturer [ˌmænjuˈfæktʃərə(r)] 名 制造商

延伸用法 original equipment manufacturer 初始设备制造厂商

▶ The original equipment manufacturer has stopped producing this component.
初始设备制造厂商已经停止生产这种零件。

❷ manu 手 ＋ **fact** 制作 ＋ **ure** 表示动作

manufacture [ˌmænjuˈfæktʃə(r)] 动 制作

延伸用法 of home manufacture 国内制造的

▶ My father only buys products of home **manufacture**.
我父亲只买国货。

· ·

❸ manu 手 ＋ **al** 形容词后缀

manual [ˈmænjuəl] 形 手工的；手的

延伸用法 manual alphabet 手语字母

▶ The deaf use **manual** alphabets in finger spelling.
失聪者以手语字母做手指拼写。

💡 延伸补充自然学

☆ **man**icure	手的照顾	名 修指甲
☆ **man**euver	用手操作	动 策划
☆ **man**acles	把手可移动的范围缩小	名 手铐
☆ **manu**mit	让手可以移动	动 释放，解放
☆ **man**ner	手部 ＋ 行为	名 举止；动作

Unit 049  根 ped, pod 足

情境对话试水温

Mark: I have no idea why you stood on the **pedals** of your bike to speed up. Don't you know you're also carrying a delicate **pedestal**?

马克：我无法理解你为什么要站在自行车踏板上加速。难道你不知道你车上有一个精致的台座吗？

Deborah: It's not for me though. I just want to get back home as soon as possible.

黛伯拉：反正又不是给我的，我只是想要赶快回家。

Mark: That's very irresponsible. Also, remember that day when you said you were going to have a **pedicure** and you rode on the sidewalk? Please don't do that again. You may hit other **pedestrians**!

马克：你这样很不负责任。还记得你说要去修脚趾甲的那天，你在人行道上骑车吗？下次不要再这样，你可能会撞到路人！

Deborah: I don't care. They should be aware of me too!

黛伯拉：关我什么事，他们自己也要注意路况才对！

Mark: Well, then I hope next time when you go jogging, and you stop to adjust your **pedometer**, you get hit by someone like you.

马克：好吧，那我希望你下次出门跑步停下来调整计步器时，会被像你这样的人撞。

Deborah: That's very terrible of you to say so.

黛伯拉：你这样说太过分了。

Mark: So is your reckless behavior!

马克：你鲁莽的行为也没多好！

单词解析零距离

1 ped 足 + **al** 形容词后缀，表示有……性质的

pedal ['pedl] 名 踏板；脚蹬 形 足的；踏板的；脚踏的

延伸用法 the pedals of a bike 自行车踏板

▶ If you want to get extra power, you can stand on the **pedals** of a bike to speed up. 如果你想要增加动力，可以站在自行车踏板上加速。

- -

❷ pedes 行走 ＋ **tal** 站立

pedestal ['pedɪstl] 名【建】柱脚；（雕像等的）垫座；台座

延伸用法 fall from a pedestal 从台座上掉下来

▶ The vase fell from a **pedestal** during the earthquake.
地震时花瓶从台座上掉下来。

- -

❸ pedes 行走 ＋ **tr** ＋ **ian** 名词后缀，表示人

pedestrian [pə'destriən] 名 步行者；行人

延伸用法 be aware of pedestrians 注意行人

▶ When you try to ride a bike on the sidewalk, please be aware of **pedestrians** and get off it as soon as possible.
当你试图在人行道骑自行车时，请随时注意行人并尽快离开。

- -

❹ ped 足 ＋ **i** ＋ **cure** 治疗

pedicure ['pedɪkjʊə(r)] 名 足部治疗；修趾甲术

延伸用法 get a pedicure 足部治疗；修脚趾甲

▶ Many young men are interested in getting a **pedicure** nowadays.
现今有许多年轻男性对足疗有兴趣。

- -

❺ ped 足 ＋ **o** ＋ **meter** 测量

pedometer [pe'dɒmɪtə(r)] 名 步数计；步程计；计步器

延伸用法 wear a pedometer 戴计步器

▶ Wearing a **pedometer** is a good way to measure the progress you've made for your health.
戴着计步器是检视你是否更健康的好方法。

💡 延伸补充自然学

☆ **centi**pede	百 ＋ 足	名【昆】蜈蚣
☆ **pod**iatrist	足 ＋ 治疗 ＋ 名词后缀，通常指人	名【美】足科医生

Unit 050 根  **grat(e)** 高兴的、感谢的

情境对话试水温

🎧 *Track 050*

Linda: This mayor is going to take over the Premier of Executive Yuan shortly after he came in for 100 days.

琳达：这位市长即将在上任短短100天后接下行政院长的位置。

Maze: He is such an **ingrate** that he once promised the electorate he would revive the city out of **gratitude**. Nonetheless, he's leaving for greater power.

麦兹：他真是一位忘恩负义之人，当初还感激地承诺选民将会复兴这座城市。然而现在为了更大的权力而离开。

Linda: Exactly! He had been being **grateful** on his drum-up support activities, and even sworn to **gratify** the voters.

琳达：对啊，他曾经在造势活动上表现得很感激，而且发誓会使选民满意。

Maze: Now, this position is just a rebound job, and those political views will be left undone. His **ingratitude** indeed startles all the city residents.

麦兹：现在这个位置只是个跳板工作，而他的政治主张将会是空头支票。他的不知感恩确实使所有市民错愕。

单词解析零距离

❶ **in** 否、不 ＋ **grate** 感谢

ingrate [ɪnˈɡreɪt] 名 忘恩负义的人

延伸用法 a complete ingrate 一个纯粹的忘恩负义之徒

▶ He is a complete **ingrate**; I'll never help him.
他是一个彻头彻尾的忘恩负义之徒，我再也不帮他了。

❷ **grat** 感谢 ＋ **itude** 表示性质

gratitude [ˈɡrætɪtjuːd] 名 感谢；感恩

延伸用法 out of gratitude 出于感激

▶ I believe that the young man did it all out of **gratitude**.
我相信那个年轻人完全是出于感激才那么做的。

❸ **grat** 高兴的、感谢 ＋ **ful** 形容词后缀，表示充满……的
grateful ['greɪtfl] 形 令人充满感激的
延伸用法 be grateful to 对……表示感谢
▶ I am **grateful** to all those who helped me in the past.
我感谢所有曾经帮助过我的人。

❹ **grat** 高兴的、感谢 ＋ **ify** 动词后缀，表示使……成为
gratify ['grætɪfaɪ] 动 使满意
延伸用法 be gratified by 对……感到欣慰
▶ The old man was **gratified** by his son's achievements.
老人对儿子的成就感到欣慰。

❺ **in** 否、不 ＋ **grate** 感谢 ＋ **itude** 性质
ingratitude [ɪn'grætɪtjuːd] 名 不知感恩
延伸用法 repay kindness with ingratitude 忘恩负义
▶ How dare you to repay his kindness with **ingratitude**?
你怎么敢对他忘恩负义？

💡 延伸补充自然学

☆ **in**grat**iate**	进行希望别人打从内心喜悦的行动	动 迎合；讨好
☆ **grat**ulate	开心地进行某项活动	动 欢迎
☆ **congrat**ulate	开心地聚在一起从事某项行动	动 恭贺
☆ **grat**uitous	有令人欢愉的特性	形 免费的；无端的

Unit 051  根 **mem(or)** 记忆

🗨 情境对话试水温　　　　　🎧 *Track 051*

Daniel:	Why are you still **commemorating** your ex-fiancé by celebrating the anniversary? You have broken up for a year!	丹尼尔：你为何还在庆祝周年庆来纪念你的前未婚妻？你们已经分手一年了！
Marcus:	Days with Chloe were such **memorable memories**. I just can't move on, but immerse myself in the past time.	马库斯：与克洛伊在一起的时光是难忘的回忆。我就是无法释怀，只能沉浸在过去里。
Daniel:	Well, I can still see you wear the **memorial** ring with you, and even **memorize** Chloe's likes and dislikes, preparing brunch for her every day.	丹尼尔：嗯，我看见你还戴着纪念戒指；甚至熟记克洛伊的好恶，每天准备早午餐给她。
Marcus:	I just want to win her back. Please help me, Daniel.	马库斯：我只想要赢回她的芳心。丹尼尔，请帮帮我。
Daniel:	Dream on! She's getting married to Lucifer next Saturday!	丹尼尔：你继续做梦吧，她下周六将与路西法结婚了！

 单词解析零距离

❶ **com** 共同＋**memor** 记忆＋**ate** 动词后缀

commemor**ate** [kə'meməreɪt] 动 纪念

延伸用法 commemorate victory 庆祝胜利

▶ In order to **commemorate** victory of the revolution, the new government made the day a national holiday.
为了庆祝革命成功，新政府将这一天订为国定假日。

· ·

❷ **memor** 记忆＋**able** 能够的

memorable ['memərəbl] 形 难忘的

延伸用法 memorable event 难忘的事件

▶ Winning the beauty contest is the most **memorable** event in my life.
赢得选美比赛是我人生中最难忘的一件事。

❸ memor 记忆 + **y** 名词后缀

memory ['meməri] 名 回忆

延伸用法 in memory of 纪念

▶ They erected a statue in **memory** of this national hero.
他们树立一座雕像以纪念这位民族英雄。

❹ memor 记忆 + **ial** 形容词后缀

memorial [mə'mɔːriəl] 名 纪念物

延伸用法 memorial hospital 纪念医院

▶ The enterpriser built a **memorial** hospital in memory of his mother.
该企业家建了一所纪念医院以纪念他的母亲。

❺ memor 记忆 + **ize** 动词后缀

memorize ['meməraɪz] 动 背熟

延伸用法 memorize a word 背单词

▶ It is easier to **memorize** a new word if you can use it in a sentence.
将单词使用在句子中，能更容易背熟单词。

延伸补充自然学

☆ **re**mem**ber**	再一次 + 记得	动 记住
☆ **re**mem**berable**	能够被一再想起的	形 值得回忆的
☆ **memo**	关于记忆的	名 备忘录

105

Unit 052 　根 **fid** 信任、相信

💬 情境对话试水温

🎧 *Track 052*

Kevin: I envy you. You have such a **confiant** like Mandy.	凯文：我羡慕你。你有像曼蒂那样的好朋友。
Lauren: You lack **confidence**. That's all I can say. You need to be more positive.	罗伦：你缺乏自信。我能说的就这些。你要更积极一点。
Kevin: I know, but I've been betrayed by a really close friend before. I now no longer believe in the **fidelity** of any human relationships.	凯文：我知道，但是我以前曾被一个很亲近的朋友背叛过。我现在很难再相信任何人际关系中的忠实了。
Lauren: I understand. But if you want to make more friends, you've got to know that acts of **perfidy** are not predictable. You can say for sure who is going to turn his/ her back on you.	罗伦：我懂。但是如果你想要交更多朋友，你就要知道不忠诚的行为是无法预期的。你没办法保证说他／她会不会背弃你。
Kevin: So?	凯文：所以呢？
Lauren: Enjoy the moment, and be brave! Change all that **diffident** manner, and show people what you've got!	罗伦：享受当下，勇敢一点！改变那些没自信的仪态，然后向人们展现自己！

⚡ 单词解析零距离

❶ **co** 共同 ＋ **fid** 信任 ＋ **ant** 人

confidant [ˈkɒnfɪdænt] 名 好友

延伸用法 good confidant 好知己

▶ Everyone should have a good **confidant**.
每个人都应该有一个好知己。

❷ co 共同 ＋ **fid** 信任 ＋ **ence** 名词后缀，表示状态

confidence ['kɒnfɪdəns] 名 信任

延伸用法 give one's confidence to 信任

▶ You can give your **confidence** to him. He is nice guy.
你可以信任他，他是个很不错的家伙。

❸ fid 信任 ＋ **elity** 名词后缀

fidelity [fɪ'deləti] 名 忠贞；忠诚；准确度

延伸用法 a high-fidelity receiver 高保真收音机

▶ I extremely want a high-**fidelity** receiver for my birthday.
我生日的时候非常想要一台高保真收音机。

❹ per 通过 ＋ **fid** 信任 ＋ **y** 行为

perfidy ['pɜːfədi] 名 不忠实

延伸用法 act of perfidy 背信弃义的行为

▶ Only he could do that act of **perfidy**.
只有他能做出那种背信弃义的行为。

❺ dif 不 ＋ **fid** 信任 ＋**ent** 形容词后缀，表示性质

diffident ['dɪfɪdənt] 形 缺乏自信的

延伸用法 speak in a diffident manner 羞怯地说话

▶ Why does he always speak in a **diffident** manner?
他为什么总是羞怯地说话？

延伸补充自然学

☆ **confide**	共同相信	动 托付
☆ **self-confidence**	相信自己的状态	名 自信

根 **sci** 知道

情境对话试水温

Track 053

Dr. Lee: Is your patient **conscious** now after the surgery?	李医生：你的患者在手术后有意识吗？
Dr. Wang: No. Only **semiconscious**. This surgery was a big one. I'm afraid she can only hear our voices in her **subconscious**.	王医生：没有，只是半清醒状态。这次是大手术，恐怕她潜意识中只能听到我们的声音。
Dr. Lee: Well, that's better than being **unconscious**. Remember last one, there was a patient who underwent the same surgery?	李医生：好吧，总比没意识来得好。记得上次也有一个病患做同样的手术吗？
Dr. Wang: You mean Mr. Zhang? Yeah, I remember. How's he doing now?	王医生：你是说张先生吗？我记得，他恢复得如何？
Dr. Lee: He passed away at the end. It was too late.	李医生：他最后过世了，太迟了。
Dr. Wang: May he rest in peace. I guess being **self-conscious**, especially for those who have health problems, is really important.	王医生：愿他安息吧。我觉得自我意识真的很重要，特别是身体存在健康问题的人。
Dr. Lee: Yep. Prevention is better than cure.	李医生：没错，预防胜于治疗。

单词解析零距离

❶ **con** 完全地 ＋ **sci** 知道 ＋ **ous** 形容词后缀，有……性质的

conscious ['kɒnʃəs] 形 神志清醒的；有知觉的；觉察到的

延伸用法 be conscious of 意识到

▶ One should be fully **conscious** of one's health condition at all times.
每个人都应该要随时意识到自己的健康状况。

❷ **semi** 一半 ＋ **con** 完全地 ＋ **sci** 知道 ＋ **ous** 形容词后缀，有……性质的

semiconscious [ˌsemɪˈkɒnʃəs] 形 半清醒的；半意识的
延伸用法 remain semiconscious 维持半清醒状态
▶ The old man remained **semiconscious** after a major operation.
这位老人家在结束一场大手术后，一直维持半清醒状态。

❸ **sub** 在……下方 ＋ **con** 完全地 ＋ **sci** 知道 ＋ **ous** 形容词后缀，有……性质的

subconscious [ˌsʌbˈkɒnʃəs] 形 下意识的；潜意识的；意识不清的；意识模糊的 名 下意识心理活动；潜意识心理活动
延伸用法 in one's subconscious 在潜意识中
▶ The idea of opening my own business has been in my **subconscious** for years. 创业的想法一直存在我的潜意识中好多年了。

❹ **un** 不 ＋ **con** 完全地 ＋ **sci** 知道 ＋ **ous** 形容词后缀，有……性质的

unconscious [ʌnˈkɒnʃəs] 形 不省人事的；失去知觉的；不知道的；未发觉的
延伸用法 be unconscious of 没有意识到
▶ He was **unconscious** of the potential danger when investigating the crime. 他在调查这个案子时，没有意识到潜在的危险。

❺ **self** 自己 ＋ **con** 完全地 ＋ **sci** 知道 ＋ **ous** 形容词后缀，有……性质的

self-conscious [ˌselfˈkɒnʃəs] 形【心】有自我意识的；自觉的
延伸用法 be self-conscious about 对……有自我意识
▶ Women tend to be more **self-conscious** about their figure than men.
相较于男性，女性通常对自己外表更有自我意识。

延伸补充自然学

☆ **conscience**　完全地 ＋ 知道 ＋ 名词后缀　　名 良心；道义心；善恶观念
☆ **science**　　　知道 ＋ 名词后缀　　名 科学；自然科学

Unit 054  根 **pass, path** 感觉、感受

💬 情境对话试水温　　　🎧 Track 054

Brandon: What's your **passion** in life?	布兰登：你人生中的**热情**是什么？
Travis: Uhm ... I guess I'm **passionate** about voluntary works. I especially feel great **sympathy** toward orphans.	特拉维斯：嗯……我想我对志愿者工作很有**热忱**吧。我特别会对孤儿产生强烈的**同情**。
Brandon: I know you're a man of **compassion**. That explains why you always seem **passionate** about our community project. When I saw you interacting with the children in the orphanage, I knew instantly that you're a genuine person.	布兰登：我就知道你是个有**同情心**的人。难怪你每次都对我们社区的活动这么有**热情**。每当我看到你跟孤儿院的孩子们互动时，我马上就感受到你是一个很真诚的人。
Travis: Thanks. Brandon. What about you?	特拉维斯：谢谢你，布兰登。那你呢？
Brandon: All I could feel is this immense sense of **apathy**. I feel like I don't know what I'm doing here.	布兰登：我完全没有**感觉**，根本不知道我在这里要做什么。
Travis: C'mon. You just need time. Don't push yourself too hard. Take it easy, okay?	特拉维斯：拜托。你只是需要时间，别给自己太大压力。放轻松点，好吗？
Brandon: Alright. I'll try.	布兰登：好，我尽量。

 单词解析零距离

❶ **pass** 感觉 ＋ **ion** 名词后缀

passion [ˈpæʃn] 名 热情；激情

延伸用法 have a passion for 对……有热忱

▶ My mom has a **passion** for gardening. 我妈妈对园艺很有热忱。

❷ a 无 ＋ path 感觉 ＋ y 名词后缀

a**path**y [ˈæpəθi] 名 无感情；无兴趣；冷淡；漠不关心

延伸用法 voter apathy 选民的冷漠态度

▶ How should we overcome the voter **apathy**?
我们该如何克服选民的冷漠态度？

❸ com 具有 ＋ pass 感觉 ＋ ion 名词后缀

com**pass**ion [kəmˈpæʃn] 名 怜悯；同情；爱心

延伸用法 out of compassion 出于同情

▶ She did that only out of **compassion**. Don't make too much out of it.
她只是出于同情才这样做，别想太多。

❹ pass 感觉 ＋ ion 名词后缀 ＋ ate 形容词后缀，和……有关的

passionate [ˈpæʃənət] 形 热情的；热烈的

延伸用法 be passionate about 对……有热忱

▶ My sister is **passionate** about astrology, and she studies our star signs all the time. 我姐姐对占星术很有热忱，她总是在研究我们的星座。

❺ sym 同一的 ＋ path 感觉 ＋ y 名词后缀

sym**path**y [ˈsɪmpəθi] 名 同情；同情心；赞同；一致认同

延伸用法 express sympathy for 对……很同情

▶ I expressed **sympathy** for your predicament, but there's really nothing I can do to. 我很同情你的处境，但我真的无能为力。

💡 延伸补充自然学

☆ **sym**path**ize**	同一的 ＋ 感觉 ＋ 动词后缀 使成……状态	动 同情；怜悯；体谅；赞同
☆ **tele**path**y**	距离遥远；在远处 ＋ 感觉 ＋ 名词后缀	名 心灵感应；传心术
☆ **anti**path**y**	反对；对抗 ＋ 感觉 ＋ 名词后缀	名 憎恶；厌恶；反感

111

Unit 055 根 sent, sens 感觉

 情境对话试水温

🎧 *Track 055*

Linda:	So, have we reached a **consensus** that human **sentiments** are transient?	琳达：所以，人类情绪只是暂时的这部分，我们已经达成**共识**了吧？
James:	Yes, but with a point that our **sensory** functions play a crucial role in our worldly existence.	詹姆士：对，但有一点，我们的**感官**功能在我们的生活中扮演了至关重要的角色。
Linda:	Please specify.	琳达：请说清楚一点。
James:	Our **senses** lay the basis of all our experiences. Without them, all theoretical analyses are of no meanings.	詹姆士：我们的**感官**仰赖我们的经历，没有这些经历，各种理论的分析都没有意义。
Linda:	You mean that being **sensible** is the foundation of everything that we call our own?	琳达：你意思是有所感受是所有事情的基础吗？
James:	Yes. To be able to feel is undoubtedly crucial in our living on earth.	詹姆士：对，感受这件事绝对是我们活在世上最重要的事。

⚡ 单词解析零距离

① **con** 一起；共同 ＋ **sens** 感觉 ＋ **us** 名词后缀

consensus [kən'sensəs] 名 一致；合意；共识

延伸用法 **reach a consensus** 达成共识

▶ We finally reached a **consensus** on the reconstruction of the office.
我们终于在办公室改建这件事上达成了共识。

② **sens** 感觉 ＋ **e** 名词后缀

sense [sens] 名 感官；官能；感觉；意识

延伸用法 **five senses** 五感

▶ It's important to release and open our five **senses** sometimes.
时不时释放并敞开我们的五感是很重要的。

③ **sens** 感觉 ＋ **ible** 形容词后缀，表示能够的，可以的

sensible ['sensəbl] 形 明智的；合情理的；意识到的；明显的

延伸用法 **be sensible of** 对……有意识

▶ In an international seminar, you need to be **sensible** of your own remarks. 在国际研讨会中，你需要对自身的言辞有所注意。

④ **sent** 感觉 ＋ **i** ＋ **ment** 名词后缀

sentiment ['sentɪmənt] 名 感情；心情；情操

延伸用法 **human sentiment** 人类情感

▶ Human **sentiments** are the cause of all heartaches.
人类的情感是所有心痛的原因。

⑤ **sens** 感觉 ＋ **ory** 形容词后缀，表示性质的；与……有关的

sensory ['sensəri] 形 知觉的；感觉的

延伸用法 **sensory function** 感官功能

▶ Having healthy **sensory** functions is part of the key to lead a wholesome life. 拥有健康的感官功能是拥有健康人生的关键之一。

延伸补充自然学

☆ **consent**	一起；共同 ＋ 感觉	动 同意；赞成；答应
☆ **dissent**	否定；分开 ＋ 感觉	动 不同意；持异议
☆ **insensible**	无 ＋ 感觉 ＋ 形容词后缀，表示能够的；可以的	形 昏迷的；不省人事的；无感觉的；麻木不仁的

情境对话试水温

🎧 *Track 056*

Ruby: Remember I told you I wanted to go to see a **psychologist**? Well, I did last week.	鲁迪：你记得我曾跟你说我要去看心理医生吗？嗯，我上周去了。
Cindy: Good for you! How did it go?	辛蒂：很棒啊！感觉怎么样？
Ruby: I didn't like it. The whole **psychology** thing is just not my cup of tea.	鲁迪：我不喜欢。心理学根本就不对我的味。
Cindy: What do you mean? She kept talking about **psychoanalysis** to you?	辛蒂：什么意思？她一直在跟你聊心理分析吗？
Ruby: Sometimes, but I was a bit offended when she asked some really personal questions.	鲁迪：偶尔，但有时她问的问题太私人了，让我有点不舒服。
Cindy: That's necessary! And inevitable!	辛蒂：这是必要的过程！也无法避免！
Ruby: I know… maybe I should go see a **psychiatrist** instead.	鲁迪：我知道……可能我应该去看精神科。
Cindy: I hope it can heal your **psychic** trauma.	辛蒂：希望这样能治疗你的精神创伤。

单词解析零距离

❶ **psych** 心理 ＋ **o** ＋ **logy** 名词后缀，表示学科

psychology [saɪˈkɒlədʒi] 图 心理学

延伸用法 the study of psychology 心理学研究

▶ I'm interested in the study of **psychology**, for I yearn to know more about how a mind works.
我对心理学研究很有兴趣，因为我很渴望去探索人的思想是如何运转的。

❷ **psych** 心理 ＋ **o** ＋ **log(y)** 学科 ＋ **ist** 名词后缀，通常指人

psychologist [saɪˈkɒlədʒɪst] 名 心理学家

延伸用法 see a psychologist 去看心理学家

▶ It's common for Westerners to see a **psychologist** regularly.
对于西方人来说，定期去看心理医生是很常见的事情。

❸ **psych** 心理 ＋ **iatr(y)** 医学治疗领域 ＋ **ist** 名词后缀，通常指人

psychiatrist [saɪˈkaɪətrɪst] 名 精神病医生

延伸用法 become a psychiatrist 成为一名精神病医生

▶ Having been troubled by depression once, my sister decided to become a **psychiatrist** and help more people.
我妹妹因为曾备受忧郁所苦，所以立志成为精神科医生以帮助更多人。

❹ **psych** 心理 ＋ **o** ＋ **ana** 再次 ＋ **lysis** 名词后缀，表示分解

psychoanalysis [ˌsaɪkəʊəˈnæləsɪs] 名 精神分析（学）；心理分析（学）

延伸用法 psychoanalysis theory 精神分析理论

▶ Many people don't know that the Department of English also offers classes on **psychoanalysis** theory.
许多人不知道英语系也会开设精神分析理论的课。

❺ **psych** 灵魂 ＋ **ic** 形容（名）词后缀

psychic [ˈsaɪkɪk] 形 精神的；心灵的；超自然的 名 灵媒；巫师

延伸用法 a fake psychic 假灵媒

▶ The one murdered in the notorious abduction case was a fake **psychic**. He was killed because his real identity was discovered.
在那恶名昭彰的绑架案中，死者是个江湖郎中，死因是他的真实身份被揭穿。

💡 **延伸补充自然学**

☆ **psychosis** 灵魂；心智 ＋ 名词后缀 名 精神病；精神变态

☆ **psychopathy** 灵魂；心智 ＋ 名词后缀，表示疾病 名 精神病态

Unit 057  根 **liber** 自由

💬 情境对话试水温

Ellie: Have you ever seen the Statue of **Liberty**?	艾莉：你看过自由女神像吗？
Ellen: Of course. You know I'm into everything about **liberation**.	艾伦：当然。你知道我很热衷于任何跟解放有关的事。
Ellie: I know. You are one of the most **liberal** people I've ever known. That's why I hang out with you all the time!	艾莉：我知道，你是我认识的人中最崇尚自由的。这就是为什么我一直和你玩！
Ellen: It feels just really good to know that the victims, or the minorities, are finally **liberated**, you know? This fact makes me believe in this world.	艾伦：你知道吗？当得知那些受害者或少数族群终于得到解放时，感觉真的很棒！这些事情让我还能相信这个世界。
Ellie: Also, there are **liberators** who set their minds to lead the people. Otherwise, a revolution may fall apart easily.	艾莉：而且，还有一些解放者决定领导百姓。否则，革命很容易就瓦解了。
Ellen: That's very true, and that's why I also love hanging out with you.	艾伦：没错，这也是我喜欢跟你玩的原因。

 单词解析零距离

❶ **liber** 自由 + **ty** 名词后缀

liberty ['lɪbəti] 名 自由

延伸用法 take the liberty of 擅自（主动）做某事

▶ I took the **liberty** of buying a house for my parents.
我擅自作主替我父母买了一栋房子。

❷ **liber** 自由 + **ate** 动词后缀，表示使成为

liberate [ˈlɪbəreɪt] 动 解放；使获自由

延伸用法 liberate someone / something 解放某人 / 某事

▶ The army liberated the captives right after they landed near the center of the city. 这支军队降落在市中心，随即就解放了俘虏。

❸ **liber** 自由 + **at(e)** 动词后缀，表示使成为 + **ion** 名词后缀

liberation [ˌlɪbəˈreɪʃn] 名 解放；解放运动

延伸用法 celebrate the liberation of 庆祝……的解放

▶ Back then, all the people went on the street to celebrate the liberation of Paris. 回顾当时，所有人都上街庆祝巴黎的解放。

❹ **liber** 自由 + **al** 形容词后缀，有……特质的

liberal [ˈlɪbərəl] 形 自由主义的；允许变革的；不守旧的

延伸用法 have a liberal mind 心胸开放

▶ It is nowadays crucial to have a liberal mind; otherwise, you'll certainly be eliminated.
在现今社会中，拥有开放的思想非常重要；否则，你肯定会被淘汰。

❺ **liber** 自由 + **at(e)** 动词后缀，表示使成为 + **or** 名词后缀，通常指人

liberator [ˈlɪbəreɪtə(r)] 名 （民族）解放者；解救者

延伸用法 act as a liberator 担任解放者

▶ He acted as a liberator in the rebellion that lasted almost half a year.
他在这场叛乱当中担任解放者，持续了将近半年。

延伸补充自然学

☆ **post-liber**ation	之后；后来；后面 + 自由 + 动词后缀，表示使成为 + 名词后缀	名 解放后
☆ **liber**alism	自由 + 形容词后缀，有……特质的 + 名词后缀，表示主义或行为	名 自由主义；宽容；开明
☆ **liber**alist	自由 + 形容词后缀，有……特质的 + 名词后缀，通常指人	名 自由主义者

117

Unit 058 根 **pac, peac** 和平

💬 情境对话试水温

Matt: Did you know that these two countries have signed a **Peace** Treaty?	麦特：你知道这两个国家签了和平条约吗？
Bella: Yes, it's on the headline. Finally, the **Pacific** Ocean can have a long-awaited **peacetime**.	贝拉：知道，上头条了。终于，太平洋得到了等待已久的和平时光。
Matt: Well, thanks to the neighboring countries. All newspapers call them "**peacekeepers**". Otherwise, the war is pretty much impending now.	麦特：这个嘛，也要多亏邻近的国家。所有报导都称它们为"和平守护者"。否则，战争现在应该就要来临了。
Bella: True. The last thing we want is a war! Life is already hard enough.	贝拉：真的。我们最不想要的就是战争！活着本身已经就够艰难了。
Matt: The economy is bad, and dictatorship is somehow coming back. I seriously hope we can have a **peaceful** future.	麦特：经济很糟，而且独裁体系似乎又有复兴迹象。我非常希望我们可以有和平的未来。
Bella: And a bright one for the younger generation.	贝拉：也给下一代一个更明亮的未来。

 单词解析零距离

① **peac** 和平 ＋ **e** 名词后缀

peace [piːs] 名 和平；（心的）平静；（社会）治安；秩序

延伸用法 find inner peace 寻找内在的平静

▶ My yoga teacher said that one should find our inner **peace** in order to acquire spiritual and physical balance.
我的瑜伽老师说，我们应该要找到自己内心的平静，来达到身心的平衡。

❷ **pac** 和平＋**if**＋**ic** 形容词后缀

pacific [pə'sɪfɪk] 形 和解的；爱好和平的；温和的；平静的

延伸用法 the Pacific Ocean 太平洋

▶ A war between the two coastal countries has broken out on the **Pacific** Ocean.
太平洋上的两个沿海国家爆发了一场战争。

· ·

❸ **peac** 和平＋**e** 名词后缀＋**time** 名词后缀，表示时间

peacetime ['piːstaɪm] 名 平时、和平时期

延伸用法 during peacetime 在和平时期

▶ The three countries agreed to remain a certain level of economic collaboration during **peacetime**.
这三个国家同意在和平时期维持一定程度的经济合作关系。

· ·

❹ **peac** 和平＋**e** 名词后缀＋**keep** 保留；维持＋**er** 名词后缀，表示人

peacekeeper ['piːskiːpə(r)] 名 和平维护者；维和士兵

延伸用法 the world's peacekeeper 世界和平的维护者

▶ They hope the United Nations can play a bigger role as the world's **peacekeeper**. 他们希望联合国作为世界维和组织能发挥更大的作用。

· ·

❺ **peac** 和平＋**e** 名词后缀＋**ful** 形容词后缀，表示充满

peaceful ['piːsfl] 形 平静的；和平的；爱好和平的

延伸用法 peaceful life 平静的生活

▶ We live a very **peaceful** life and enjoy our life together with the nature.
我们过着非常宁静的生活，并且享受与大自然共处。

🔋 延伸补充自然学

☆ **pacify** 和平＋动词后缀   动 使平静，使安静，抚慰；平定

☆ **peaceless** 和平＋形容词后缀，表示缺乏   形 无和平的；不安详的

Unit 059 根  dyn,dynam 力量

🎧 *Track 059*

💬 情境对话试水温

Marvin: Have you ever heard of the Tang **dynasty**?	马文：你有听过唐朝吗？
Marcus: Yep. I know that it was a rather **dynamic** era, be it economically or culturally.	马库斯：听过，不管是在经济或文化上，都是个很强盛的朝代。
Marvin: The **dynasts** were open-minded, and comparatively able to embrace multi-cultural interactions. Also, Tang dynasty was known for beauties!	马文：统治者都很开明，相对来说也能接受跨文化的交流。而且，唐朝也以美女出名！
Marcus: That I also heard of! Besides, I once read in a book that they liked to use **dynamite** to demolish old buildings and created new ones.	马库斯：我也听说过！此外，我曾经读过相关记载，说他们喜欢用炸药来摧毁老旧建筑再盖新的。
Marvin: Really? I think we need to do more background research about that.	马文：真的吗？我觉得我们需要对此做更进一步的研究了。
Marcus: Anyway, Tang dynasty had already been recognized as a **dynastic** power that outdid other adjacent countries.	马库斯：总之，唐朝已经被视为超越其他邻国的统治势力了。
Marvin: That's for sure.	马文：当然。

单词解析零距离

1 dyn 力量 ＋ **ast** 人 ＋ **ty** 名词后缀

dynasty ['dɪnəsti] 名 王朝；朝代

延伸用法 the XXX ruler of the dynasty 朝代的第X位统治者

▶ His father was the first ruler of the **dynasty** back in 1920, and was raised and educated well.
回溯到1920年，他父亲是当朝第一位首领，从小受到良好的教育。

❷ **dynam** 力量＋ **ic** 形容词后缀

dynamic [daɪ'næmɪk] 形 力的；动力的；力学的；有活力的

延伸用法 **create a dynamic atmosphere** 创造一种有活力、有生气的气氛

▶ A host is supposed to create a dynamic atmosphere and make sure everything runs smoothly.
一位主持人应该创造一种活泼的气氛并确保细节顺利进行。

❸ **dyn** 力量＋ **ast** 人＋ **ic** 形容词后缀

dynastic [dɪ'næstɪk] 形 王朝的

延伸用法 **witness dynastic changes** 目睹王朝的转变

▶ My grandparents witnessed dynastic changes and always talked about the good old days.
我祖父母皆目睹了朝代的改变且总是在谈论过去美好的时光。

❹ **dynam** 力量＋ **ite** 名词后缀，在此表示制品

dynamite ['daɪnəmaɪt] 名 炸药；【口】具有爆炸性的事；具有潜在危险的人（或物）

延伸用法 **blow up sth. with a dynamite** 用炸药炸毁某物

▶ In order to build a new airport, they blew up the abandoned building with a dynamite.
为了建造新机场，他们用炸药炸毁了这栋废弃的大楼。

❺ **dyn** 力量＋ **ast** 名词后缀，表示做动作的人

dynast ['dɪnəst] 名 统治者（尤指世袭的）

延伸用法 **the (name of the dynasty) dynast** （某朝代的）统治者

▶ The Tang dynast dedicated to broadening maritime trade with neighboring countries. 唐朝的统治者致力扩展与邻国的海上贸易。

延伸补充自然学

| ✫ **dynamics** | 力量＋名词后缀，表示学科；学术 | 名 动力学；动力；变迁过程 |
| ✫ **dynamo** | 力量＋名词后缀 | 名 发电机；电动机 |

Unit 060 根 **phil** 爱

💬 情境对话试水温

Oliver: There are so many people going into the **philanthropy** business now. Isn't it weird?	奥利佛：现在有好多人投入慈善事业。你不觉得很奇怪吗？
Jack: Weird? How?	杰克：奇怪？怎么说？
Oliver: The economy isn't good now; if there are more people living with another identity as **philanthropists**, that means social classes are diverging wider than ever.	奥利佛：现在经济不景气；如果还有这么多人又同时以慈善家的身份在生活，那就代表贫富差距比以前更大。
Jack: But maybe we should focus on the fact that rich people can be also **philanthropic**?	杰克：可是或许我们应该把重点放在有钱人也可以有慈善的心？
Oliver: Trust me. To them, it may be a **philosophy** to make more money.	奥利佛：相信我。对他们来说，那可能是赚更多钱的哲学。
Jack: Wealthy people are supposed to love money, huh?	杰克：有钱人就是爱钱，对吧？
Oliver: Of course, and we should just continue to be **bibliophiles**.	奥利佛：当然，我们应该当藏书家。
Jack: What?	杰克：什么意思？
Oliver: That means people who love books!	奥利佛：意思是爱书的人！

⚡ 单词解析零距离

❶ phil 爱 ＋ **anthrop** 人 ＋ **y** 名词后缀

philanthropy [fɪˈlænθrəpi] 名 慈善事业

延伸用法 be known for one's philanthropy 以其慈善事业闻名

▶ My father not only has a high reputation as a professor, but is also known for his **philanthropy**.
我爸爸不只是位名望很高的教授，同时也以他的慈善出名。

❷ **phil** 爱 ＋ **anthrop** 人 ＋ **ist** 名词后缀，表示人

philanthropist [fɪ'lænθrəpɪst] 名 慈善家
延伸用法 **be funded by a philanthropist** 由一位慈善家资助的
▶ This Academy was funded by a **philanthropist** and received the money for the construction. 这个学院得到慈善家赞助因而筹得建造资金。

❸ **phil** 爱 ＋ **anthrop** 人 ＋ **ic** 形容词后缀

philanthropic [ˌfɪlən'θrɒpɪk] 形 慈善的；乐善好施的（尤指通过捐款帮助穷人）
延伸用法 **establish a philanthropic organization** 创办一个慈善组织
▶ My mother hopes to establish a **philanthropic** organization to help more people. 我妈妈想要成立一个慈善机构来帮助更多人。

❹ **philo** 爱 ＋ **sophy** 名词后缀，表示知识

philosophy [fə'lɒsəfi] 名 哲学；哲理；人生观
延伸用法 **a philosophy of life** 人生哲学
▶ Each one of us possesses a **philosophy** of life that differs from one another, but somehow also merges together.
我们每个人都有不同的人生哲学，但又不知怎么融合在一起。

❺ **biblio** 书 ＋ **phil** 爱 ＋ **e** 名词后缀

bibliophile ['bɪbliəfaɪl] 名 爱书的人；爱收藏书的人
延伸用法 **call oneself a bibliophile** 称自己为爱书的人
▶ My sister always calls herself a **bibliophile** and enjoys spending time in the library. 我姐姐总是自称爱书人，享受待在图书馆的时间。

延伸补充自然学

✿ **phil**harmonic　　爱＋和谐＋形容词后缀　　　　形 爱乐的
✿ **phil**ology　　　　爱＋名词后缀，表示学科、学术　名 语言学；文献学

Unit 061 尾 phobia 恐惧

情境对话试水温

Jacob: Do you want to go bungee jumping with me?

雅各布：你想要跟我去玩蹦极吗？

Harry: Nah. I'll pass. I have **acrophobia**.

哈利：不了，不用了。我有惧高症。

Jacob: Right. And I have **hydrophobia**. C'mon. You're fine on the suspension bridge, aren't you?

雅各布：我还有惧水症呢，少来，你走吊桥就不怕，不是吗？

Harry: That's two very different things, okay? It's like being able to going into a small warehouse doesn't mean you don't have **claustrophobia**.

哈利：这根本是两回事好吗？像你就算能走进小仓库也不代表你没有幽闭恐惧症。

Jacob: Fine. But what about **xenophobia**? Is one person going to avoid foreigners the whole lifetime? That's absurd!

雅各布：好吧。那外国人恐惧症呢？这样的人一生都要避开外国人吗？太荒谬了！

Harry: If it's possible, why not? Think about a person having **nyctophobia**. He couldn't escape nighttime!

哈利：如果可以的话，为什么不行？像有黑暗恐惧症的人，他就无法逃避夜晚！

Jacob: You're helpless!

雅各布：你很没用！

单词解析零距离

❶ acro 顶端；高处 **+ phobia** 恐惧

acrophobia [ˌækrəˈfəʊbiə] 名 惧高症

延伸用法 be troubled by acrophobia 有惧高症的困扰

▶ My little brother is troubled by **acrophobia**, and it keeps him from going on to the suspension bridge all the time.
我弟弟受惧高症所苦，一直以来他都无法克服走吊桥的障碍。

❷ hydro 水 ＋ **phobia** 恐惧

hydrophobia [ˌhaɪdrəˈfəʊbiə] 名 恐水症

延伸用法 suffer from hydrophobia 深受恐水症之苦

▶ If you suffer from **hydrophobia**, scuba diving may not be a suitable option for you.
如果你患有惧水症，对你来说，潜水可能不是一个好选择。

❸ claustro 关闭；幽闭 ＋ **phobia** 恐惧

claustrophobia [ˌklɔːstrəˈfəʊbiə] 名 幽闭恐惧症

延伸用法 give someone claustrophobia 使某人幽闭恐惧症发作

▶ The dark and little room at the end of the hall way had started to give me **claustrophobia** and I just wanted to run away.
在走廊尽头的暗处以及小房间已经开始让我幽闭恐惧症发作，我只想逃离这里。

❹ xeno 外来 ＋ **phobia** 恐惧

xenophobia [ˌzenəˈfəʊbiə] 名 恐外症；对外国人（或外国习俗、宗教等）的憎恶（或恐惧）

延伸用法 the phenomenon of xenophobia 恐外症的症状

▶ Generally, our generation did not witness the beginning of the phenomenon of **xenophobia**.
一般来说，我们这一代没有目睹排外现象的起源。

❺ nycto 夜；暗 ＋ **phobia** 恐惧

nyctophobia [ˌnɪktəˈfəʊbiə] 名 （精神分析）黑夜恐惧症

延伸用法 be racked with nyctophobia 深受黑夜恐惧症折磨

▶ My mom, turning 40, is now oftentimes racked with **nyctophobia** and has a hard time falling asleep.
我妈妈快40岁，现在经常受黑夜恐惧症困扰且很难入眠。

延伸补充自然学

☆ **arachno**phobia	蜘蛛 ＋ 恐惧	名 蜘蛛恐惧症
☆ **mono**phobia	单一；孤独 ＋ 恐惧	名 孤独恐惧症
☆ **germo**phobia	细菌；发芽 ＋ 恐惧	名 细菌恐惧症；洁癖

Unit 062  根 **the(o)** 神

情境对话试水温

🎧 *Track 062*

Charlie: I've always wanted to go to the **Pantheon**. I heard it's magnificent.	查理：我一直想要去万神殿，听说很壮观。
Thomas: I thought you're an **atheist**?	托马斯：我以为你是无神论者？
Charlie: Well, believing in **atheism** doesn't mean you can't appreciate mythological figures, right?	查理：嗯，信仰无神论并不代表你不能欣赏神话人物呀，对吧？
Thomas: That's true.	托马斯：说的也是。
Charlie: You? I heard that you're now studying some sort of ... **theology**, right?	查理：你呢？听说你正在研究某种……神学，是吗？
Thomas: Yes. In fact, I'll going to become a **theologist** after I graduate.	托马斯：对，实际上，我毕业后会当神学家。
Charlie: Where are you going to work though?	查理：那你会在哪里工作呢？
Thomas: Don't worry. My advisor has already procured a position in a college for me. The pay is rather high.	托马斯：别担心。我的导师已经在大学里帮我找到了一个职位，薪水还很高。
Charlie: Good for you!	查理：恭喜你！

单词解析零距离

①pan 全部；泛 ＋ **theo** 神 ＋ **n**

Pantheon [ˈpænθiən] 图 万神庙；诸神殿；伟人祠堂；众神之庙

延伸用法 visit the Pantheon 参观万神庙

▶ Our family decided to visit the **Pantheon** this summer vacation.
我们一家人决定这个暑假去参观万神殿。

❷ a 没有＋ **the** 神＋ **ist** 名词后缀，表示人

atheist [ˈeɪθiɪst] 名 无神论者

延伸用法 **become a fully-committed atheist** 成为一位十分虔诚的无神论者

▶ After he lost all his families in a car accident, he became a fully-committed **atheist**.
在车祸中痛失了所有家人后，他就成了完全的无神论者。

❸ a 没有＋ **the** 神＋ **ism** 名词后缀，表示主义或行为

atheism [ˈeɪθiɪzəm] 名 无神论

延伸用法 **embrace atheism** 包容无神论

▶ In this era, there's nothing wrong to embrace **atheism**, but in the old times, you may get accused and exiled because of it.
在这个时代，信奉无神论一点都不奇怪，但在过去，你可能会被指责甚至流放。

❹ theo 神＋ **logy** 名词后缀，表示学科、学术

theology [θiˈɒlədʒi] 名 神学；宗教理论；宗教体系

延伸用法 **study theology** 研读神学

▶ My brother told me that he has decided to study **theology** and contribute to mankind.
我哥哥告诉我，他决定研究神学并为人类奉献。

❺ theo 神＋ **log(y)** 名词后缀，表示学科、学术＋ **ist** 名词后缀，表示人

theologist [θiˈɒlədʒɪst] 名 神学家；神学研究者

延伸用法 **serve as a theologist** 担任神学家

▶ Many graduates from that Christian Seminary serve as **theologists** in churches.
那所基督教神学院的许多毕业生在教堂担任神学家。

💡 延伸补充自然学

☆ **monotheism** 单一＋神＋主义或行为 名 一神论；一神教
☆ **polytheism** 多＋神＋主义或行为 名 多神教；多神论
☆ **theocracy** 神＋统治；支配 名 神权政治；神权国家

Unit 063  **根 therm(o) 热**

情境对话试水温

🎧 *Track 063*

Connor: Do you know that we're going on an expedition this summer?

康纳：你知道我们这个夏天要去探险吗？

Oscar: Yes, I know. It's a big one. We're going to measure ... the **thermal**...

奥斯卡：我知道，是个大活动。我们要去测量……热……

Connor: The thermal expansion.

康纳：热膨胀。

Oscar: Yes. You're so smart. How can I live without you?

奥斯卡：对。你好聪明，没有你我该怎么办？

Connor: That's also why I need to remind you to prepare the **thermos**, the **thermometer**, and **thermostat** for this activity. It could be very dangerous. We're going to climbing up and down with lots of gears.

康纳：这也是我为什么要提醒你为活动准备保温瓶、温度计跟恒温器。活动会很危险，要背很多装备爬上爬下。

Oscar: I know. Thanks. I'm aware that it could get really cold at night. Some even died of **hypothermia**.

奥斯卡：我知道，谢谢。我知道晚上会变得很冷，有些人甚至死于低温。

Connor: A careless person like you needs to extra careful, okay?

康纳：像你这样粗心的人需要更小心好吗？

Oscar: I know!

奥斯卡：我知道!

 **单词解析零距离**

❶ **therm** 热 ＋ **al** 形容词后缀，有……性质的

thermal [ˈθɜːml] 形 热的；热量的；温泉的

延伸用法 visit the thermal valley 参观地热谷

▶ Many tourists went to visit the **thermal** valley.
很多游客都去参观地热谷。

❷ **therm** 热 ＋ **os** 名词后缀

thermos ['θɜ:məs] 名 热水瓶；保温瓶

延伸用法 carry a thermos around 随手携带保温瓶

▶ I always carry a **thermos** around in case I need to drink water.
我总是随身携带保温瓶以防我需要喝水。

❸ **thermo** 热 ＋ **meter** 名词后缀，表示测量

thermometer [θə'mɒmɪtə(r)] 名 温度计

延伸用法 adjust a thermometer 调整温度计

▶ Adjusting a **thermometer** is necessary for measurement precision.
调整温度计对于测量的准确度来说是必要的。

❹ **thermo** 热 ＋ **stat** 名词后缀，表示直立

thermostat ['θɜ:məstæt] 名 自动调温器；恒温器

延伸用法 employ a thermostat 使用自动调温器

▶ Many inventors now employ a **thermostat** that can detect even the slightest changes in temperature to ensure the stability and quality of a produce. 很多发明家现在都使用恒温计，它能够侦测到最细微的温度变化，确保产品的稳定性及品质。

❺ **hypo** 在……下方；低于 ＋ **therm** 热 ＋ **ia** 名词后缀，表示疾病

hypothermia [ˌhaɪpə'θɜ:miə] 名 低体温症

延伸用法 die from hypodermia 死于低体温症

▶ Many mountain climbers died from **hypothermia** not because they didn't protect themselves enough, but because the weather is way too unpredictable. 很多登山客都死于失温并非因为防护措施不够，而是因为天气实在是太难预测。

延伸补充自然学

☆ **electrothermal** 与电相关的 ＋ 热 ＋ 形容词后缀　　　形 电热的
☆ **geothermal** 地 ＋ 热 ＋ 形容词后缀　　　形 地热的
☆ **isothermal** 同等 ＋ 热 ＋ 形容词后缀，有……性质的　形 等温的

Unit 064  尾 **ache** 疼痛

情境对话试水温

William: I'm having a serious **headache** for almost a week now.	威廉：我已经严重**头痛**几乎一个星期了。
Ethan: Are you okay?	伊桑：你还好吗？
William: And this headache comes with a severe **backache**. I feel like I can't either walk or sit.	威廉：我的头痛还伴随严重的**背痛**。我觉得我没办法站或坐。
Ethan: That sounds terrible. But at least you didn't have a **stomachache**. Then you wouldn't be able to sleep as well.	伊桑：听起来很糟。但是至少你没有**胃痛**。不然你甚至会睡不好。
William: As a matter of fact, I do also have a mild stomachache, and **toothache**. I can't eat!	威廉：事实上，我的确有点胃痛，还有**牙痛**。我根本不能吃！
Ethan: Guess what. I think you're just having a **heartache** from the breakup. YOU ARE FINE.	伊桑：我觉得你只是分手后**心痛**而已，你什么事都没有。
William: How could you say that? Take me to the hospital!	威廉：你怎么这样说话？带我去医院！

 单词解析零距离

1 **head** 头 ＋ **ache** 疼痛

headache ['hedeɪk] 名 头痛

延伸用法 suffer from chronic headaches 深受慢性头痛之苦

▶ My mom suffers from chronic **headaches** and needs prescriptions to ease her pain.
我妈妈受慢性头痛所苦，且需要处方来减缓疼痛。

②back 背＋**ache** 疼痛

backache ['bækeɪk] 名 背痛

延伸用法 diagnose the cause of backache 诊断背痛的起因

▶ The doctor said that he needed to diagnose the cause of **backache**
my father has been suffering.
医生说他需要诊断我父亲背痛的原因。

③stomach 胃＋**ache** 疼痛

stomachache ['stʌməkeɪk] 名 胃痛；腹痛

延伸用法 get rid of stomachache 摆脱胃痛

▶ Our teacher taught us some tips to get rid of **stomachache**.
我们老师教我们几个小妙招来摆脱胃痛。

④tooth 牙齿＋**ache** 疼痛

toothache ['tu:θeɪk] 名 牙痛

延伸用法 kill a toothache 消除牙痛

▶ This video shows you how to kill a **toothache** with scientifically-
proven methods.
这部影片教你如何用科学证实的方法来终止牙痛。

⑤heart 心＋**ache** 疼痛

heartache ['hɑ:teɪk] 名 痛心；悲痛

延伸用法 cure a heartache 治愈心痛

▶ Do you know that sometimes, it is impossible to cure a **heartache**?
你知道有时候，要治疗心痛是不可能的吗？

延伸补充自然学

与 ache 意思相近的前缀：agon

☆ **agon**y   疼痛＋名词后缀   名 极度痛苦；苦恼

与 ache 意思相近的前缀：alg（多为医学用法）

☆ **arthr**alg**ia**   关节＋疼痛＋名词后缀，表示疾病   名 关节痛

Chapter 3

人体

根 spect 看

💬 情境对话试水温

Molly: I love the way Ms. Liu guided us to make use of **conspectus** methodology in writing collection development.	莫莉：我很喜欢刘老师引导我们利用大纲方法论来写馆藏发展的做法。
Chelsea: I once attend a speech given by her, and it drew thousands of **spectators**. I **respect** her so much because she makes efforts to not only academic research but environmental protection.	切尔西：我之前参加过她的演讲，吸引了超多观众。我非常尊敬她，因为她不只在学术研究上努力，也致力于环境保护。
Molly: My professor is inviting her to give a speech to us at the end of this semester. I'm so excited about the **prospect** of it! I heard that Ms. Liu's book will publish this summer, and her team is **inspecting** the contents for errors and typos.	莫莉：我的教授正邀请她学期末来给我们演讲，我超级期待！我听说刘老师的新书这个夏天要发行了，她的团队正在检查内容错误与拼写错误。
Chelsea: Lots of things to do this summer. It's quite an amazing journey in **retrospect**.	切尔西：这个夏天好多事情哦。回想起来真的是一趟惊喜的旅程。
Molly: True.	莫莉：确实。

 单词解析零距离

❶ **con** 一同 ＋ **spect** 看 ＋ **us** 物品

conspectus [kənˈspektəs] 名 要领

延伸用法 conspectus methodology 大纲方法论

▶ The **conspectus** methodology plays an important role in collection development and collection evaluation.
大纲方法论在馆藏发展及馆藏评鉴中占有重要地位。

❷ in 内、里 ＋ spect 看

inspect [ɪn'spekt] 动 视察

延伸用法 inspect ... for ... 为……进行审查

▶ The doctor **inspected** the patient carefully for lesions.
医生为寻找病灶仔细检查病人。

❸ pro 往前 ＋ spect 看

prospect ['prɒspekt] 名 前景

延伸用法 prospect of ... 对……的期盼

▶ The **prospect** of giving a public speech makes me nervous.
一想到要上台演说我就紧张。

❹ re 再 ＋ spect 看

respect [rɪ'spekt] 动 尊敬

延伸用法 in respect of 关于

▶ The job is good in **respect** of its salary. 这份工作的薪水很好。

❺ retro 往后 ＋ spect 看

retrospect ['retrəspekt] 名 回溯

延伸用法 in retrospect 回顾；追溯往事

▶ Their marriage life seems pretty unhappy in **retrospect**.
他们的婚姻生活回想起来似乎很不幸福。

❻ spect 看 ＋ ator 人

spectator [spek'teɪtə(r)] 名 目击者

延伸用法 spectator sport 群众爱看的运动

▶ Baseball is a **spectator** sport in America.
棒球在美国是一项群众爱看的运动。

延伸补充自然学

| ☆ **despise** | 往下看 | 动 瞧不起 |
| ☆ **despicable** | 让人看不起的 | 形 低劣的 |

 **根 vis, vid** 看

Sabrina: Do you believe that **visual** content is more impactful than texts?

萨布莉娜：你觉不觉得看视觉元素的内容会比看文字更具影响力？

Tanya: Actually, I think reading texts can help the mind create **visions** that are just as powerful.

坦雅：其实，我觉得阅读文字让脑海里创造出的画面同样有力量。

Sabrina: But visible images, for example, **videos**, are more direct.

萨布莉娜：但像是影像这类的视觉媒体比较能直接传达内容。

Tanya: For me, the magic of texts lies in its flexibility. By **revising** paragraphs or simply by substituting one word with another, you create a whole new scenario that is not **visible** to the eyes but the mind.

坦雅：对我来说，文字的魅力在于其灵活度，通过段落修改或是简单的替换单词，就可以产生一个眼睛看不见但心看得见的场景。

单词解析零距离

❶ **vis** 看 ＋ **ual** 形容词后缀

visual ['vɪʒuəl] 形 视觉的

延伸用法 visual art 视觉艺术

▶ The National Museum is having a special exhibition of **visual** arts. 国家博物馆正在办一场视觉艺术的特别展览。

❷ **vis** 看 ＋ **ion** 名词后缀

vision ['vɪʒn] 名 视觉；视力；所见的人事物

延伸用法 **have visions of** 幻想，憧憬

▶ When I watch Korean drama, I always have **visions** of me getting married to those attractive and wealthy entrepreneurs.
我在看韩剧时，总是会幻想嫁给那些帅气又有钱的企业家。

· ·

❸ vid 看＋eo

video [ˈvɪdɪəʊ] 名 影像
延伸用法 **video camera** 摄影机

▶ Hidden **video** cameras that are set up in public toilets are causing wide-spread panic in the society.
那些安装在公厕里的隐藏摄影机正引起社会大众的恐慌。

· ·

❹ re 再度＋vise 看

revise [rɪˈvaɪz] 动 修改
延伸用法 **revise the law** 修法

▶ They have vowed to **revise** the law in favor of those disadvantaged.
他们立誓要修法支持弱势族群。

· ·

❺ vis 看＋ible 形容词后缀，表示可能、可以的

visible [ˈvɪzəbl] 形 可看见的
延伸用法 **visible to** 可看见的

▶ These tiny insects that are hardly **visible** to the naked eye have sparked ecological disaster.
这些小到肉眼几乎看不见的昆虫引起了生态灾害。

⚡ 延伸补充自然学

✫ **provident**	时间与空间上较前＋看＋形容词后缀	形	有先见之明的；深谋远虑的；节俭的
✫ **evident**	向外＋看＋形容词后缀	形	明显的；明白的

audi, audit 听

首

🎧 *Track 067*

💬 情境对话试水温

Frank: Guess what? The company has reserved an entire music hall in the National **Auditorium** for the finance department to enjoy an orchestra concert tonight.

法兰克：嘿！这家公司竟然为了财务部门包下国家体育馆的整个**音乐厅**，让大家可以享受今晚的管弦音乐会。

Adam: Only the finance department? I am assuming all the **auditors** will be going then. I heard that Nancy is quite an expert when it comes to the **audio** equipment. Her family runs a live sound product business.

亚当：只为了财务部？我以为所有**审计员**都可以参加。讲到**音响设**备，听说南希是专家，她家经营现场音响产品的生意。

Frank: Then she will definitely hold a high standard for the sound quality tonight.

法兰克：那今晚的音乐会音质她绝对会用高标准检视。

Adam: You bet, though I personally couldn't care less about the **audio** effect as long as it's **audible**. At the end of the day, it's the FREE concert that matters.

亚当：当然，虽然我自己对**音效**要求不高，只要**听得见**就可以。重点是，今天工作结束后就是免费的音乐会了。

Frank: True. Forget about work and just enjoy the show with the rest of the **audience**. Have a good night!

法兰克：是的，抛开工作只要专心跟**观众**一起享受音乐就好。希望一切顺利！

 单词解析零距离

1 **audit** 听 + **orium** 名词后缀，表示专业场所

audit**orium** [ˌɔːdɪˈtɔːriəm] 名 听众席；观众席；会堂

延伸用法 an auditorium with a seating capacity of 可容纳……人的剧院／音乐厅

▶ This is an **auditorium** with a seating capacity of thirty thousand people.
这是一家可容纳三万人的剧院。

❷ **audit** 听 ＋ **or** 名词后缀，表示人

auditor [ˈɔːdɪtə(r)] 图 查账员，稽核员，审计员

延伸用法 **auditor general** 审计长

▶ The **auditor** general of our company was sentenced to 10 years in prison. 我们公司的审计长被判入狱10年。

❸ **audi** 听 ＋ **o**

audio [ˈɔːdiəʊ] 形 听觉的，声音的

延伸用法 **audio system** 音响设备

▶ This car is outfitted with a state-of-the-art **audio** system.
这辆车配备最新的音响设备。

❹ **audi** 听 ＋ **(i)ble** 形容词后缀，表示可能、可以的

audible [ˈɔːdəbl] 形 可听见的，听得见的

延伸用法 **make an audible sound** 发出听得到的声音

▶ She hinted at my eye discharge by making an **audible** sound and pointing at my eyes.
她发出细微的声音，指着我的眼睛暗示我有眼屎。

❺ **audi** 听 ＋ **ence** 名词后缀

audience [ˈɔːdiəns] 图 听众，观众

延伸用法 **a large / small audience** 很多 / 很少观众

▶ I get butterflies in my stomach when giving a speech in front of a large **audience**. 当我在很多观众面前演讲的时候，我非常紧张。

⚡ 延伸补充自然学

☆ **in**audible 否；无 ＋ 听 ＋ 形容词
后缀，表示可能、可以的

形 听不见的；无法听懂的；
不可闻的

☆ **audi**bility 听 ＋ 名词后缀，表示
可……性

图 【物】可闻度；（声音
的）清晰度

Unit 068  根 ton(e) 声音

💬 情境对话试水温

Anderson: I'm so tired of my monotonous life routine.	安德森：我对自己一成不变的生活感到很厌烦。
Bill: What about joining some clubs, like chorus?	比尔：要不要加入一些社团，比如合唱团？
Anderson: You don't know I'm poor at singing? Singing and intoning with musical intonation are only dreams for me. I can only sing atonal music in my life.	安德森：你不知道我超不会唱歌吗？吟唱悦耳的音调对我来说就是梦一场。我只能唱没有调性的音乐。
Bill: That's ridiculous!	比尔：那太荒谬了！
Anderson: Any tonal music will end in disaster because of me.	安德森：任何有音调的音乐在我这里就会变成灾难。

 单词解析零距离

❶ a 没、无 ＋ **ton** 声音 ＋ **al** 形容词后缀

atonal [eɪˈtəʊnl] 形 （音）不成调性的

延伸用法 atonal music 无调性音乐

▶ **Atonal** music is hardly pleasant to the ear because it lacks of melody.
无调性音乐因缺乏旋律而不悦耳。

❷ in 入内 ＋ **ton** 声音 ＋ **ation** 名词后缀

intonation [ˌɪntəˈneɪʃn] 名 声调

延伸用法 musical intonation 悦耳的语调

▶ The children recite the poems with musical **intonation**.
孩童们以悦耳的语调朗诵诗歌。

❸ in 入内 ＋ tone 声音

intone [ɪnˈtəʊn] 勔 咏唱

延伸用法 **intone the anthem** 吟咏赞美诗

▶ Everyone was overwhelmed by the beautiful voice **intoning** the anthems.
所有人都被吟咏赞美诗的美丽歌声感动了。

- -

❹ ton 声音 ＋ al 形容词后缀

tonal [ˈtəʊnl] 彤 音调的

延伸用法 **a tonal language** 有音调的语言

▶ A **tonal** language such as Chinese is difficult for a foreigner to learn.
像中文这样有音调的语言，对外国人来说很难学。

- -

❺ mono 单一 ＋ ton 声音 ＋ ous 形容词后缀

monotonous [məˈnɒtənəs] 彤 单调的、没变化的

延伸用法 **monotonous diet** 单调的饮食

▶ He is sick of the **monotonous** diet in the desert.
他厌倦了沙漠中的单调饮食。

💡 **延伸补充自然学**

☆ **bari**tone	重的＋声音	名 男中音
☆ **over**tone	超过范围的＋声音	名 泛音
☆ **semi**tone	半的＋声音	名（音乐）半音程
☆ **under**tone	底下的＋声音	名 低音；潜在的含义

根 son 声音

🎧 *Track 069*

情境对话试水温

Emma: I thought it was a disaster when I first heard Eddie's playing Beethoven's *Moonlight Sonata*.	艾玛：我第一次听艾迪演奏贝多芬月光奏鸣曲时，我原以为那是一场灾难。
Betty: Haha! Your view was **consonant** as mine. Especially when he played the sonata in a hall, the hall was **resonated** with **dissonant** chord and noise. Just can't believe he's holding his music concert next month. He has made a huge progress.	贝蒂：哈哈！你的想法跟我的一样，尤其是他在礼堂里演奏时，整个礼堂都充满了不和谐的和弦跟噪音，简直无法相信他下个月要举办自己的音乐会了！他真的进步好多。
Emma: Chris will be the special guest in the concert. He will sing with Eddie. He has a deep **sonorous** voice.	艾玛：克里斯会担任他音乐会的特别来宾，他们会一起合唱，他有着浑厚响亮的嗓音。
Betty: I bumped into Eddie's cousins this morning, and I invited them to the concert. They answered okay in **unison** in one second.	贝蒂：我今早恰巧碰见艾迪的表弟们，我邀请他们去音乐会，他们一秒齐声答应。
Emma: Just can't wait!	艾玛：等不及啦！

单词解析零距离

① **con** 共同 ＋ **son** 声音 ＋ **ant** 形容词后缀

consonant [ˈkɒnsənənt] 形 一致的

延伸用法 voiceless consonant 清辅音　voiced consonant 浊辅音

▶ "p" is a voiceless **consonant** while "b" is a voiced **consonant**.
　"p" 是清辅音，而 "b" 是浊辅音。

② **dis** 不、否 ＋ **son** 声音 ＋ **ant** 形容词后缀

dissonant ['dɪsənənt] 形 不一致的

延伸用法 **dissonant chord** 不和谐的和弦

▶ The **dissonant** chords that he's playing sound really uncomfortable.
他演奏的不和谐的和弦听起来真不舒服。

③ **re** 回、返 ＋ **son** 声音 ＋ **ate** 使

resonate ['rezəneɪt] 动 （使）回响

延伸用法 **resonate with something** 充满

▶ The whole church was **resonated** with the beautiful sound of the choir's singing. 整个教堂充满了唱诗班的美妙歌声。

④ **son** 声音 ＋ **ata** 曲子

sonata [sə'nɑːtə] 名 奏鸣曲

延伸用法 **piano sonata** 钢琴奏鸣曲

▶ Jennifer played a piano **sonata** to entertain the guests after dinner.
詹妮弗在晚餐后弹了一曲钢琴奏鸣曲以飨宾客。

⑤ **son** 声音 ＋ **orous** 形容词后缀

sonorous ['sɒnərəs] 形 （声音）响亮的

延伸用法 **sonorous voice** 声音响亮

▶ She has a deep and **sonorous** voice. 她的声音浑厚响亮。

⑥ **uni** 统一 ＋ **son** 声音

unison ['juːnɪsn] 名 齐奏

延伸用法 **in unison** 一致行动

▶ It was the first time that the two organizations worked in **unison**.
那是这两个组织第一次行动一致。

延伸补充自然学

☆ **supersonic**　　超越 ＋ 声音 ＋ 形容后缀　　形 超音速的

根 **claim** 喊叫、声音

 情境对话试水温

Sofy: Do you know the world-acclaimed art work, the twelve Chinese Zodiac statues?	苏菲：你知道饱受国际赞誉的艺术品，十二生肖兽兽铜像吗？
Patty: Yes. They were originally on display in Yuanmingyuan until 1860 when they were snatched away by the foreign invaders.	佩蒂：知道，它们最初都在圆明园展示，直到1860年被一群外国入侵者偷走。
Sofy: I make no claim to understand art. I was watching a documentary about the statues and can't help but exclaimed with surprise at how finely those statues were made.	苏菲：我自认为不懂艺术。我看过一部关于这些雕像的纪录片，忍不住诧异它们精细的做工。
Patty: That's true. Hey! Listen to the broadcast! Someone found your wallet. You'll have to go to the service desk to reclaim it.	佩蒂：没错。嘿！听广播！有人捡到了你的钱包。你得到服务台认领。
Sofy: Wonderful! I will proclaim to the world that today is my lucky day.	苏菲：太好了！我要向世界宣布，今天是我的幸运日。

 单词解析零距离

❶ ac 朝向 ＋ **claim** 喊叫

acclaim [əˈkleɪm] **动** 称赞

延伸用法 **be acclaimed for** 因……备受赞誉

▶ The director is acclaimed for this poetic imagery in his latest film.
这位导演因在其新作中的诗意意象而备受赞誉。

② **claim** 喊叫、声音

claim [kleɪm] 动（根据权利）要求；认领；索取；自称；声称 名 权利

延伸用法 have claim on ... （对某事物的）权利；所有权

▶ A wife is not her husband's property; in others words, the husband has no **claim** on her. 婚姻关系中，妻子并非其丈夫资产；也就是说，这位丈夫并不拥有对他妻子的所有权。

③ **ex** 向外 ＋ **claim** 喊叫

exclaim [ɪk'skleɪm] 动 惊叫

延伸用法 exclaim with （带……的情绪）惊叫

▶ I **exclaimed** with excitement when my boyfriend proposed to me. 男友向我求婚时我兴奋地惊叫。

④ **re** 再 ＋ **claim** 喊叫、声音

reclaim [rɪ'kleɪm] 动 收回

延伸用法 reclaim the throne 夺回王位

▶ The ousted prince has pledged to **reclaim** the throne and restore the country to its former glory. 这位被驱逐的王子承诺将夺回王位并恢复昔日国家辉煌。

⑤ **pro** 时间与空间上较前 ＋ **claim** 喊叫

proclaim [prə'kleɪm] 动 声明；宣告；声称

延伸用法 proclaim in one's speech 在某人的演讲中声明

▶ He **proclaimed** in his speech that the company will go public in due course. 他在演讲中声明，这家公司将在适当的时间点上市。

⚡ 延伸补充自然学

claim的变化型：clam

☆ **clamor**　　喊叫的状态　　　　　名 喧闹

根 ed, vo(u)r 吃

情境对话试水温

Sandy: Did you see that plate of vegetable on the table? I've never seen that kind before... I wonder if they are **edible**.

珊蒂：你看到桌上那盘蔬菜了吗？我从没见过这种蔬菜，不知道能不能吃。

Mandy: I think they are. There were two plates of them and I saw Hank **devour** one of them just 10 minutes ago.

曼蒂：应该可以，原本有两盘，我看到汉克十分钟前狼吞虎咽地吃掉了其中一盘。

Sandy: That can't really prove anything. You know what a **voracious** eater Hank can be. He probably paid little attention to what was going down his throat.

珊蒂：这并不能证明什么。你很清楚汉克多爱吃。也许他根本不知道自己吞下了什么东西。

Mandy: I am just happy that he's not **carnivorous**. With that kind of appetite, he could make half of the planet's animal go extinct.

曼蒂：我只是庆幸他不是食肉的，不然像他这样的食量，会让这星球上一半的动物都绝种。

Sandy: True. Sometimes it seems like nothing is **inedible** to him.

珊蒂：真的，有时候我都觉得没有什么是他不能吃的。

单词解析零距离

❶ ed 吃 ＋ **ible** 形容词后缀，表示可……的

edible ['edəbl] 形 可食用的

延伸用法 edible plant 可食性植物

▶ When I go hiking with my Dad, he'd often show me where the **edible** plants are.
我跟我爸去远足的时候，他常告诉我哪些是可食性植物。

② **de** 除去 ＋ **vour** 吃

devour [dɪˈvaʊə(r)] 动 狼吞虎咽地吃

延伸用法 devour greedily 贪婪地吃

▶ As soon as the bug got trapped in the web, the spider **devoured** it greedily.
一旦虫子被困在网上，蜘蛛就会立刻狼吞虎咽地吃了它。

- -

③ **vor** 吃 ＋ **acious** 形容词后缀，表示有……性质的

voracious [vəˈreɪʃəs] 形 狼吞虎咽的

延伸用法 voracious appetite 贪吃；食量大

▶ In order to lose weight, one must first learn to suppress his/her **voracious** appetite.
为了减肥，他／她首先必须学会克制自己的大食量。

- -

④ **carni** 肉 ＋ **vor** 吃 ＋ **ous** 形容词后缀，表示充满的

carnivorous [kɑːˈnɪvərəs] 形 肉食的

延伸用法 carnivorous animal 肉食动物

▶ A **carnivorous** animal is one that eats the flesh of other animals.
肉食性动物指的是会吃其他动物肉的食肉动物。

- -

⑤ **in** 表示否定 ＋ **ed** 吃 ＋ **ible** 形容词后缀，表示可……的

inedible [ɪnˈedəbl] 形 无法食用的

延伸用法 inedible mushroom 不能吃的蘑菇

▶ **Inedible** mushrooms are mostly poisonous, with some being fatal.
不能吃的蘑菇通常都有毒，甚至有些会致命。

延伸补充自然学

☆ **carnivore** 肉＋吃   名 食肉动物

☆ **omnivorous** 全部；泛＋吃＋形容词   形 杂食的；什么都读的
后缀，表示充满的

Unit 072 根 spir(e) 呼吸

 情境对话试水温

🎧 *Track 072*

Naomi: My grandma finally had senior checkup, including bone marrow **aspirated**. She had been feeling ill for days, but unwilling to see a doctor.

内奥米：我的祖母终于做了老年健康检查，包含了骨髓穿刺。她已经身体不舒服好多天了，但一直不愿意去看医生。

Kyle: Why was she reluctant to have health checkup?

凯尔：为什么她不愿意做健康检查？

Naomi: She had white coat hypertension – getting extremely anxious, nervous, and hands **perspiring** whenever she sees a doctor.

内奥米：她有白大褂高血压，每次看医生会极度焦虑、紧张，而且手冒汗。

Kyle: Did you check her health checkup report with the doctor?

凯尔：你跟医生看过检查报告了吗？

Naomi: Yes, we did. It's leukemia ... My grandma was calm when she heard this. She **aspired** to fully recover from the illness for accompanying her little grandson, Den, to grow up. We all had a big **respire** of relief when hearing her saying.

内奥米：是的，是白血病……祖母听到的时候很冷静，她想要痊愈，因为要陪伴她的小孙子杰恩一起长大。我们听到她说的话以后都松了一口气。

Kyle: You should **inspire** her to stay positive and build cooperative doctor/patient relationship. Let me know if you need any assistance. I'm with you and your grandma in **spirit**.

凯尔：你们应该鼓舞她积极面对而且建立好医生和病人的合作关系，有任何需要帮忙的务必让我知道，我与你以及祖母精神同在！

单词解析零距离

❶ a 向、朝 ＋ spir 呼吸 ＋ ate 使……成为

aspirate [ˈæspərət] 动 吐气

延伸用法 **bone marrow aspirate** 骨髓穿刺

▶ The doctor determined to have the patient's bone marrow **aspirated** in order to make correct diagnosis.
为了做正确的诊断，医生决定为病人做骨髓穿刺。

❷ a 向、朝 ＋ spire 呼吸

aspire [əˈspaɪə(r)] 动 向往

延伸用法 **aspire to** 渴望

▶ When you're young, you **aspire** to wealth; when you're old, you **aspire** to health. 年轻时渴望财富；年老时渴望健康。

❸ spir 呼吸 ＋ it 走动

spirit [ˈspɪrɪt] 名 精神

延伸用法 **spirit up** 鼓舞

▶ We need to keep our **spirits** up to believe we could win out!
我们要保持高昂的精神，相信我们会胜出！

❹ in 往内 ＋ spire 呼吸

inspire [ɪnˈspaɪə(r)] 动 激发灵感

延伸用法 **inspire ... in someone** 使人产生某种感觉

▶ The encouraging letter from his father **inspired** confidence in John.
父亲所写的鼓励信件激起了约翰的信心。

❺ per 全部 ＋ spire 呼吸

perspire [pəˈspaɪə(r)] 动 出汗

延伸用法 **hand perspire** 手出汗

▶ That his hands **perspire** bothers him. 手会出汗这件事让他很困扰。

❻ re 再 ＋ spire 呼吸

respire [rɪˈspaɪə(r)] 动 呼吸

延伸用法 **a respire of relief** 松一口气

▶ Peter had a big **respire** of relief when he passed the exam.
彼得通过考试时，大大地松了一口气。

情境对话试水温

Marvin: Have you heard that the jury had reached a **verdict** of guilty?	马文：你听说陪审团已经**判决**有罪了吗？
Alice: Which case? The Anderson case?	艾丽斯：哪个案子？安德森案？
Marvin: Yes, but I think the defendant's current testimony **contradicted** greatly with his previous one.	马文：对，但我觉得被告人前后证词不一。
Alice: Then we can **predict** that the judgment may be overruled?	艾丽斯：所以我们可以**预测**这个案子会被驳回吗？
Marvin: I'm not sure. The man had been **indicted** with similar charges before. I guess the decision is final.	马文：我不确定。这个人之前曾被以类似罪名**起诉**，我想结果应该不会变。
Alice: Maybe the jury had their own concerns. I mean, we were not present in the court session.	艾丽斯：也许陪审团有他们的考量。我是说，我们又不在场。
Marvin: I know. If my doctor **dictated** that I could be discharged from hospital then, I would know more details!	马文：我知道。如果我的医生当时**口头决定**让我出院的话，我就能知道更多细节了。
Alice: C'mon. Rest now, will you?	艾丽斯：拜托。你先好好休息，好吗？

单词解析零距离

❶ ver 真实 **＋ dict** 说、言

verdict [ˈvɜːdɪkt] 励 定论

延伸用法 **pass one's verdict upon** 对……下判断

▶ I don't think it's right to pass your **verdict** upon people by appearance.
我认为你以貌取人是不对的。

❷ contra 相反 **+ dict** 说、言

contradict [ˌkɒntrəˈdɪkt] 动 抵触

延伸用法 contradict oneself 自相矛盾

▶ If it **contradicts** itself, then it is unbelievable.
如果自相矛盾，那它就是不可信了。

❸ pre 先、前 **+ dict** 说、言

predict [prɪˈdɪkt] 动 预言

延伸用法 predict the weather 预测天气

▶ Can you **predict** the weather through the clouds?
你能通过云来预测天气吗？

❹ in 往内 **+ dict** 说、言

indict [ɪnˈdaɪt] 动 控告

延伸用法 indict a person for murder 以杀人罪起诉某人

▶ He might **indict** that young man for murder.
他可能会以杀人罪起诉那个年轻人。

❺ dict 说、言 **+ ate** 动词后缀，使……变成

dictate [dɪkˈteɪt] 动 口述

延伸用法 dictate to one's secretary 向秘书口述要事

▶ The general manager is **dictating** to his secretary now.
总经理正在向他的秘书口述要事。

⚡ 延伸补充自然学

dict的变化型：dic

☆ vale**dic**tion　　　再见的话语　　　名 告别演说

☆ **dic**tator　　　口头传授命令的人　　　名 独裁者

☆ bene**dic**tion　　　好的＋语言　　　名 祝福

☆ ab**dic**ate　　　使之离开的命令　　　动 退位

根 lingu 语言、舌头

 情境对话试水温　　🎧 *Track 074*

Mandy: How's your second-language learning going?	曼蒂：你的第二外语学得怎样？
Nick: Pretty smoothly. I think I've made great progress toward my dream of becoming a well-known **linguist**!	尼克：还蛮顺利的。我觉得我又离梦想更近一步了，就是要当一个有名的语言学家。
Mandy: But I heard that you failed **linguistics** last term ...	曼蒂：但我听说你上学期语言学挂科了……
Nick: Well, that was an accident. You know how talented I am.	尼克：好吧，那是意外。你知道我是很有才华的。
Mandy: I surely do, but one's **linguistic** ability may drop if efforts are not made.	曼蒂：我当然知道，但如果没有付出努力，每个人的语言能力可能都会退步。
Nick: You're just jealous that I'm **multilingual**.	尼克：你只是忌妒我会很多语言吧。
Mandy: Listen to yourself ... I'm not lending you my notes anymore.	曼蒂：我听不下去了……我不要借给你笔记了。
Nick: C'mon! I'm just joking with you! I'm only **bilingual**!	尼克：拜托！我只是跟你闹着玩的！我只会说双语！
Mandy: Get over yourself!	曼蒂：省省吧！

单词解析零距离

❶ **lingu** 语言 + **ist** 名词后缀，表示人

linguist ['lɪŋgwɪst] 名 语言学者

延伸用法 functional linguist 功能语言学者

▶ I want to be a functional **linguist** in the future.
我将来想成为一位功能语言学者。

❷ **lingu** 语言＋**ist** 人＋**ics** 名词后缀，表示学说、知识

linguistics [lɪŋ'gwɪstɪks] 名 语言学

延伸用法 the study of linguistics 语言学研究

▶ My brother decided to pursue the study of **linguistics** after he discovered the beauty of language.
我哥哥自从发现语言的美之后，便决定要继续语言学的研究。

❸ **multi** 多＋**lingu** 语言＋**al** 形容词后缀

multilingual [ˌmʌlti'lɪŋgwəl] 形 使用多种语言的

延伸用法 use a multilingual platform 使用多种语言的平台

▶ Due to the great number of international students in our class, we have to use a **multilingual** platform to finish our final exam.
我们必须使用一个多语言平台来完成期末考试，因为我们班上有很多留学生。

❹ **lingu** 语言＋**ist** 名词后缀，表示人＋**ic** 形容词后缀

linguistic [lɪŋ'gwɪstɪk] 形 语言学的

延伸用法 linguistic form 语言形态

▶ Bob was studying **linguistic** form last night.
鲍勃昨晚在研读语言形态。

❺ **bi** 双＋**lingu** 语言＋**al** 形容词后缀

bilingual [ˌbaɪ'lɪŋgwəl] 形 双语的

延伸用法 bilingual education 双语教育

▶ Julia decided to send her daughter to a **bilingual** education school. 茱莉亚决定将她女儿送去双语教育学校。

⚡ 延伸补充自然学

☆ **trilingual**　三＋语言＋形容词后缀　形 三种语言的

☆ **monolingual**　单一＋语言＋形容词后缀　形 单语的；仅懂一种语言的

情境对话试水温

Track 075

Nancy: How do you enjoy our **literature** class?

南希：你的文学课上得如何？

Ellie: Pretty good. But I'm having a hard time understanding some of the poems mentioned in today's class.

艾利：蛮好的。但我不太理解今天课堂上提到的一些诗。

Nancy: You mean the metaphors, **alliterations**, and all those stuff?

南希：你是说隐喻、押头韵这些东西吗？

Ellie: Yep. I can't quite grasp the core of the meanings.

艾利：对。我不太能抓到这些重点。

Nancy: Well, you can't approach poetry **literally**. You have to **obliterate** prejudice and judgment, and immerse yourself into the situation the author created.

南希：嗯，你不能单从字面上来看。你必须先抹除掉偏见跟评断，让自己沉浸在作者创造的情境中。

Ellie: What does that even mean?

艾利：什么意思？

Nancy: It means that in order to really enter the **literary** world, you have to get rid of presumptions, and think about why this word is used instead of the other.

南希：也就是说为了进入到文学的世界，你必须抛开假设，思考作者使用每个词的理由。

Ellie: I'm dropping out of this class.

艾利：我要放弃这门课程了。

单词解析零距离

1 liter 字母 ＋ ature 名词后缀

literature ['lɪtrətʃə(r)] 名 文学；文学作品

延伸用法 modern literature 现代文学

▶ He's very keen about modern literature.
他热衷于现代文学。

❷ **al** 朝向 ＋ **liter** 字母 ＋ **ation** 名词后缀，表示行动

alliteration [ə‚lɪtə'reɪʃn] 图【语】头韵（法）

延伸用法 the use of alliteration　头韵的使用

▶ The brilliance of this poem lies in the use of alliteration and imageries. 这首诗的亮点在于它头韵的使用及意象。

❸ **liter** 字母 ＋ **ary** 形容词后缀 ＋ **ly** 副词后缀

literally ['lɪtərəli] 圖 逐字地；照字面地；正确地；实在地

延伸用法 be literally over the moon　欣喜若狂

▶ Our whole family were literally over the moon when we knew we won the lottery! 当得知我们中了彩票时，全家人都欣喜若狂。

❹ **ob** 反 ＋ **liter** 字母 ＋ **ate** 动词后缀，使……成为

obliterate [ə'blɪtəreɪt] 勔 消灭；忘掉；忘却

延伸用法 obliterate memories　忘却回忆

▶ Many people wish to obliterate bad memories, especially the painful ones. 许多人都希望能够抹除不好的记忆，特别是那些痛苦的回忆。

❺ **liter** 字母 ＋ **ary** 形容词后缀，……领域的

literary ['lɪtərəri] 圂 文学的

延伸用法 literary film　文艺片

▶ Jack says actually he doesn't like to see literary film with his girlfriend.
杰克说其实他不喜欢陪他女朋友一起看文艺片。

🔦 延伸补充自然学

☆ **literate**	字母 ＋ 形容词后缀，有……性质的	圂 有读写能力的
☆ **illiterate**	否定 ＋ 字母 ＋ 形容词后缀，有……性质的	圂 文盲的；未受教育的；知识浅陋的
☆ **literacy**	字母 ＋ 名词后缀，表示性质	图 识字；读写能力；知识

根 loqu, log, logue 说

情境对话试水温

🎧 *Track 076*

Peggy: Are you excited about the play we're going to see?	佩奇：你对我们待会要看的剧，感到兴奋吗？
Allen: Of course! I've wanted to watch that famous **soliloquy** for a long time!	艾伦：当然！我一直都想要看那段有名的独白！
Peggy: And the **prologue**! It's said that the art director made several adjustment to the previous one, and we are about to see a theatre design that makes good use of technology.	佩奇：还有序幕！听说艺术总监调整了很多地方，我们将会看到充满科技感的剧院设计。
Allen: That would certainly enhance the brilliance of the **dialogue** as well. The lines are known for natural images.	艾伦：那一定也会为这些对白增添很多亮点。这些台词都是以自然图像闻名的。
Peggy: We do can expect that. I wonder how the **eulogy** made by the King is going to be presented. Imaging the transition of the damp and dark forest to the moor!	佩奇：精彩可期。我很好奇国王的颂辞会怎么被诠释，还有从潮湿又黑暗的森林到沼泽地的转换！
Allen: Wait, I think we should look that the **catalogue** here ... What? We got the time wrong!	艾伦：等等，我觉得我们应该看一下表演目录。什么？我们弄错时间了啦！

 单词解析零距离

1 **soli** 单一的 ＋ **loqu** 说 ＋ **y** 名词后缀

soliloquy [səˈlɪləkwi] 名 自言自语
延伸用法 soliloquy of spirit 心灵的独白

▶ Hamlet's **soliloquy** of spirit is my favorite part of this book.
哈姆雷特心灵独白那一段是这本书中我最爱的部分。

❷ pro 时间或空间上较前的 **＋ logue** 说、言

prologue ['prəʊlɒg] 名 序言

延伸用法 be the prologue to... ……的序言

▶ The sorrow of bereavement was the **prologue** to this play.
丧亲之痛是这部剧的序幕。

❸ dia 穿越；跨越 **＋ logue** 说、言

dialogue ['daɪəlɒg] 名 对话；交谈；（戏剧、小说等中的）对话；对白

延伸用法 the dialogue between A and B A与B之间的对话

▶ We saw the live broadcast of the final **dialogue** between the government officials and the host of the march.
我们昨晚看了政府官方与示威主导人之间最后对谈的直播。

❹ eu 美好的 **＋ log** 说、言 **＋ y** 名词后缀

eulog**y** ['juːlədʒi] 名 颂辞

延伸用法 eulogy poem 颂诗

▶ This **eulogy** poem well displays the author's praise for maternal love.
这首颂诗充分体现了作者对母爱的赞颂之意。

❺ cata 下方 **＋ logue** 说、言

catalogue ['kætəlɒg] 名 （图书，商品等的）目录；目录册

延伸用法 design a catalogue 设计目录

▶ If you want to open a restaurant, the first thing you need to do is to design a **catalogue**.
如果你想要开餐厅，首先你需要设计菜单目录。

💡 延伸补充自然学

☆ **analogy** 相同 ＋ 说、言 ＋ 名词后缀 名 相似、类似

☆ **monologue** 单一 ＋ 说、言 名 独白

loqu的变化型：locu

☆ **circumlocution** 圆 ＋ 说、言 ＋ 名词后缀 名 说话婉转

根 **mot** 动

情境对话试水温

Lily: I think Peter let his **emotions** control him again. His **motive** of bringing up this proposal is absurd.	莉莉：我觉得彼得又被他的**情绪**控制了。他提出这个提案的**动机**很荒谬。
Benson: What can I say? He always makes a **commotion** about nothing.	班森：我能说什么？他总是可以把没有的事搞出一场风波。
Lily: I wish he could stop being such a troublemaker. Everytime he walks past me, I pay attention to his every **motion**. I'm afraid that he's going to criticize me again.	莉莉：我希望他可以停止当一个麻烦制造者。每次他从我旁边走过，我都会注意他的所有**动作**。我就怕他又要开始批评我。
Benson: Last time, I was rearranging my **locomotive** models, and he said "Why spent money on this?" And started bragging about how he managed his earnings.	班森：上次，我在整理我的**火车头**模型，然后他说："为什么把钱花在这上面？"接着他就开始自吹自擂自己是怎么理财的。
Lily: I seriously can't stand him. I need to vote against the proposal.	莉莉：我真的无法忍受他。这个提案我要投反对票。

单词解析零距离

1 e 外 ＋ mot 动 ＋ tion 名词后缀

emotion [ɪˈməʊʃn] 名 情绪

延伸用法 with emotion 感慨地、富情感地

▶ The graduate representative delivered a speech of thanks with **emotion**. 毕业生代表感慨地致感谢词。

. . . .

❷ mot 动 ＋ ive 有……的倾向

motive [ˈməʊtɪv] 名 动机

延伸用法 motive power 原动力

▶ Water and wind can both be used as **motive** powers to drive machinery.
水及风都能被用来作为驱动机器的原动力。

. . . .

❸ com 共同 ＋ mot 动 ＋ tion 名词后缀

commotion [kəˈməʊʃn] 名 骚动

延伸用法 make a commotion about nothing 无理取闹

▶ Jason's wife is making a **commotion** about nothing again.
杰森的妻子又在无理取闹了。

. . . .

❹ mot 动 ＋ ion 名词后缀

motion [ˈməʊʃn] 名 动作

延伸用法 of one's own motion 出于自愿

▶ The little boy donated all his savings of his own **motion**.
小男孩出于自愿地捐出了他所有的积蓄。

. . . .

❺ loco 地方、地点 ＋ mot 动 ＋ ive 有……的倾向

locomotive [ˌləʊkəˈməʊtɪv] 名 火车头

延伸用法 steam locomotive 蒸汽火车头

▶ The Museum of Transport is having an exhibition of steam **locomotives**.
交通博物馆正推出蒸汽火车头展览。

💡 延伸补充自然学

mot 的变化型：mote

☆	**demote**	往下移动	动 降级
☆	**promote**	向上移动	动 提升；宣传
☆	**remote**	返、再＋移动	形 远的

根 scribe 写

情境对话试水温

Melissa: Holly just got the admission notice delivered by the best university of her city. She **ascribed** all of this to her incredibly hard work. She **described** her senior life as sheer hell. She arranged a tight study schedule and strictly forced herself to follow it for **circumscribing** any slackness. No social life, no party, no leisure time.	梅丽莎：荷莉收到城里最好大学的录取通知了！她把这些归因于极努力的付出。她形容她的高三生活就是一个全然的地狱。她安排了超级满的学习计划，逼着自己依据计划学习，杜绝任何怠惰。没有社交生活、没有派对、没有休闲时间。
Phoebe: Actually ... I don't really **subscribe** to this way of studying. Though entering a dream university is crucial, she should also enjoy her life as a senior high school student.	菲比：事实上……我并不同意她这种读书方法，虽然进入好大学十分重要，但她也应该享受她的高中生活。
Melissa: Her parents said so, but no one can **prescribe** to her what to do.	梅丽莎：他父母也这样说，但没人能指使她做任何事。
Phoebe: The saying "Eat, Drink, Drunk for tomorrow we die." is always **inscribed** in my mind.	菲比："及时行乐"这句话一直刻在我心里。
Melissa: Ummm ... and maybe that's why you failed in your final exam.	梅丽莎：嗯……这大概也是为什么你期末考不及格吧。

单词解析零距离

1 a 朝向 + scribe 写

ascribe [əˈskraɪb] 动 将……归因于

延伸用法 ascribe something to 将某事归因于

▶ Most scientists **ascribe** the climate change to global warming.
大部分科学家将气候变迁归因于地球变暖。

❷ **circum** 周围 + **scribe** 写

circumscribe [ˈsɜːkəmskraɪb] 动 限制
延伸用法 circumscribe a circle 外切圆
▶ The teacher is demonstrating how to **circumscribe a circle**.
老师正在示范如何画一个外切圆。

❸ **de** 加强 + **scribe** 写

describe [dɪˈskraɪb] 动 描述　　延伸用法 describe ... as ... 将……称为……
▶ The man **described** his wife as a battleaxe.
那个男人把他的妻子形容为悍妇。

❹ **in** 里面 + **scribe** 写

inscribe [ɪnˈskraɪb] 动 题写；刻；牢记
延伸用法 inscribe ... to/ for ... 将……题献给某人
▶ The author **inscribed** his new book to his parents.
作家将他的新书题献给他的双亲。

❺ **pre** 先、前 + **scribe** 写

prescribe [prɪˈskraɪb] 动 （开）处方　延伸用法 prescribe for 为……开药方
▶ The doctor cannot **prescribe** for you until he knows what your problem is. 医生要知道你的问题所在才能帮你开药方。

❻ **sub** 在……底下 + **scribe** 写

subscribe [səbˈskraɪb] 动 订阅　　　　延伸用法 subscribe to 同意；支持
▶ I don't **subscribe** to your point of view. 我不同意你的看法。

💡 延伸补充自然学

与 scribe 意思相近的后缀：script
☆ **postscript**　　　后来才写上的　　　名 附录
☆ **manuscript**　　　亲手写的东西　　　名 原稿

 graph 记录、书写

💬 情境对话试水温

Annie: I went to the dance room the other day to meet Alice and she was **choreographing** for a new performance. Her moves totally dazzled me! I wish I had a camera to take a **photograph** of her at the moment.

安妮：我前几天在舞蹈室看见艾丽斯，她正在为新表演编舞。她的动作完全吸引到我！如果我当时手上有一台相机可以把那一刻拍照下来就好了。

Peter: I know! She's absolutely amazing. One time I was watching her practicing and then realized art can come in so many different forms. It can be static like a **lithograph** or mobile like dancing.

彼得：我懂！她真的很棒。有一次我看她练习，才了解艺术原来可以用这么多种方面呈现。艺术可以是静态的，如石版画，也可以是动态的，如跳舞。

Annie: Indeed, I once read a **monograph** written by a highly respected art professor. In that was a **paragraph** that described the versatility of art and I cannot agree with it more.

安妮：没错，我曾经读过一位名望很高的教授的著作，其中一段就在描述艺术的多样性，我非常同意。

⚡ 单词解析零距离

1 **chor** 唱、跳 ＋ **eo** ＋ **graph** 记录、书写

choreograph [ˈkɒriəgrɑːf] 囫 为……编舞

延伸用法 choreograph a dance 编舞

▶ Betty is in charge with **choreographing** a new jazz dance for her clients.
贝蒂负责帮她的客户编一段新爵士舞。

❷ **photo** 光＋**graph** 记录、书写

photograph ['fəʊtəgrɑ:f] 名 照片

延伸用法 take a photograph 拍照

▶ Paris is such a beautiful place that most tourists would take millions of **photographs** before leaving the city.
巴黎是个美到大多数观光客在离开前都会拍几百万张照片的地方。

❸ **litho** 石质的＋**graph** 记录、书写

lithograph ['lɪθəgrɑ:f] 名 平版印刷

延伸用法 make a lithograp 做平版印刷画

▶ There are classes in town that teach people how to make a **lithograph** in two hours.
城里有开一些课，教大家如何在两小时内创作出一幅平版印刷画。

❹ **mono** 单一＋**graph** 记录、书写

monograph ['mɒnəgrɑ:f] 名 专题论文；专题著作

延伸用法 a monograph on 关于……的专著

▶ Dr. Lee dedicated all his life to writing a **monograph** on the poems of Shakespeare.
李博士的一生都致力撰写关于莎士比亚诗作的专题。

❺ **para** 旁边；并列＋**graph** 记录、书写

paragraph ['pærəgrɑ:f] 名（文章的）段；节

延伸用法 concluding paragraph 结尾段落

▶ A well-structured article usually involves a powerful concluding **paragraph** that reiterates the central argument.
通常一篇结构完整的文章包含一段有力的结尾段落，以重申主要论点。

延伸补充自然学

与 graph 意思相近的词根：gram

| ☆ **telegram** | 距离遥远；在远处＋记录、书写 | 名 电报 |
| ☆ **cardiogram** | 心＋记录、书写 | 名 心电图 |

情境对话试水温

🎧 *Track 080*

Sam: Did you see how **dejected** Adam is? I wonder what happened to him.

萨姆：你有看见亚当多沮丧吗？不晓得发生了什么事。

Suzy: You know the multibillion **project** he's been working on since a year ago? He was removed from it this morning and will be returning to his original post starting next week.

苏西：你知道吗？他从一年前就开始在做一个高达数十亿美金的项目。今天早上他被踢出项目了，而且下周开始就会回到他原来的项目。

Sam: How does that happen? Only a month ago he told me he's probably getting a promotion soon.

萨姆：怎么会发生这种事？上个月才听他说他可能很快会升职。

Suzy: Well...rumor has it that he presented a terrible proposal last week. Apparently the clients think most of his research was unfounded and that his recommendations are mainly based on **conjecture.**

苏西：嗯……听说他上周提出了一个很糟糕的提案。很明显，客户认为他大部分的研究没有根据，而且他的建议大多数也只是猜测。

Sam: That must have been really embarrassing for him.

萨姆：他一定觉得非常尴尬。

Suzy: Indeed it was. Some colleagues who were present told me the clients kept **interjecting** with harsh comments and questions throughout his speech and in the end **rejecting** every single idea Adam had proposed.

苏西：绝对是，有些在场的同事也说客户在提案中一直插嘴，用很严厉的评论来刁难、质疑他，最后还拒绝了亚当提出的每个想法。

单词解析零距离

① **de** 向下 ＋ **ject** 投掷、丢 ＋ **ed** 形容词后缀

dejected [dɪˈdʒektɪd] 形 沮丧的

延伸用法 **in a dejected tone** 用沮丧的语气

▶ "My dad is admitted into the hospital," he said in a **dejected** tone.
他用沮丧的语气讲："我爸爸住院了。"

- -

② **pro** 时间与空间上较前的 ＋ **ject** 投掷、丢

project [ˈprɒdʒekt] 名 计划

延伸用法 **abandon the project** 放弃计划

▶ They couldn't find enough sponsors and had to abandon the **project**.
他们因找不到足够的赞助商而必须放弃这个计划。

- -

③ **con** 一起；共同 ＋ **ject** 投掷、丢 ＋ **ure** 名词后缀

conjecture [kənˈdʒektʃə(r)] 动 猜测

延伸用法 **make conjectures on** 对……做猜测

▶ I loathe making **conjectures** on other people's intentions.
我厌恶对他人的意图做臆测。

- -

④ **inter** 中间 ＋ **ject** 投掷、丢

interject [ˌɪntəˈdʒekt] 动 插话

延伸用法 **interject in a conversation** 在谈话中插话

▶ It is considered extremely inappropriate to **interject** in a conversation.
在对谈中插话被视为是一件非常不恰当的事情。

- -

⑤ **re** 反对 ＋ **ject** 投掷、丢

reject [rɪˈdʒekt] 动 拒绝；抵制；去除；丢弃

延伸用法 **reject suggestion** 拒绝建议

▶ The city mayor **rejected** suggestion that he should run for president.
市长拒绝了竞选总统的提议。

延伸补充自然学

☆ **inject**　　　　　　往内 ＋ 投掷、丢　　　动 注射

 cept 拿取

💬 情境对话试水温

Sophia: I heard all the students in Frankie's class, **except** him, got **accepted** into that university.

苏菲亚：我听说法兰克班上，除了他自己，都被那所大学录取了。

Jackson: I am not even surprised. They've all been straight-A students since elementary school.

杰克森：我没有很意外，他们从小学开始就都是学霸。

Sophia: But I can't help but feel sorry for Frankie. He's a very versatile student who has achievements in many different areas, including music, sports, just to name a few.

苏菲亚：但我忍不住为法兰克觉得很遗憾，他在很多领域都有很好的成绩，像音乐、体育，等等。

Jackson: True, the university admission committee should embrace the new **concept** that grades do not define an individual.

杰克森：是呀，大学入学委员会应该要尝试接受成绩不代表一切的新概念。

Sophia: Characters are more important. There have been cases of honor students getting involved in both petty offenses like **deception** and serious crimes like murder.

苏菲亚：品性更重要，也有优等生会卷入诈欺之类的轻罪或是谋杀之类的重罪中。

Jackson: Sadly, people tend to believe they are innocent and make **exceptions** for them only because they excel academically.

杰克森：可悲的是，民众总会因为他们功课很好就相信他们无罪，甚至认为这只是例外。

 单词解析零距离

① ac 朝向 ＋ cept 拿取

accept [ək'sept] 动 接受、同意

延伸用法 **accept the offer** 接受提议、工作邀约

▶ I **accepted** the offer from Louis Vuitton and will heat to Paris to work in the headquarters. 我接受了路易•威登的约聘，将出发去巴黎总部上班。

❷ **ex** 向外 ＋ **cept** 拿取

except [ɪk'sept] 介 除……外

延伸用法 **except the fact that** 除了……之外

▶ He has always been a caring husband, **except** the fact that he will go nuts when drunk. 他是个体贴的丈夫，除了会发酒疯之外。

❸ **con** 共同 ＋ **cept** 拿取

concept ['kɒnsept] 名 概念；观念；思想

延伸用法 **the concept of** ……的观念

▶ The **concept** of feminism has become widely accepted now.
女性主义的观念现在已被广泛地接受。

❹ **de** 向下 ＋ **cept** 拿取 ＋ **ion** 名词后缀

deception [dɪ'sepʃn] 名 欺骗；欺诈

延伸用法 **practice deception on** 实施欺骗

▶ Some immoral insurance sales agent would practice **deception** on the elderly and cheat them into buying plans they don't need.
有些没道德的保险销售员会欺骗老人，骗他们买下他们不需要的保险。

❺ **ex** 向外 ＋ **cept** 拿取 ＋ **ion** 名词后缀

exception [ɪk'sepʃn] 名 例外；例外的人（或事物）

延伸用法 **make exception for** 使……例外；为……破例

▶ My professor made an **exception** for me to take oral exams only.
我的教授准许我例外，只参加口试。

延伸补充自然学

cept的变化型： ceive

☆ **receive**	再度 ＋ 拿取	动 收到
☆ **deceive**	向下 ＋ 拿取	动 欺骗

根 tort 扭曲

情境对话试水温

🎧 *Track 082*

Alex: Why do you always **distort** my words? It's such a **torture** to talk to you.	亚历克斯：为什么你总是要曲解我的话？跟你说话真是种折磨。
Mandy: Seriously? You spit out those harmful words first!	曼蒂：你认真的吗？是你先口出恶言的！
Alex: That's because you kept **retorting** and arguing with me.	亚历克斯：那是因为你一直反驳，还和我争论。
Mandy: You're unbelievable. You should go look into the mirror and see how your face is **contorted** with pretentiousness!	曼蒂：真是不可置信。你应该去照照镜子，看看你的脸是如何因自负扭曲的！
Alex: Are you serious? Your explanations are certainly more **tortuous**.	亚历克斯：你是认真的吗？你的解释还真是比较婉转！

单词解析零距离

❶ **dis** 离开 ＋ **tort** 扭曲

distort [dɪˈstɔːt] 动 扭曲

延伸用法 distort the facts 歪曲事实

▶ What he said to you totally **distorted** the facts.
他对你说的话完全不是事实。

❷ **tort** 扭曲 ＋ **ure** 行为

torture [ˈtɔːtʃə(r)] 动 折磨

延伸用法 under torture 受到酷刑、折磨

▶ Frank confessed to false charges under **torture**.
法兰克被屈打成招。

- -

❸ re 再 + **tort** 扭曲

retort [rɪ'tɔːt] 动 反驳
延伸用法 retort pouch 真空杀菌调理包；蒸煮袋

▶ The food company makes a fortune by selling their products in retort **pouches**.
这家食品公司以出售调理包产品赚钱。

- -

❹ con 一起 + **tort** 扭曲

contort [kən'tɔːt] 动 扭曲
延伸用法 be contorted with fury 因暴怒而扭曲

▶ The man's face was **contorted** with fury when he found his son stealing his money.
发现儿子偷钱让男人的脸因暴怒而扭曲。

- -

❺ tort 扭曲 + **uous** 形容词后缀

tortuous ['tɔːtʃuəs] 形 绕圈子的
延伸用法 tortuous colon 曲折的结肠

▶ The doctor uses a colonoscopy to inspect the patient's **tortuous** colon.
医生用结肠镜检视病人弯弯曲曲的结肠。

延伸补充自然学

☆ **ex**tort	向外 + 扭曲	动	敲诈
☆ **ex**tortioner	向外 + 扭曲 + 人	名	敲诈的人

根 **port** 拿、带

💬 情境对话试水温

Bob: Did you know that Harry's father is the CEO of the country's biggest trading company?	鲍伯：你知道哈利的爸爸是我们国家最大的贸易公司的老板吗？
Barbara: You mean the one that is in charge of **importing** and **exporting** 80% of the country's farm goods?	芭芭拉：你是说那家负责国家八成农产品进出口的贸易公司吗？
Bob: Exactly.	鲍伯：没错。
Barbara: Um ... I wonder if Harry can help me **transport** something from abroad.	芭芭拉：嗯……不晓得哈利能不能帮我从国外运送一些东西回来。
Bob: His family runs a serious business, not some illegal trafficking. All the details of their cargo must be **reported**. As a foreign student, you should abide by local laws. If anything illegal comes up during your studies, you could get **deported** from the country!	鲍伯：他家是正当经营，不是做非法贩运的。所有进出口的货物细节都必须上呈。作为一名留学生，你应该遵守当地的法律。如果在留学期间存在任何违法行为，你可能会被驱逐出境！
Barbara: Calm down, dude. I was just joking.	芭芭拉：冷静点，老兄，我开玩笑的。

⚡ 单词解析零距离

① **im** 向内 + **port** 拿、带

import ['ɪmpɔːt] 动 进口；输入；引进

延伸用法 import from 从……进口

▶ All goods **imported** from the Nuclear-affected areas must be demolished.
从受核能影响地区进口的所有货物，都必须被销毁。

❷ ex 向外 **＋ port** 拿、带

export [ɪkˈspɔːt] 动 输出；出品　　延伸用法 export trade 出口贸易

▶ The **export** trade of the country has decrease exponentially after the civil war. 内战之后，该国的出口贸易指数呈倍数下滑。

- -

❸ trans 穿越 **＋ port** 拿、带

transport [ˈtrænspɔːt] 动 运送；运输；搬运

延伸用法 transport goods 运送货物

▶ According to the report, the truck that caused the severe accident was on its way to **tranport** goods to the capital.
根据报导，造成此严重车祸的货车当时正运送货物前往首都。

- -

❹ re 往回 **＋ port** 拿、带

report [rɪˈpɔːt] 动 报告；报导　　延伸用法 report to 向……汇报

▶ **Report** to me on the daily basis so that I can be in control of all the details in this project.
请每日向我汇报，以便我掌控此项目的所有细节。

- -

❺ de 远离 **＋ port** 拿、带

deport [dɪˈpɔːt] 动 驱逐出境　　延伸用法 deport refugees 遣返难民

▶ The government refused to provide asylums and are determined to **deport** refugees. 政府拒绝提供庇护并坚决遣返难民。

延伸补充自然学

| ☆ **porter** | 拿、带＋名词后缀，表示人 | 名（车站，机场等的）搬运工人 |
| ☆ **portable** | 拿、带＋形容词后缀 | 名便于携带的；手提式的；轻便的 |

根 **tract** 拉

💬 情境对话试水温

Robert: The director of HDC Co. Ltd. **retracted** his statement and refused to **contract** with us. Kevin tried to convince him but to no avail. The bad news obviously **distracted** him from the morning meeting. He was not all there.

罗柏特：HDC有限公司的经理撤回之前的声明，拒绝和我们签约。凯文尝试说服他但徒劳无功。这个坏消息显然让他在晨会上分心了，他整个人心不在焉。

Paul: Too bad! We've been working on this project for a while! How come?

保罗：真糟！我们已经为这个项目努力有一阵子了！怎么会？

Robert: Nobody knows. Kevin's trying to **extract** information from staff involved.

罗柏特：没人知道为什么。凯文设法从相关人员那里得到信息。

Paul: Maybe there's another company offering better trade terms for HDC, which attracted them eventually. Therefore, canceling the agreement **subtract** nothing from them.

保罗：也许是其他公司提供了更好的交易条件，最终吸引了HDC，因此取消跟我们的协议对他们而言也不会造成任何减损。

⚡ 单词解析零距离

❶ at 向 ＋ **tract** 拉

attract [ə'trækt] 动 吸引

延伸用法 opposites attract 异性相吸

▶ The reason Nathan are with his kooky friends is that opposites **attract**. 内森会跟他那些怪朋友在一起是出于异性相吸。

- -

❷ con 共同 ＋ **tract** 拉

contract [kən'trækt] 名 合约

延伸用法 contract ... out 订约把……承包出去

▶ In order to meet the deadline, they had to **contract** the painting work out. 为了赶上截止日期，他们必须把油漆工程承包出去。

❸ **dis** 分开 ＋ **tract** 拉

distract [dɪ'strækt] 动 使……分心

延伸用法 distract ... from ... 使从……分心

▶ The noise from the street **distracted** the boy from his book.
街上的吵闹声使男孩无法专心看书。

❹ **ex** 往外 ＋ **tract** 拉

extract ['ekstrækt] 动 提炼

延伸用法 extract from 提炼；摘选

▶ The story that he told you was **extracted** from this book.
他所告诉你的故事是从这本书摘选出来的。

❺ **re** 回、返 ＋ **tract** 拉

retract [rɪ'trækt] 动 撤销

延伸用法 retract a promise 食言

▶ It is unwise to believe a man who tends to **retract** his promises.
相信一个老是食言的人是很愚蠢的。

❻ **sub** 在……下面 ＋ **tract** 拉

subtract [səb'trækt] 动 删减

延伸用法 subtract from 从……减去

▶ **Subtract** seven from twelve and you get five. 十二减七等于五。

 延伸补充自然学

✩ **tract**able   能够被拉动的   形 温驯的

根 turb 搅动

 情境对话试水温

Paige: Candy dropped out of school last week.	佩奇：坎迪上个星期退学了。
Melissa: I don't want to be mean, but it's such a relief to hear that. Some of her quirky behaviors are really **perturbing** the class. She looks very **disturbed** sometimes.	梅丽莎：我不想当刻薄的人，但这个消息让我松了一口气。她有些奇怪的行为真的让班上很不安宁，她有时看起来很不正常。
Paige: Last month we were having science class, and then out of nowhere she appeared with a bottle of **turbid**-looking liquid in her hand and started splashing it onto us.	佩奇：上个月我们在上自然课的时候，她不知从哪里冒出来，手上还拿着一瓶混浊的液体，开始泼在我们身上。
Melissa: I remember that. But come to of think it, Terry is quite a weirdo, too. While Candy was causing such a big **turbulence**, he remained seated and looked **undisturbed** the whole time!	梅丽莎：我记得，但讲到这个，泰瑞也是个怪人，坎迪在引起大家恐慌的时候，他都很淡定地坐着，一副不为所动的样子！
Paige: They could be really good friends if Candy didn't drop out.	佩奇：如果坎迪没有辍学的话，他们真的可以成为好朋友。

 单词解析零距离

❶ **dis** 分开 ＋ **turb** 搅动

disturb [dɪ'stɜ:b] 动 妨碍；打扰；扰乱；搞乱

延伸用法 disturb sb. 打扰（人）

▶ Ms. Chen is meditating so I would suggest you not to **disturb** her at this moment.
陈小姐正在冥想，我建议你这时候不要打扰她。

❷ **turb** 搅动＋ **id** 形容词后缀，表示……状态的

turbid [ˈtɜːbɪd] 形 混乱的；浑浊的；污浊的

延伸用法 **go turbid** 变混浊

▶ Decades of pollution have caused the river to go **turbid**.
数十年来的污染，导致这条河流变得混浊。

❸ **per** 横过＋ **turb** 搅动

perturb [pəˈtɜːb] 动 使……心烦

延伸用法 **perturb sb.** 使（人）烦恼、担心

▶ News about the serial killer who has escaped from prison a few days ago is **perturbing** the neighborhood.
那个连环杀手前几天越狱的新闻，使这个社区人心惶惶。

❹ **turb** 搅动＋ **ulence** 名词后缀

turbulence [ˈtɜːbjələns] 名 骚动

延伸用法 **political turbulence** 政治动乱

▶ The political **turbulence** has severely undermined the country's economic growth. 这场政治动乱已经严重损害到这个国家的经济增长。

❺ **un** 否；无＋ **dis** 分开＋ **turb** 搅动＋ **ed** 形容词后缀

undisturbed [ˌʌndɪˈstɜːbd] 形 未受干扰的；未被碰过的

延伸用法 **undisturbed sleep** 无扰的睡眠

▶ Ten hours of **undisturbed** sleep fully energized him.
十小时无扰的睡眠已让他活力充沛。

💡 **延伸补充自然学**

turb的变化型：tumb

✧ **tumble**   被搅动的   名 / 动 跌倒；摔倒

 cise 切、割

情境对话试水温

🎧 *Track 086*

Betty: Do you know that in some African countries they circumcise teenage girls to keep their virginity?

贝蒂：你知道吗？在一些非洲国家，他们对少女执行割礼来保护她们的贞操。

Jessica: That sounds absolutely brutal. I understand that some cultures have their own traditional rituals; for example, some aborigines incise words and patterns onto the body as a concise message to their ancestors. However, no religious or cultural beliefs could justify removing parts from a girls' body without her consent.

洁西卡：这听起来非常残忍。我可以理解有些文化有自己的传统仪式；例如，有些原住民会在身上刻一些图腾或文字当作传递给他们祖先的一些简短信息。但是，没有任何宗教或文化信仰能够去证实说未经其同意就夺走一名女孩身上的一部分是合理的事情。

Betty: I guess it's hard for these people to draw the line between precise and imprecise behaviors when it comes to tradition.

贝蒂：提到传统，我猜这些人很难判断这些行为是准确的还是不准确的。

 单词解析零距离

❶ circum 周围 **+ cise** 切、割

circumcise ['sɜ:kəmsaɪz] 勔 割包皮

延伸用法 **get circumcised** 行割礼

▶ The girl got **circumcised** when she was a baby and has since suffered from serious gynecological problems.
在这个女孩还是个婴儿时，她就被施行割礼，从那时起便一直有严重的妇科疾病。

❷ in 向内 ＋ **cise** 切、割

incise [ɪn'saɪz] 动 切开；刻；雕

延伸用法 incise into 在……上面雕刻

▶ The design, which was **incised** into clay, was considered one of the best art work of the century.
这个黏土上的雕刻设计，被认为是本世纪最棒的艺术作品。

❸ con 共同 ＋ **cise** 切、割

concise [kən'saɪs] 形 简明的、简洁的

延伸用法 concise arguments 简洁的论点

▶ Treat every proposal as an elevator pitch and make your arguments as **concise** as possible.
简短地做每个提案，让你的论点尽可能简洁。

❹ pre 之前 ＋ **cise** 切、割

precise [prɪ'saɪs] 形 精确的；确切的；明确的；清晰的

延伸用法 at the precise moment 就在那一瞬间

▶ She raised her hand and at the **precise** moment gave his husband a loud slap.
她举起手，就在那一瞬间，给了她丈夫一大巴掌。

❺ im 否；无 ＋ **pre** 之前 ＋ **cise** 切、割

imprecise [ˌɪmprɪ'saɪs] 形 不严密的；不精确的；不正确的

延伸用法 imprecise term 错误用语

▶ **Imprecise** terms have normally been circulating for such a long time that it would be difficult for people to quit using them.
通常错误用语都会被沿用很长一段时间，大家一时也很难去修正。

延伸补充自然学

cise的变化型：cide

☆ **decide**   向下 ＋ 切、割   动 决定

☆ **suicide**   自己 ＋ 切、割   名 自杀行为

Unit 087 根 vert 转

🎧 *Track 087*

💬 情境对话试水温

Claudia: Did you see the news today? The government of was **subverted** by the rebel army and the president fled from the palace.

克劳迪娅：你看到今天的新闻了吗？叛军推翻了政府，总统也逃离了总统府。

Peter: All I can say is that he deserved it. His incompetence has resulted in economic recession and civil disorder, but he's been trying to **divert** the attention away from the real problems and instead blame the opposition party for inciting riot. He's the main reason why people are being **converted** into activists.

彼得：我只能说他活该。他的无能导致经济衰退和内乱，但他不正视真正的问题，一直转移焦点，反而来指责在野党煽动骚乱。他才是民众正转变成激进分子的主因。

Claudia: He appeared guilty and **averted** all eye contact in front of the camera today. Hopefully he actually realizes his own mistake.

克劳迪娅：他今天看起来很愧疚，眼神还避开镜头。希望他能真正意识到自己犯的错误。

Peter: I hope that our country would **revert** to its previous peaceful state after all this chaos.

彼得：我希望这场混乱结束后，我们国家可以恢复以前的和平状态。

⚡ 单词解析零距离

① **sub** 在下面 ＋ **vert** 转

subvert [səb'vɜ:t] 勔 推翻；破坏

延伸用法 subvert the dynasty 推翻……朝代

▶ Serious political corruption is the main reason why the Ming dynasty was **subverted**. 严重的政治腐败是明朝灭亡的主因。

❷ di 分开 + vert 转

divert [daɪ'vɜːt] 动 转向、改变信仰

延伸用法 **divert attention from ...** 从……转移注意力

▶ I have to **divert** my attention from the domestic affairs and focus on my job at hand.
我必须将注意力从家务事转移到我手边的工作。

· ·

❸ con 一并 + vert 转

convert [kən'vɜːt] 动 转变

延伸用法 **convert to** 皈依；转变为

▶ He **converted** to Christianity when he was very little.
他很小的时候就转为信奉基督教。

· ·

❹ re 再度 + vert 转

revert [rɪ'vɜːt] 动 回复

延伸用法 **revert to** 回到……状态 / 主题

▶ The conversation went astray and the chairman had to interrupt so the committee would **revert** to the previous subject.
对话已经离题，主席必须打断对话才能让这场委员会回到先前的主题。

· ·

❺ a 远离 + vert 转

avert [ə'vɜːt] 动 避开

延伸用法 **avert gaze** 避开目光注视

▶ Reluctant to show his vulnerability, Frank **averted** his wife's intense gaze. 法兰克不愿表现出脆弱的一面，只是避开他太太的注视。

💡 延伸补充自然学

vert 的变化型：verse

☆ **averse**	远离 + 转	形 不同意的；反感的
☆ **diverse**	分开 + 转	形 多变化的；多样的
☆ **reverse**	反 + 转	形 倒转的

Unit 088 根 **tain** 握

情境对话试水温

Manager: Lee, make sure you keep **maintaining** good relations with Dill so that we can still **obtain** more projects for BU5 this year.	经理：李，设法确保今年我们能跟迪尔保持良好关系才能为第五事业群拿到更多的项目。
Lee: Yes, sir. I will **retain** on frequenting to their office and ensure they can be impressed by our initiatives and quotations.	李：是的，经理。我会保持常常拜访他们的办公室，确保他们能被我们的举措和报价打动。
Manager: Thanks. But, please also remember to **contain** the quotations of regulatory and **sustaining** parts. We need to **attain** the sales goal this year because the head thinks highly of us bringing in good profits for the company.	经理：谢了。但也请记住，报价须包含监督管理及维持产品后续上市的费用。因为上头很看好我们今年能为公司带来很好的获利，所以我们必须达到今年的业绩目标。
Lee: Copy that.	李：收到。

单词解析零距离

① **main** 手部 ＋ **tain** 握

maintain [meɪnˈteɪn] 🔟 维持

延伸用法 **maintain good relations with ...** 与……保持良好关系

▶ It is important to **maintain** good relations with your neighbors.
与邻居保持良好关系是很重要的。

· ·

② **ob** 加强语气 ＋ **tain** 握

obtain [əbˈteɪn] 🔟 获取

延伸用法 **no longer obtain** 不复存在

▶ Customs such as burying people alive with the dead no longer **obtain** in modern society.
像活人陪葬那样的习俗在现代社会中已不复存在。

---

❸ re 返、回 ＋ **tain** 握

retain [rɪ'teɪn] 动 保持

延伸用法 retain a memory of ... 保有……的记忆

▶ We still **retain** a clear memory of our childhood.
我们仍对童年时光有着清晰的记忆。

---

❹ con 共同 ＋ **tain** 握

contain [kən'teɪn] 动 包含

延伸用法 contain vitamin 包含维生素

▶ Carrots **contain** much Vitamin C.
胡萝卜含有丰富的维生素C。

---

❺ sus 底下 ＋ **tain** 握

sustain [sə'steɪn] 动 承担；维持；承受

延伸用法 be sustained by facts 有事实证明

▶ That the man has reformed himself is **sustained** by facts.
事实证明，那个人已经改过自新了。

---

❻ at 加强 ＋ **tain** 握

attain [ə'teɪn] 动 达成；获得

延伸用法 attain to 到达；达到

▶ It's hard to believe that our little girl has **attained** to marriageable age. 真难相信我们的小女孩已经到达适婚年龄了。

⚡ **延伸补充自然学**

tain 的变化型：ten

⭐ **tenable**　　握＋能够的　　　　形 可维持的

⭐ **tenacious**　　有握住的性质的　　　形 紧握不放的

根 tend 伸

💬 情境对话试水温

Tess: My son **attended** a volunteering program last month, and he just came back last night. He spent more than two hours sharing his experiences. He was responsible for ten kindergarten kids, who gave him a cordial welcome by **extending** their hands in greeting when they first met. The enthusiasm impressed him a lot.

黛丝：我儿子上个月参加了一个志愿者项目，昨晚才回来。他花了两个多小时告诉我们他的体验。他负责十位幼儿园孩子，而这些孩子在他们第一次见面的时候就给了他热烈地欢迎，他们伸出手表示欢迎。这样的热情让他印象很深刻。

Carol: There is a **tendency** for young people to take part in volunteering programs now, especially international ones. My son **intends** to join one in Tanzania next August.

凯萝：参加志愿者项目现在在年轻人中正是一个趋势，尤其是国际志愿者项目。我儿子明年八月也打算参加坦桑尼亚的志愿者项目。

Tess: That would be great! My son is so thankful for what he has now. He now knows there are refugees **contending** with health issues; some refugees' stomachs **distend** because they've been starving for too long, and some are diagnosed with AIDS when they were born. After witnessing all these, there's nothing for him to complain about his life anymore.

黛丝：太棒了！我儿子现在很感恩拥有的一切。当他知道有些难民需要面对健康问题，有些因为长期挨饿而腹部肿胀，有些一出生就被诊断出患有艾滋病，目睹以上这些情况，他对现在的生活也没什么好抱怨的了。

⚡ 单词解析零距离

❶ at 向、朝＋ **tend** 伸

attend [əˈtend] 囫 参加；照料　　　延伸用法 **attend on** 照料

▶ I have to **attend on** my sick brother everyday.
我每天都必须照顾生病的弟弟。

· ·

❷ **con** 共同 ＋ **tend** 伸

contend [kənˈtend] 励 竞争　　　延伸用法 **contend with** 对付、处理

▶ The customer center has to **contend** with complaints from their customers. 顾客服务中心必须处理顾客的抱怨和投诉。

· ·

❸ **dis** 分散 ＋ **tend** 伸

distend [dɪˈstend] 励 膨胀　　　延伸用法 **distended tummy** 腹部肿胀

▶ The child with a **distended** tummy is seriously undernourished.
那个腹部肿胀的小孩有严重的营养不良。

· ·

❹ **ex** 往外 ＋ **tend** 伸

extend [ɪkˈstend] 励 扩张

延伸用法 **extend one's hand in greeting** 伸出手表示欢迎

▶ The man **extended** his hands in greeting when he welcomed his guests. 男子迎接宾客时，伸出手表示欢迎。

· ·

❺ **in** 向内 ＋ **tend** 伸

intend [ɪnˈtend] 励 想要

延伸用法 **intend ... for ...** 打算让……做……

▶ George **intended** his son for a lawyer. 乔治打算让他儿子当律师。

· ·

❻ **tend** 伸 ＋ **ency** 名词后缀

tendency [ˈtendənsi] 名 趋势

延伸用法 **a tendency towards something** 偏好……；有……的倾向

▶ It is obvious that Jack has a **tendency** towards communism.
杰克显然有共产主义的倾向。

💡 延伸补充自然学

tend 的变化型：tent

⭐ **contention**　　　一起伸张　　　名 争辩

⭐ **attentive**　　　向某方向伸的　　　形 注意力集中的

根 **fact**　制作、做

情境对话试水温

Tina: Jake told me today that his dad runs a **factory** that **manufactures** wooden products.

蒂娜：杰克今天跟我说他爸爸在经营一家生产木制品的工厂。

Gina: Also, his dad is a very generous **benefactor** for the association of ex-criminals. He even visits the prison once a month to give lessons on making **artifacts** using wood.

吉娜：还有，他爸爸还是对刑满释放者协会非常慷慨的大善人，甚至每个月都会去监狱教大家用木头制作艺术品。

Tina: The prisoners may be evil **malefactors** to the public; but for him, they are normal people that deserve equal respect and rights.

蒂娜：也许这些罪犯在大众眼中是坏人，但对他来说，他们也是值得公平地受到尊重及享有权利的普通人。

单词解析零距离

❶ **fact** 制作、做 ＋ **ory** 名词后缀，表示地方

factory ['fæktri] 名 工厂

延伸用法 textile factory 纺织厂

▶ Laborers in the textile **factory** are often subject to long working hours and inadequate pay.
纺织厂的员工经常受制于工时长、薪水低。

❷ **manu** 手 ＋ **fact** 制作、做 ＋ **ure** 动词后缀

manufacture [ˌmænjuˈfæktʃə(r)] 动 制造

延伸用法 **manufacture car parts** 生产汽车零件

▶ My dad's company specializes in **manufacturing** car parts.
我爸爸的公司专门生产汽车零件。

❸ **bene** 好 ＋ **fact** 制作、做 ＋ **or** 名词后缀，表示物品

benefactor [ˈbenɪfæktə(r)] 名 捐助人；恩人

延伸用法 **generous benefactor** 慷慨大方地赞助

▶ He is not only a well-respected business tycoon but also a generous **benefactor** who donates millions of dollars to multiple charities every month.
他不仅是一位备受尊崇的商业巨擘，更是一位慷慨大方的赞助人，每个月捐赠上百万美元给不同的慈善单位。

❹ **arti** 艺术；技术 ＋ **fact** 制作、做

artifact [ˈɑːtɪfækt] 名 工艺品；手工艺品；加工品

延伸用法 **prehistoric artifacts** 史前文物

▶ The excavation of prehistoric **artifacts** requires great deal of patience.
挖掘史前文物需要足够的耐心。

❺ **male** 恶 ＋ **fact** 制作、做 ＋ **or** 名词后缀

malefactor [ˈmælɪfæktə(r)] 名 罪犯

延伸用法 **be treated like a malefactor** 被当成罪犯看待

▶ They shouldn't be treated like a **malefactor** but fairly.
他们不应该被当作罪犯，而应被公平对待。

⚡ **延伸补充自然学**

fact 的变化型：fect

☆ **perfect**　　　　贯穿 ＋ 制作　　　　形 完美的

☆ **infect**　　　　往内 ＋ 制作　　　　动 感染

Unit 091

根 **gest** ... 搬运、携带

情境对话试水温

Track 091

Owen: One of my students **gestured** to me in class today and signified that he needs to use the toilet. He's been doing that several times in the past month. I think he might have some **digestive** problems.

欧文：我的一个学生今天在课堂上向我比手势示意他要上厕所，这个月他这样做已经很多次了。我觉得他可能有一些消化问题。

Tanya: I suffer from the opposite condition! I've been constipated for days. It feels like all the food I consume are **congested** in the stomach and never going down.

坦雅：我正好相反！我已经便秘好几天了。感觉就像我吃的所有食物都在塞在胃里并且出不来。

Owen: I **suggest** both of you go see a doctor and watch very carefully what food you are **ingesting**.

欧文：我建议你们两个去看医生，且要特别注意你们的日常饮食。

单词解析零距离

❶ **gest** 搬运、携带 ＋ **ure** 名词后缀

gesture ['dʒestʃə(r)] 名 姿势；手势

延伸用法 make a gesture of 做……的动作

▶ The man made a **gesture** of refusal with his head when the police requested for his driver's license.
当警察要求这男子出示他的驾照时，他摇头拒绝了。

• •

❷ **di** 分离 ＋ **gest** 搬运、携带 ＋ **ive** 形容词后缀

digestive [daɪ'dʒestɪv] 形 消化的；助消化的

延伸用法 **digestive organs** 消化器官

▶ As we get old, the **digestive** organs begin to retrograde, hence the smaller appetite.
随着我们年纪越大，消化器官开始退化，因此食量也会变小。

❸ **con** 一同 ＋ **gest** 搬运、携带

congest [kənˈdʒest] 励 使拥挤

延伸用法 **congested traffic** 交通堵塞

▶ The **congested** traffic on the highway obstructed the rescue operation.
高速公路上交通堵塞，妨碍了救援行动。

❹ **sug** 向上 ＋ **gest** 搬运、携带

suggest [səˈdʒest] 励 建议

延伸句式 **suggest that** 建议

▶ The supervisor shook her head with disapproval and **suggested** that we rewrite the proposal.
主管摇摇头表示不满意并建议我们重写提案。

❺ **in** 向内 ＋ **gest** 搬运、携带

ingest [ɪnˈdʒest] 励 吸收；咽下；摄取

延伸用法 **ingest calories** 摄取热量

▶ When going on a diet, people tend to be wary about how much calories they are **ingesting**.
在减肥的时候，大家往往对自己摄取的热量很谨慎。

延伸补充自然学

✩ **decongest** 除去 ＋ 拥挤的现象 励 消除拥挤

根 **pos(e)** 放置

💬 情境对话试水温

Ella: Tony is going to **propose** to Emily with a song written by a well-known **composer**. It's customized song that depicts their relationship.

艾拉：托尼将要以一首由知名**作曲家**所创作的歌曲跟埃米莉**求婚**了。那是一首专门为他们交往时光所写的歌呢。

Rio: I know. The plan is cool, but it's **exposed** now, and Emily is quite upset Tony told everybody about his plan. Moreover, Emily's parents are **opposed** to their marriage because he's not the second generation of the rich. They even asked Tony to put a huge amount of money in Emily's **deposit** account.

里奥：我知道啊，这个计划很酷，但现在**曝光**了。埃米莉还蛮生气托尼到处跟别人说他的计划。而且因为托尼不是富二代，所以埃米莉的爸妈**反对**这门亲事。他们甚至要求托尼存入一笔巨款到埃米莉的**存款**账户里。

Ella: Too bad. It's really difficult for them to get married.

艾拉：太糟了，他们要结婚根本是一波三折。

⚡ 单词解析零距离

❶ pro 往前 ＋ **pose** 放置

propose [prə'pəʊz] 励 提议；求婚

延伸用法 propose a toast 提议为……干杯

▶ He **proposed** a toast to the prize winner.
他提议为得奖者干杯。

❷ com 一起 ＋ **pos** 放置 ＋ **er** 人

comp**os**er [kəm'pəʊzə(r)] 名 作曲家

延伸用法 music composer 音乐作曲家

▶ Beethoven is one of the most remarkable music **composers** in history.
贝多芬是史上最卓越的音乐作曲家之一。

- -

❸ ex 向外 ＋ **pose** 放置

expose [ɪk'spəʊz] 动 暴露

延伸用法 expose ...to ... 使……接触……

▶ We should avoid **exposing** ourselves to second-hand smoke.
我们应该避免吸入二手烟。

- -

❹ op 相反 ＋ **pose** 放置

oppose [ə'pəʊz] 动 反对

延伸用法 be opposed to 反对……

▶ The villagers are **opposed** to a new nuclear power plant in the village.
村民反对在村里兴建新的核电厂。

- -

❺ de 往下 ＋ **pos** 放置 ＋ **it** 走动

deposit [dɪ'pɒzɪt] 名 押金

延伸用法 safe deposit 保险箱

▶ The woman keeps all her jewelry in the safe **deposit**.
妇人将她所有的首饰都放在保险箱里。

⚡ 延伸补充自然学

☆ **depose**	往下放	动	罢黜
☆ **reposit**	放回去	动	使……恢复
☆ **interpose**	放在……之间	动	打岔、插话
☆ **transpose**	换放的位置	动	换位置

根 lev, lieve 举、轻

情境对话试水温

Bobby: Did you know the **elevator** in our office building free fell last Monday with the general manager and several other colleagues inside?	鲍比：你知道我们公司大楼的电梯上周一自由下坠吗？当时里面还有总经理和其他几位同事。
Ruth: What?!	露丝：什么？
Bobby: Don't panic. You will be **relieved** to hear that no one was hurt.	鲍比：别惊慌，听到没有人受伤你就会松一口气了。
Ruth: But still, it sounds very scary.	露丝：但是听起来还是非常可怕。
Bobby: Exactly, going down at that rapid speed, everyone inside the elevator must have been **levitating** in mid-air.	鲍比：没错，高速掉落，电梯里每个人一定都飘起来了。
Ruth: It frightens me just to imagine it. My dad always educates me that when such thing happens, I should grab onto the hand rail and slightly bend the knees to **alleviate** the impact of the crash when it lands. I wonder if that actually helps.	露丝：光是想象就让我害怕，我爸爸总告诉我，当这种事情发生时，我应该抓住扶手并稍微弯曲膝盖，以减缓坠落时撞击的影响，不知道到底有没有用。
Bobby: I am thinking about joining the International Balloon festival this year.	鲍比：我正考虑参加今年的国际气球节。
Ruth: Is this question even **relevant** to our discussion right now?!	露丝：这个问题跟我们正在讨论的有关吗？

单词解析零距离

❶ re 再度 + lieve 轻

relieve [rɪ'liːv] 动 缓和，减轻；解除

延伸用法 relieve stress 舒缓／纾解压力

▶ Mediation is said to be helpful to relieve the stress.
据说冥想对纾解压力很有帮助。

❷ e 往外 + lev 举 + at(e) 进行一项行为 + or 名词后缀

elevator ['elɪveɪtə(r)] 名 电梯；升降机；起重机

延伸用法 ride the elevator 搭电梯

▶ Speak sparingly to avoid disturb others when riding the elevator.
搭乘电梯时，请尽量避免说话而打扰他人。

❸ lev 举 + i + ate 动词后缀，表示使行动

levitate ['levɪteɪt] 动 升空，飘浮

延伸用法 levitate from the ground 飘浮到空中

▶ All the audience was dumbfounded when the magician levitated from the ground.
当魔术师飘浮到空中时，所有观众都傻住了。

❹ al 向、朝 + lev 轻 + iate 进行一项行为

alleviate [ə'liːvieɪt] 动 减轻

延伸用法 alleviate bad mood 缓解坏心情

▶ Fast foods are the best remedies to alleviate bad mood.
吃速食是舒缓坏心情的绝佳方法。

❺ re 再度 + lev 举 + ant 形容词后缀

relevant ['reləvənt] 形 有关的；切题的；恰当的

延伸用法 relevant to 和……有关

▶ The agent of the super star demanded the reporters ask questions relevant to the topic.
这位巨星的经纪人要求记者问与该主题相关的问题。

根 scend 攀爬、上升

情境对话试水温

🎧 *Track 094*

Alex: Did you know that Bob Miller, the showbiz super star, is the **descendant** of the business tycoon, Frank Miller?

亚历克斯：你知道演艺界超级巨星鲍勃·米勒是商业大亨弗兰克·米勒的**后代**吗？

Ruby: You mean Miller as in the Miller Enterprise? The company that was founded in 1949 and quickly **transcended** all its competitors and **ascended** to be the top conglomerate in the world and remained its status even til now?

鲁比：你是说米勒企业的那个米勒？那家1949年成立，快速**超越**所有竞争对手，成为世界**顶尖**的企业集团，到现在仍保持其地位的米勒企业吗？

Alex: Yes, THAT Miller.

亚历克斯：没错，是那家米勒。

Ruby: Wow. With that kind of family glory and fame, you'd expect Bob Miller to be the most **condescending** and arrogant celebrity ever. But instead, he's polite, humble, and sweet to all his fans.

鲁比：哇。有这种家庭的光环和名气，你应该会觉得鲍勃·米勒是最**高傲**和傲慢的明星。但正好相反，他对所有粉丝都很有礼貌，又谦虚又贴心。

Alex: Exactly the reason why the Miller family's reputation has never **descended** the least bit even after 70 years in the spotlight.

亚历克斯：正因如此，才让米勒家的名声能够在聚光灯下维持其地位，还能七十年不**坠**。

单词解析零距离

❶ **de** 往下 + **scend** 上升 + **ant** 名词后缀，表示人

descendant [dɪ'sendənt] 名 后代

延伸用法 descendant of ……的后裔

▶ As the **descendant** of one of the century's most celebrated musician, Annie is expected to be born with innate music talents.
作为本世纪最出名的音乐家之一的后代，安妮被冀望生来有着极高的音乐天赋。

---

❷ trans 穿越 ＋ scend 攀爬

transcend [træn'send] 动 超越

延伸用法 **transcend time and space** 超越时间跟空间

▶ Hatred is only temporary while love can easily **transcend** time and space. 仇恨只是暂时的，而爱才能够轻易地超越时空。

---

❸ a 朝向 ＋ scend 攀爬、上升

ascend [ə'send] 动 攀升；登上

延伸用法 **ascend the throne** 当上国王／女王

▶ The whole nation witnessed with excitement as the prince finally **ascends** the throne.
当王子登上王位时，全国百姓都见证了这一兴奋的时刻。

---

❹ con 全 ＋ de 向下 ＋ scend 攀爬 ＋ ing 形容词后缀

condescending [ˌkɒndɪ'sendɪŋ] 形 高傲的

延伸用法 **condescending tone/attitude** 高人一等的语气／态度

▶ The supervisor divides the work among employees with a **condescending** attitude.
主管用一种高人一等的态度在分配工作给员工。

---

❺ de 向下 ＋ scend 攀爬

descend [dɪ'send] 动 下降

延伸用法 **the night descends** 夜幕落下

▶ As the night **descends**, the nocturnal animals leave their lairs to begin the day.
随着夜幕降临，夜行性动物离开洞穴开始一天的活动。

根 flect 弯曲

Hans:	How did you spend your weekend?	汉斯：你周末怎么过？
Ursula:	I went to a Catholic church with my mother-in-law and she showed me how they worship. Everyone was **genuflecting** on one knee as a pledge of service.	乌苏拉：我跟婆婆去了天主教堂，她向我示范如何祷告，每个人都单膝跪地表示诚意。
Hans:	I am more of an atheist so I find it hard to understand those religious rituals.	汉斯：我其实是一个无神论者，所以我很难理解这些宗教仪式。
Ursula:	Then you should definitely come next time. Just one visit and they have completely converted me into a believer.	乌苏拉：那你下次一定要一起来，我才去一次他们就完全把我变成信徒。
Hans:	How's that so?	汉斯：怎么说？
Ursula:	The **inflection** in the priest's voice are so soothing that I can feel all my worries fly away, but the message in his preach are so powerful to an extent that it can make bullets **deflect**.	乌苏拉：牧师的语调非常镇静，我可以感受到所有烦恼瞬间消失，但他的讲道所传递的信息非常强大，大到感觉能让子弹转弯。
Hans:	Wow. They have totally got into your head.	汉斯：哇，你完全被他们洗脑了。
Ursula:	Don't be so mean and sarcastic. Just start with reading the Bible. All Gods' wisdom is **reflected** in the book.	乌苏拉：别那么刻薄又讽刺，赶快开始读《圣经》，众神的智慧都反映在书中。
Hans:	I will consider your **unreflective** remark as a temporary mental lapse and that this conversation never happened.	汉斯：我就当作你这些未经反思的话只是暂时精神错乱，而我们从来没聊过这些。

单词解析零距离

❶ genu 膝盖 ＋ **flect** 弯曲

genuflect [ˈdʒenjuflekt] 动 屈膝；跪（尤指为了膜拜）

延伸用法 genuflect before the altar　在祭坛前跪拜

▶ She **genuflected** before the altar, but her face was unreadable.
她在祭坛前跪拜，但面无表情。

- -

❷ in 往内 ＋ **flect** 弯曲 ＋ **ion** 名词后缀

inflection [ɪnˈflekʃn] 名 变音；转调；弯曲；曲折变化

延伸用法 the mastery of inflection　对语调的精通

▶ The mastery of **inflection** is particularly important when giving a speech. 在演讲时，对于音调的掌握是很重要的。

- -

❸ de 去除 ＋ **flect** 弯曲

deflect [dɪˈflekt] 动 使……偏斜

延伸用法 deflect the attention away from　从……转移走注意力

▶ Wear clothes with low-key color when you attend a wedding in order not to **deflect** the attention away from the bride.
参加婚礼时穿着低调色的服装，是为了不要抢走新娘的风采。

- -

❹ re 返 ＋ **flect** 弯曲

reflect [rɪˈflekt] 动 反射；照出；映出；反映

延伸用法 reflect in　反映在……

▶ His complete lack of sympathy is well **reflected** in his reaction to this tragic event.
从这一悲剧事件可以完整地看出他这个人完全没有同情心。

- -

❺ un 否；无 ＋ **re** 返 ＋ **flect** 弯曲 ＋ **ive** 形容词后缀

unreflective [ˌʌnrɪˈflektɪv] 形 粗心大意的

延伸用法 unreflective action　未经深思熟虑的行动

▶ Your hasty and **unreflective** action has seriously undermined our operation.
你急躁又粗心的行为严重地影响了我们的营运。

Unit 096  **根 sid(e), sess** 坐

💬 情境对话试水温　　　🎧 *Track 096*

Cynthia: I saw on the news that the **residents** of the eastern neighborhood are demonstrating before the city government today.	辛西娅：我在新闻中看到东区的居民今天在市政府前示威。
Peter: Why? What happened?	彼得：为什么？发生什么事了？
Cynthia: That part of the city is **subsiding** due to inappropriate land development. Apparently the government has been taking bribes from companies and issuing licenses to projects that have never passed the environmental assessment.	辛西娅：不当的土地开发，使这个城市的其中一区正在下陷。很明显地，政府一直在受贿，并发放许可证给未通过环境评估的项目。
Peter: Shouldn't the authority provide some kind of **subsidy** to the residents?	彼得：当局难道不该提供一些津贴给居民吗？
Cynthia: They did. But the amount was dismally small and the government speaker was caught on camera saying something like "Those people should stop being **obsessed** with lands".	辛西娅：有呀，但非常少，而且政府发言人还被拍到说："民众不该执着于那些土地。"
Peter: How could she say that? The residents not only legally **possess** those lands but also have emotional attachment to the houses. They have every right to be angry with the government.	彼得：她怎么讲这种话？居民不只合法拥有这些土地，还对这些房子有感情，他们完全有权利对政府发脾气。

单词解析零距离

1 re 返回 ＋ sid 坐 ＋ ent 名词后缀

resident [ˈrezɪdənt] 名 居民；定居者

延伸用法 resident of/ in ……的居民

▶ She is currently a **resident** in Sydney.
她目前定居在悉尼。

2 sub 在下面 ＋ side 坐

subside [səbˈsaɪd] 动 退落；消退；消失

延伸用法 subside rapidly 快速消退

▶ The water **subsides** rapidly after the plug was removed.
把塞子移除后，水很迅速地就消退了。

3 sub 在下面 ＋ sid 坐 ＋ y 名词后缀

subsidy [ˈsʌbsədi] 名 津贴；补贴；补助金

延伸用法 provide subsidy 提供补助

▶ The government provides **subsidy** for companies that recruit foreign workers. 政府提供补助给雇用外籍劳工的公司。

4 ob 朝向 ＋ sess 坐

obsess [əbˈses] 动 迷住；使着迷；缠住

延伸用法 be obsessed with/over 为……着迷

▶ You should stop **being obsessed with** other's opinions and start thinking independently. 你该停止执着于别人的意见，而开始独立思考。

5 pos 能够 ＋ sess 坐

possess [pəˈzes] 动 拥有，持有

延伸用法 possess ... qualities 有……的特质／特性

▶ The herb **possesses** healing qualities and is often used in doctor prescriptions. 这种草药具有治疗功效，经常出现在医生的处方上。

根 act 行动

💬 情境对话试水温

Emily: Do you know the leading **actor** in that **action** movie is going to our city for the movie premiere? I'm literally on cloud nine!	埃米莉：你知道那部动作片的主要演员将要到我们城市举办电影首映会吗？我真的乐翻了！
Gigi: Compose yourself! Don't **react** overly. Have you got the tickets to the premiere?	吉吉：冷静一点！别反应过度了。你拿到首映会的门票了吗？
Emily: Definitely! Do you know there will be one lucky audience who can have the opportunity to **interact** with him? I want to be the one!	埃米莉：当然啊！你知道将会有一位幸运的观众可以与他互动吗？我想当那个人！
Gigi: In **actual** fact, I heard that there will be more than one audience able to get close to him. But we will only know the **exact** number when we are there.	吉吉：事实上，我听说不止一位观众可以与他接触，但我们需要到那时才会知道准确的人数。
Emily: Really? Keep our fingers crossed!	埃米莉：真的吗？让我们祈求好运吧！

⚡ 单词解析零距离

❶ act 行动 ＋ **or** 人

actor [ˈæktə(r)] 名 演员

延伸用法 leading actor 男主角

▶ Tom is the leading **actor** of this lousy movie.
汤姆是这部烂片的男主角。

2 act 行动 + ion 表示行为

action ['ækʃn] 名 动作

延伸用法 action movie 动作片

▶ It seems so easy to hack a computer in action movies.
动作片里演得好像很容易入侵别人的电脑。

3 re 再次 + act 行动

react [ri'ækt] 动 做出反应

延伸用法 react on 影响

▶ The rise in oil price has reacted on the price of food.
油价的上涨已经影响了食物价格。

4 inter 互相 + act 行动

interact [ˌɪntər'ækt] 动 互动

延伸用法 interact with 与……相互作用

▶ All things are interrelated and interacted with each other.
一切事物都是相互联系又相互作用的。

5 act 行动 + ual 形容词后缀，表示属于……的

actual ['æktʃuəl] 形 实际上的

延伸用法 in actual fact 事实上

▶ Sarah looks younger than his husband, but in actual fact she is older.
莎拉看起来比她丈夫年轻，可是实际上她年龄更大。

6 ex 向外、之前的 + act 行动

exact [ɪg'zækt] 形 精确的

延伸用法 exact time 准确时间

▶ Could you tell me the exact time now?
请你告诉我现在准确的时间好吗？

根 **ambul** 走动、行走

💬 情境对话试水温 🎧 *Track 098*

Cindy: How's work in the hospital recently?	辛蒂：最近医院工作怎么样？
Candice: As stressful as always. Some are bed-ridden, some are **ambulant**, but both kinds require huge amount of attention.	坎迪丝：老样子，压力很大。有些人卧床不起，有些人还能走动，但这两种都很需要人力照顾。
Cindy: Really? I thought those who can **ambulate** are more capable of caring for themselves.	辛蒂：是吗？我以为那些可以走动的人比较有能力照顾自己。
Candice: We need to keep ourselves on high alert 24/7. Some nurses are so tired that they started to develop mental illness like insomnia. The other day we even got a nurse **somnambulating** in the hallway during her shift.	坎迪丝：我们需要 24 小时保持高度警觉。有些护理师太累了，就开始出现像是失眠等精神问题。前几天，我们甚至有个护理师值班时间在走廊上梦游。
Cindy: You should take some time off work and travel abroad.	辛蒂：你应该抽空休个假或出国旅行。
Candice: Or just take a break and **perambulating** in a nearby park will do.	坎迪丝：其实只要稍微休息一下，或在附近的公园晃晃就好了。
Cindy: That's how tired you are, huh? Come on! Imagine yourself **circumambulating** Champ de Mars while admiring the beauty of Eiffel tower.	辛蒂：可见你有多累，是吧？来吧！想象一下，你欣赏埃菲尔铁塔美景的同时绕着战神广场打转的场景。
Candice: That does sound tempting.	坎迪丝：这听起来好诱人。

单词解析零距离

❶ ambul 行走、行动 + **ant** 名词后缀，表示做某事的人

ambulant ['æmbjələnt] 彤 【医】（病人）可走动的；（治疗时）病人不需卧床的

延伸用法 **ambulant patient** 可行走的病人

▶ The hospital is renovating its facilities to better care for the **ambulant** patients.
这家医院正在修缮院内设备，让病患能享有更好的医疗照护。

- -

❷ ambul 行走、行动 + **ate** 动词后缀

ambulate ['æmbjuleɪt] 动 移动、步行

延伸用法 **ambulate in** 在……走动

▶ Only one day after regaining consciousness, she has started **ambulating** in the room. 在恢复意识的隔天，她已开始在房间里走动。

- -

❸ somn 睡眠 + **ambul** 行走、行动 + **ate** 动词后缀

somnambulate [sɒm'næmbjuleɪt] 动 梦游

▶ He **somnambulates** — he walks in his sleep and climbs back to bed without remembering anything.
他梦游了——在睡梦中踱步，然后爬回床上，完全不记得任何过程。

- -

❹ per 贯穿 + **ambul** 行走、行动 + **ate** 动词后缀

perambulate [pə'ræmbjuleɪt] 动 走过；在……散步；巡行于；勘查

延伸用法 **perambulate up and down** 在……到处漫步、徜徉

▶ Betty's dad was fired a month ago, but he wouldn't face the reality and still dresses himself in suit and tie, **perambulating** up and down the plaza before the company. 贝蒂的爸爸上个月被解雇，但他不愿面对现实，仍穿西装打领带，在公司前的广场闲晃。

- -

❺ circum 周围 + **ambul** 行走、行动 + **ate** 动词后缀

circumambulate [ˌsɜːkəm'æmbjuleɪt] 动 巡行

延伸用法 **circumambulate the wall** 绕着墙走

▶ She **circumambulated** the wall while murmuring to herself.
她绕着墙走，一边自言自语。

Unit 099 根 cede, ceed
行走、移动、屈服

情境对话试水温

🎧 *Track 099*

Frank: Great job on your proposal, Yuna! Your performance has greatly **exceeded** my expectation.

法兰克：你的建议很棒，尤娜！你的表现大大**超出**了我的预期。

Yuna: Thank you, sir!

尤娜：谢谢你，长官！

Frank: The research you did was so thorough and clear that I can imagine all the hard work **preceding** this proposal.

法兰克：你做的研究非常彻底又清楚，我可以想象准备这个提案**之前**的所有辛苦。

Yuna: I will **proceed** with the same diligence towards job and will not let you down.

尤娜：我会**继续**努力工作，不让你失望的。

Frank: Keep up with the good work. In order to **succeed** as a project manager, you need to dedicate 100% of yourself into this job. Just take a look at my **receding** hairline and you will understand.

法兰克：继续做好工作吧，要**成功**成为项目经理，您必须将100%的精力投入到这个项目中，你看我逐渐**退后**的发际线你就会明白的。

单词解析零距离

1 ex 向外 + **ceed** 移动

exceed [ɪk'siːd] 动 超过；胜过

延伸用法 exceed (number) 超过……数字

▶ The wind velocity **exceeds** 20km and the weather bureau has declared a state of emergency.
这风速超过20千米（每小时），气象局已经发布警报。

2 pre 前、在前 + **cede** 移动

precede [prɪ'siːd] 动 （顺序、位置或时间上）处在……之前

延伸用法 **be preceded by** 前面有……

▶ The afternoon session will be **preceded** by a luncheon to which all keynote speakers are invited.
下午会议开始之前还有场午餐研讨会，所有专题讲师均受邀参加。

- -

③ pro 时间或空间上较前的 ＋ **ceed** 移动

proceed [prə'siːd] 动 继续进行；继续做；开始；着手

延伸用法 **proceed with caution** 谨慎行事

▶ The police are advised to **proceed** with caution in order not to enrage the abductor.
这个警察被要求谨慎行事，以免激怒绑匪。

- -

④ suc 向下 ＋ **ceed** 移动、屈服

succeed [sək'siːd] 动 成功；获得成效

延伸用法 **succeed in** 在……成功

▶ He didn't **succeed** in getting the promotion.
他并没有升迁成功。

- -

⑤ re 往回 ＋ **cede** 移动、屈服

recede [rɪ'siːd] 动 收回、撤回

延伸用法 **recede into the distance** 从远方淡出

▶ As the car moves forward, I watched my mom **receding** into the distance.
随着车往前开，我看着我妈妈从远方淡出。

延伸补充自然学

✡ **inter**cede　　　向内 ＋ 屈服　　　动 仲裁；说项；求情

Unit 100  根 **cur(r)** 跑

💬 情境对话试水温

Dennis: Where's the destination of our next school **excursion**?	丹尼斯：我们下次户外教学是去哪里？
Ethan: I heard that the student association had a closed-door meeting last Friday and decided on Sanya.	伊桑：听说学生会上周五开会，决定去三亚。
Dennis: Sanya? Really? Wasn't there supposed to be a poll? It's not the first time this has **occurred**. There have been several instances where such black-room deals were made ever since the new chairman was elected.	丹尼斯：三亚？真的吗？不是应该要投票吗？这不是第一次发生了。自从新的主席当选以来，已经有很多次暗箱操作。
Ethan: Come to think of it … the **current** student association has indeed failed at representing our voices.	伊桑：你想想……目前的学生会确实没有人替我们发声。
Dennis: If events like this keep **recurring**, I am sure they will **incur** unnecessary protest and anger from all students.	丹尼斯：如果这样的事件继续发生，我相信他们会引发所有学生不必要的抗议和怨气。

⚡ 单词解析零距离

❶ **ex** 向外 ＋ **cur** 跑 ＋ **sion** 名词后缀，表示行为

excursion [ɪkˈskɜːʃn] 名 远足；短途旅行

延伸用法 excursion to 去……远足、短程旅行

▶ After an **excursion** to Europe, he's relieved of all pressure from work.
结束了短暂的欧洲行，他释放了工作上所有的压力。

❷ **oc** 向 ＋ **cur** 跑

occur [əˈkɜː(r)] 勔 发生；出现；存在

延伸用法 occur to 想到

▶ Has it ever **occurred** to you I am a person with feelings too?
你有没有想过我也是个有情感的人？

❸ **curr** 跑 ＋ **ent** 形容词后缀，表示……状态的

current [ˈkʌrənt] 形 目前的；现时的，当前的；现行的；通用的

延伸用法 under the current circumstances 在目前的情况下

▶ No one will be allowed to leave this room without my consent under the **current** circumstances.
以目前情况来看，没有人能够不经我允许就离开这个房间。

❹ **re** 再次 ＋ **cur** 跑

recur [rɪˈkɜː(r)] 勔 再发生；复发；（往事等）再现；重新忆起

延伸用法 recur periodically 周期性复发

▶ This disease is incurable and will **recur** periodically, so we suggest that you make regular visit to the hospital.
这种病无法根治，且会定期复发，所以我们建议你定期去医院就诊。

❺ **in** 向内 ＋ **cur** 跑

incur [ɪnˈkɜː(r)] 勔 带来；招致

延伸用法 be incurred by 由……承担

▶ The company will be responsible for all the costs **incurred** by this accident.
这家公司会针对此意外所产生的所有费用负责。

延伸补充自然学

cur的变化型：curs

☆ **cursory** 跑 ＋ 形容词后缀 　　　　 形 匆忙的；粗略的

☆ **precursor** 前的 ＋ 跑 ＋ 名词后缀，表示人 　名 前导；先驱；前辈

Unit 101 根 vene(t) 来

情境对话试水温

🎧 *Track 101*

Ottis: Did you hear that one of the buyers secretly **intervened** in the bidding process in his own favor?

奥蒂斯：你有没有听说其中一位买家为了自己的利益而秘密介入竞标过程？

Ryan: That's clearly **contravening** the terms and conditions!

莱恩：这完全违反规则！

Ottis: Exactly. I think the council is **convening** a meeting today to discuss it.

奥蒂斯：没错。我认为理事会今天会召开会议讨论这个问题。

Ryan: I hope they could come up with some practical solutions to **prevent** similar events from happening again.

莱恩：希望他们能够提出一些实际可行的解决方案，防止类似事件再发生。

Ottis: I still can't believe that the buyer would risk the reputation of his own company and venture into doing such a thing.

奥蒂斯：我还是无法相信买家会拿自己公司的声誉冒险做这样的事情。

Ryan: Do you know the **venue** of the meeting today? I'd like to sit in and hear all the details regarding this matter.

莱恩：你知道今天会议的地点吗？我想坐下来听听有关这件事的所有细节。

单词解析零距离

❶ inter 在……中间 ＋ **vene** 来

intervene [ˌɪntəˈviːn] 动 介入、干预

延伸用法 **intervene in** 干涉……

▶ Some people tend to shy away from **intervening** in their neighbor's domestic affairs. 有些人通常会避开邻居的家务事。

② contra 反 + vene 来

contravene [ˌkɒntrəˈviːn] 圆 违反（法律、规定）

延伸用法 contravene the law 违反法律

▶ Any citizens whose behavior **contravenes** the law should be punished accordingly. 任何有违反法律行为的公民都应受到相对的惩罚。

③ con 一并 + vene 来

convene [kənˈviːn] 圆 集会；聚集

延伸用法 convene a meeting/ conference 召开会议

▶ The board **convened** an urgent meeting to replace the CEO.
董事会召开紧急会议要撤换总裁。

④ pre 前面 + vent 来

prevent [prɪˈvent] 圆 防止；预防；阻止；制止

延伸用法 prevent... from... 避免……再次发生

▶ A legally binding contract should be signed in order to **prevent** business fraud from happening again.
应该要签一份具法律效力的合约，避免商业诈欺等事件再次发生。

⑤ ven 来 + ue 名词后缀

venue [ˈvenjuː] 图（事件、行动等的）发生地；集合地

延伸用法 choice of venue 地点的选择

▶ The choice of **venue** decides whether the party will be successful or not. 场地的选择决定了此政党是否会成功。

延伸补充自然学

| ☆ **e**vent | 前 + 来 | 图 事件 |
| ☆ **ad**vent | 朝向 + 来 | 图 出现；到来；基督降临；降临节 |

根 **sist** 抵挡、站立

🗨 情境对话试水温

Volunteer: This refugee camp **consists** of at least 100 refugees who came from the chaos of the war as well as 15 volunteers from UN to **assist** those people for daily necessities and support.

志愿者：这个难民营由至少一百位从战乱逃出的难民和为了**帮助**他们生活起居的十五位来自联合国的志愿者**组成**。

Correspondent: It's very sad for me to see them being unable to **subsist** on their own because their home was destroyed. I know they also wanted to **resist** the totalitarians, but all they can do was so scarce that they couldn't fight back.

通讯记者：看着他们因为家园被摧毁而不能自力**更生**，我感到很伤心。我知道他们也想反抗这些极权分子，但他们能做的是这么微薄，微薄到无法反击。

Volunteer: Even though they couldn't do much but stay alive bravely, they should also **persist** in their efforts to rebuild their home. I believe if the rest of the world draw together, the peace breakers can be eliminated soon.

志愿者：即使他们能做的不多，但现在唯一能做的就是勇敢地活下去。他们也应该坚持下去，重建他们的家园。我相信如果全世界能团结在一起，将能很快歼灭和平破坏分子。

 单词解析零距离

❶ **con** 共同 ＋ **sist** 站立

consist [kən'sɪst] 动 由……组合而成

延伸用法 consist with 一致、符合

▶ The evidence **consists** with his confession.
证据与他的供词相符。

2 **as** 向、朝 ＋ **sist** 站立

assist [ə'sɪst] 动 帮忙

延伸用法 **assist at** 到场、出席

▶ Please **assist** at the ceremony on time.
请准时出席典礼。

3 **sub** 下 ＋ **sist** 站立

subsist [səb'sɪst] 动 生存

延伸用法 **subsist on** 靠……活下去

▶ How can the poor woman **subsist** on such a small income?
这位贫穷的妇女靠如此微薄的收入怎么能活下去呢？

4 **re** 加强 ＋ **sist** 抵挡

resist [rɪ'zɪst] 动 反抗

延伸用法 **resist disease** 抵抗疾病

▶ Strengthen your immunity in order to **resist** diseases.
增强你的免疫力以抵抗疾病。

5 **per** 贯穿 ＋ **sist** 抵挡

persist [pə'sɪst] 动 坚持

延伸用法 **persist in** 坚持

▶ We should call up all our courage and **persist** in what we are engaged in.
我们应当鼓足勇气，坚持我们从事的事业。

💡 延伸补充自然学

☆ **de**sist	解除站立的状态	动	停止
☆ **as**sistant	站在旁边的人	名	助手
☆ **per**sistent	能够始终站立着的	形	持久的

朝向、动作的进行、不、加强语气

 情境对话试水温

🎧 *Track 103*

Andy: Hey, Dave. What's up? Why do you look so bothered?

安迪：嘿，戴夫！发生什么事了？你为什么看起来这么懊恼？

Dave: Man, I'm screwed. It all **arose** from the financial crisis I am encountering now. My **avocation** of a French restaurant is on the edge of bankruptcy. I have fancied this could work and lead my family to a better life. However, it all changed when my partner made off with loads of money.

戴夫：老兄，我真的完蛋了。这全是我目前面临的财务危机而引起的。我的副业经营的一家法式餐厅即将面临破产，我曾经想着它能够成功，能带给我家人更好的生活。然而，一切都变了，因为我的合伙人卷款潜逃了。

Andy: Oh, that's terrible. How did your wife react over this now?

安迪：哦，真是太糟了！那你妻子是如何看待这件事的？

Dave: Don't even mention her. Wherever I am **awake**, I can hear my wife complaining **aloud** on the phone for not giving her the life I once promised and even claiming she's leaving me.

戴夫：别提了。只要我醒着，我就会听到我妻子在电话里大声抱怨我没给到她我承诺过的生活，而且还嚷嚷着要离开我。

Andy: Well, man. I'm really sorry about that. You should try to turn to the bank for debt agreement first. Let me know if there's anything I can help. Take care.

安迪：嗯，老兄，我真的对此感到很抱歉。你应该先试着寻求银行的贷款。如果有需要我帮忙的地方，再跟我说吧！保重！

单词解析零距离

1 **a** 朝向 + **rise** 产生；引起

arise [ə'raɪz] 动 产生，引起

延伸用法 arise from ... 由……引起

▶ His illness **arose** from excessive work. 他的病是工作过度所引起的。

· ·

2 **a** 远离 + **vocation** 职业

avocation [ˌævəʊ'keɪʃn] 名 副业

延伸用法 life-long avocation 终身的业余爱好

▶ Jimmy regards photography as his life-long **avocation**.
吉米将摄影视为他终身的业余爱好。

· ·

3 **a** 加强语气 + **wake** 醒着

awake [ə'weɪk] 形 醒着的

延伸用法 wide awake 完全清醒的；警觉的

▶ The security guard should be wide **awake** against any questionable
visitors. 警卫应该对任何可疑的访客保持警觉。

· ·

4 **a** 加强语气 + **loud** 大声

aloud [ə'laʊd] 副 大声地

延伸用法 think aloud 自言自语；边想边说

▶ The man is not talking to you. He is just thinking **aloud**.
那男人不是在跟你讲话。他只是在自言自语。

延伸补充自然学

☆ **accompany**	朝某方向 + 陪伴	动	伴随
☆ **adjoin**	朝某方向 + 加入	动	贴近
☆ **adapt**	将能力朝某方向 + 发挥	动	适应
☆ **ascend**	朝 + 上爬	动	攀爬

Unit 104

 首 re — 反向、再次、强调

📢 情境对话试水温

🎧 *Track 104*

Kevin: It's great to have a classmate **reunion**. Been a long time.	凯文：能够举办同学聚会真好。过了好久了。
Richard: Yeah. I still sometimes **recall** the memories when we two were working on that **research** project.	理查：真的。我偶尔仍然会回忆起我们两个曾为那个研究项目工作的时候。
Kevin: We put so much effort in that one! And remember when we tried to **replace** a paragraph, and the professor blew off? I still think mine was better.	凯文：我们付出了超多心力！还记得我们试着要替换掉一个段落，然后教授非常生气吗？我还是觉得我的比较好。
Richard: The professor was just afraid that people might consider you more capable than him. His **reaction** was truly over, though.	理查：教授就是怕别人会觉得你比他有能力。但他的反应真的太过就是了。
Kevin: Glad we graduated!	凯文：真高兴，我们毕业了！

⚡ 单词解析零距离

❶ re 再次 ＋ **union** 组织

reunion [ˌriːˈjuːniən] 名 团聚

延伸用法 **a monthly reunion** 每月的聚会

▶ Our class has a monthly **reunion**, and we enjoy ourselves everytime.
我们班每个月都有聚会，而且我们每次都玩得很开心。

• •

❷ re 再次 ＋ **call** 呼叫

recall [rɪˈkɔːl] 动 回忆、回想；召回

延伸用法 **as you recall** 正如你所记得的
▶ As you **recall**, we used to have the same math class together.
正如你所记得的，我们曾经上过同一节数学课。

❸ re 表示强调 ＋ search 寻找

research [rɪˈsɜːtʃ] 动 / 名 研究
延伸用法 **the research of** ……的研究
▶ I want to focus on the **research** of Romanticism in the following year.
我想要在接下来这一年专注于浪漫主义的研究。

❹ re 再次 ＋ place 放置

replace [rɪˈpleɪs] 动 取代
延伸用法 **replace A with B** 用 B 取代 A
▶ My mom asked me to **replace** the dirty tablecloth with a new one.
我妈要求我把旧的桌巾换成新的。

❺ re 返回 ＋ act 动作 ＋ tion 名词后缀

reaction [riˈækʃn] 名 反应
延伸用法 **reaction to ...** 对……的回应
▶ My father's **reaction** to my plan was not what I had expected.
我爸爸对我的计划的回应并不是我所预期的。

⚡ 延伸补充自然学

| ☆ **recede** | 退回 ＋ 后退 | 动 倒退、收回 |
| ☆ **reverse** | 再次 ＋ 反转 | 动 倒转、翻转 |

首 **CO** 共同

Unit 105

情境对话试水温

🎧 *Track 105*

Julie: Hey, Ben! There's a beach cleanup held by our company **cooperating** with SOW next weekend. It's such a **coincidence** that I have been taking an eye on the environmental protection recently, for I saw a picture in which there's a straw stuck in the turtle's nose. Hence, I want to join it.	茉莉：嘿，本！下周末有个我们公司与荒野保护协会**合办**的净滩活动。最近我刚好因为看到一张乌龟鼻子里有吸管的照片，所以开始留意环境保护议题。因此我想参加这个活动。
Ben: Sounds good! We should indeed take our environment seriously, and do our best to ensure the **coexistence** between human beings and animals. But, aren't only students allowed to join this activity?	本：听起来不错！我们真的应该重视我们的环境，并尽力确保人类与动物的**共存**。但这个活动不是仅限于学生参加吗？
Julie: No, not at all. So we can join them, and ask some of our **coworkers** to participate in this meaningful event as well.	茉莉：不，我们可以参加，而且我们也可以邀请一些**同事**参与这项有意义的活动。
Ben: You can say that again! It's so critical to restore the pollution-free habitats where the animals can **cohabit** with us and be free from getting hurt by those trash.	本：你说得没错！恢复无污染的栖息地让动物可以与我们**同住**，以及不被垃圾所伤害是非常重要的。
Julie: I can't agree with you any more. Let's sign up for this!	茉莉：我非常同意，那我们来报名吧！

单词解析零距离

❶ **co** 共同 ＋ **operate** 运作

cooperate [kəʊˈɒpəreɪt] 励 互助合作

延伸用法 **cooperate in/on ...** 在……上配合

▶ In order to get the job done, we need to **cooperate** in the investigation. 为了完成这项工作，我们必须一起做这项调查研究。

• •

❷ co 共同 ＋ **incidence** 影响

coincidence [kəʊˈɪnsɪdəns] 名 巧合

延伸用法 pure coincidence 纯属巧合

▶ It is pure **coincidence** that we both named our first baby "Julia". 我们把第一个孩子都取名为"茱莉亚"纯属巧合。

• •

❸ co 共同 ＋ **existence** 存在

coexistence [ˌkəʊɪgˈzɪstəns] 名 并存

延伸用法 peaceful coexistence 和平共存

▶ The peaceful **coexistence** between the two countries is unreachable. 两国之间的和平共存是遥不可及的。

• •

❹ co 共同 ＋ **worker** 工作的人

coworker [ˈkəʊˈwɜːkə] 名 同事

延伸用法 coworker conflict 同事间的冲突

▶ Danny doesn't know how to deal with **coworker** conflicts in his office. 丹尼不知道如何处理办公室里同事间的冲突。

• •

❺ co 共同 ＋ **habit** 居住

cohabit [kəʊˈhæbɪt] 动 同住

延伸用法 cohabit with someone 与某人同住

▶ Judy and Andy had **cohabited** with each other for ten years. 茱蒂和安迪同住了十年。

延伸补充自然学

☆	**collocate**	共同 ＋ 放置	动 排列组合
☆	**correspond**	相同的 ＋ 回答	动 符合
☆	**combine**	共同 ＋ 在一起	动 联合、组合

Unit 106 首 syn, sym
和、一起、相同

情境对话试水温

David: Do you know how to synchronize these two machines? If they don't work simultaneously, I won't be able to detect this synthetic drug.	大卫：你知道要如何同步这两台机器吗？如果它们无法同时运作，我就不能测试这个综合性的药物了。
Lana: I'm sorry. This is beyond my scope.	拉娜：很抱歉。这超出我的领域了。
David: Well, I'm going to get harshly blamed tomorrow.	大卫：好吧，我明天准备被痛骂一顿。
Lana: Let me express my sympathy...	拉娜：让我表示我的同情……
David: Do you know sometimes sympathy is the synonym for the word, ridicule?	大卫：你知道有时候同情和嘲讽是同义词吗？
Lana: I'm sure you're strong enough to deal with everything, okay? C'mon. Let's relax and go for the symphony performance we've been talking about for months.	拉娜：我相信你足够强大，能处理好一切事情。好啦，我们来放松一下，然后去看那场我们讲了好几个月的交响乐表演吧。
David: Good idea.	大卫：好主意。

单词解析零距离

❶ **syn** 一起 ＋ **chron** 时间 ＋ **ize** 动词后缀

synchronize [ˈsɪŋkrənaɪz] 🔴 使同时发生、同步

延伸用法 synchronize A with B 让 A 和 B 同步

▶ The lab manager asked us to **synchronize** the new machine with the old one.
实验室管理员要我们把新的机器和旧的同步。

❷ syn 同一的 ＋ **thet** 位置 ＋ **ic** 形容词后缀

synthetic [sɪnˈθetɪk] 彫 合成的
延伸用法 **synthetic fibres** 人造纤维
▶ Our company mostly produces clothing made from **synthetic** fibres.
我们公司主要生产由人造纤维制成的衣服。

❸ sym 共同 ＋ **pathy** 感觉

sympathy [ˈsɪmpəθi] 名 同情
延伸用法 **have sympathy for** 对……的同情
▶ I always have great **sympathy** for homeless children.
我总是对无家可归的孩子充满同情。

❹ syn 共同 ＋ **onym** 名字

synonym [ˈsɪnənɪm] 名 同义词
延伸用法 **be a synonym for** 对……是同义词
▶ "Beauty" is sometimes considered to be a **synonym** for "prettiness."
"beauty" 有时候会被视为是 "prettiness" 的同义词。

❺ sym 一起 ＋ **phony** 声音

symphony [ˈsɪmfəni] 名 交响乐；和谐
延伸用法 **symphony orchestra** 交响乐团
▶ My sister finally achieved her dream of playing in a **symphony** orchestra.
我姐姐终于达成了在交响乐团中演奏的梦想。

⚡ 延伸补充自然学

✧ **symmetry**	共同 + 测量	动	对称
✧ **synopsis**	一起 + 看	名	概要

根 **junct** 连接

💬 情境对话试水温

Mandy: Did you know that the court has issued an **injunction** ordering that Blueprint corp. should stop raising funds for its new product?

曼蒂：你知道法院已经对蓝图公司发布**强制令**，不准它再为新产品筹集资金吗？

Dorothy: What is Blueprint?

桃乐丝：哪家蓝图公司啊？

Mandy: It's a subsidiary company **adjunct** to the international enterprise Redsea. Thanks to the recent financial scandal, their name is on the news headline everyday.

曼蒂：是红海国际企业的**子公司**，多亏他们最近的财务丑闻，这家公司天天都上新闻头条。

Dorothy: Oh! THAT Blueprint. It is indeed a very critical **juncture** for them. The recent **conjuncture** of events has made the public lose total faith in the company.

桃乐丝：哦！那家蓝图。对他们来说，这真的是危机**情况**。最近一**连串**的事件使大众已经对这家公司完全失去信心了。

Mandy: The investors should work in **conjunction** with the government and provide any concrete evidences that could put those responsible behind bars.

曼蒂：投资者应该与政府**合作**，并提供具体的证据，把那些主使者关进监狱。

⚡ 单词解析零距离

❶ in 否 + junct 连接 + ion 名词后缀

injunction [ɪnˈdʒʌŋkʃn] 图 命令；指令；训谕

延伸用法 issue an injunction 颁布临时禁止令

▶ The court issued an **injunction** prohibiting the use of certain drugs by professional athletes.
法院颁布禁止令，禁止专业运动员摄取特定药物。

❷ ad 向、朝 ＋ **junct** 连接

adjunct [ˈædʒʌŋkt] 彫 附属的；兼职的；副的

延伸用法 adjunct professor 兼任教授；客座教授

▶ Despite an unremarkable educational background, he was hired as an **adjunct** professor due to his hands-on experience in the field.
尽管教育背景不出众，但凭着在该领域的实践经验，他仍被聘用为客座教授。

- -

❸ junct 连接 ＋ **ure** 名词后缀

juncture [ˈdʒʌŋktʃə(r)] 名 重要关头、危急时刻；接合处；连接点

延伸用法 at this juncture 在这个关头

▶ At this **juncture**, we had no option but to give up.
在这个关键时刻，我们没有选择，只能放弃。

- -

❹ con 共同 ＋ **junct** 连接 ＋ **ure** 名词后缀

conjuncture [kənˈdʒʌŋktʃə] 名 事情或情况共同发生；（紧要）关头

延伸用法 the conjuncture of events 一连串的事件在这个关头

▶ The unfortunate **conjuncture** of events has completely destroyed his confidence.
一连串不幸的事件在这个关头已经完全摧毁了他的信心。

- -

❺ con 共同 ＋ **junct** 连接 ＋ **ion** 名词后缀

conjunction [kənˈdʒʌŋkʃn] 名 结合；关联；连接

延伸用法 in conjunction with 联合；结合

▶ Take this medicine in **conjunction** with other supplement to maximize its effects. 将这颗药跟其他补品一起吃以发挥其最大功效。

💡 延伸补充自然学

junct的变化型：joint、join

✫ **adjoin** 朝、向＋连接 　　　　　 动 贴近；毗连

✫ **disjointed** 分离＋连接＋形容词后缀 彫 脱臼的；无关联的；无条理的

Unit 108  根 **her(e)** 黏着

Teacher: Adhere to the rules I listed in this book and you will be able to write coherent and well-structured essays.	老师：按照我在这本书中列的规则，你就可以写出条理清楚且结构良好的论文。
Student: From my perspective, adherence to fixed rules will greatly limit student's imagination and all our work will turn out similar.	学生：我觉得，遵守固定规则会大大限制学生的想象力，我们所有呈现的作品都会很相似。
Teacher: Some students are born writers. The ability to combine written words in a meaningful way inheres within their blood. However, other students need help to reach such level, and this book will be their best savior.	老师：有些学生是天生的作家，本质上就拥有能够赋予文字意义的能力。但其他学生需要帮助才能达到这样的水准，这本书就会是他们最好的选择。
Student: I believe all human beings have inherent ability to write. They just need to be inspired and learn how to set their creativity loose.	学生：我相信所有人都有潜在的写作能力，只需要被启发并学习如何发挥创造力。

单词解析零距离

① ad 向、朝着 **＋ here** 黏着

adhere [əd'hɪə(r)] 励 坚持、紧黏

延伸用法 adhere to 遵守；坚守

▶ She's a person with great self-discipline and adheres to her own principles with no exceptions.
她是一个非常自制并坚守原则的人。

❷ co 共同＋**her** 黏着＋**ent** 形容词后缀

coherent [kəʊˈhɪərənt] 形 一致的；协调的

延伸用法 **an coherent argument** 条理分明的论述

▶ As a great orator, he is able to make **coherent** arguments.
身为一个伟大的演说家，他能够做出条理分明的论述。

. . . .

❸ ad 向、朝着＋**her** 黏着＋**ence** 名词后缀

adherence [ədˈhɪərəns] 名 坚持；严守；固执；依附；信奉；忠诚

延伸用法 **adherence to** 遵守；坚守

▶ Their unwavering **adherence** to family value is what keep them together through all the tragedies.
使这家人顺利渡过所有困境的原因是他们对于家庭核心价值的坚持。

. . . .

❹ in 里、内＋**here** 黏着

inhere [ɪnˈhɪə(r)] 动 生来即存在的；本质上即是的

延伸用法 **inhere in** 固有

▶ The hungry for success **inheres** in all human beings.
所有人心中皆固有对于成功的渴望。

. . . .

❺ in 里、内＋**her** 黏着＋**ent** 形容词后缀

inherent [ɪnˈhɪərənt] 形 内在的；固有的；与生俱来的

延伸用法 **inherent in** 固有

▶ An **inherent** flaw in the system predicts the plan's early failure.
系统中固有的瑕疵，早就注定了这个计划的失败。

延伸补充自然学

her(e) 的变化型：hes

☆ **adhesive** 朝、向＋黏着＋形容词后缀 形 黏的；黏着的；有黏性的
☆ **cohesion** 共同、一起＋黏着 名 结合；凝聚；团结力；附着

Unit 109  根struct 建造

💬 情境对话试水温

🎧 *Track 109*

William: What's happening over there? Did you see that large crowd of people sitting on the street?

威廉：那边发生了什么事？你有看到一堆人坐在街上吗？

Sabrina: The residents are going on a hungry strike, an attempt to **obstruct** the process of the urban renewal.

萨布莉娜：居民正在绝食抗议，想要阻碍城区改造的进度。

William: I find it hard to resonate with their feelings. Their houses are old and dangerous and should be torn down by the government to make spaces for **constructing infrastructures** that benefit all citizens.

威廉：老实说，我很难理解他们，他们的房子老旧又危险，应该让政府拆除，挪出空间建造有利于所有公民的基础建设。

Sabrina: It's harsh and cruel for you to say that. The houses are not just cement **structures** to them. They represent all the memories of living with the family in this city. The disappearance of the houses will simultaneously **destruct** their connection to this land.

萨布莉娜：你这样很残忍，房子不仅仅是水泥建筑物而已，它们还代表了跟家人生活在这城市的所有回忆，房子消失同时会毁了他们与这片土地的联系。

⚡ 单词解析零距离

❶ ob 反 ＋ **struct** 建造

obstruct [əb'strʌkt] 团 阻塞；堵塞；妨碍；阻挠；阻止

延伸用法 obstruct justice 妨害司法公正

▶ He abused his authority and obstructed justice.
他滥用职权，妨害司法公正。

❷ **con** 一同 ＋ **struct** 建造

construct [kən'strʌkt] 动 建造；构成

延伸用法 construct a building 建造大楼

▶ It takes years, sometimes even decades, to **construct** a building.
要建造一栋大楼得花上好几年，甚至数十年。

・・・・・・・・・・・・・・・・・・・・・・・・・・・・・・・・・・・・

❸ **infra** 下面 ＋ **struct** 建造 ＋ **ure** 名词后缀

infrastructure ['ɪnfrəstrʌktʃə(r)] 名 公共建设（如铁路、公路、下水道等）；基础建设

延伸用法 infrastructure system 基础设施系统

▶ A sustainable **infrastructure** system should be in place to ensure convenience for the citizens.
一个永续的基础设施系统应该到位，以确保民众的便利性。

・・・・・・・・・・・・・・・・・・・・・・・・・・・・・・・・・・・・

❹ **struct** 建造 ＋ **ure** 名词后缀

structure ['strʌktʃə(r)] 名 结构；构造；组织

延伸用法 management structure 管理体系

▶ The CEO hires external business consultant to renovate their old-fashioned management **structure**.
执行长聘请了外部商业顾问来重整他们过时的管理系统。

・・・・・・・・・・・・・・・・・・・・・・・・・・・・・・・・・・・・

❺ **de** 去除 ＋ **struct** 建造

destruct [dɪs'trʌkt] 形 破坏的

延伸用法 self destruct 自我毁灭

▶ All the rockets are equipped with self **destruct** systems.
所有的火箭都设有自我摧毁系统。

Unit 110 根 gen 起源、产生

情境对话试水温

🎧 *Track 110*

Gina: I can't believe how polluted our planet has become.

吉娜：真不敢相信我们地球到底被污染成什么样子。

Warren: Indeed! Very few people are being considerate about what kind of environment we want to leave to the next generations.

沃伦：的确！似乎没人考虑到我们要留给下一代的环境。

Gina: I believe all modern diseases must be our karma. With all the artificial foods, plants, and animals we created, God knows how many kinds of unthinkable virus and bacteria we have brought to this world. Carcinogens are certainly a lot less back in the genesis of the cosmos, if not non-existent.

吉娜：我认为所有现代疾病都是我们的报应。就我们所创造的所有加工食品、植物和动物，谁知道我们为这世界带来了多少你无法想象的病毒和细菌。和宇宙之初比起来，要是有，当时存在的致癌物质肯定要少得多。

Gina: Also, humans are not treating each other any better than before. I remember how friendly and congenial people used to be, even with strangers.

吉娜：况且，人类也没有对彼此比较好，我记得人类曾经有多善良、好相处，即使对陌生人也是如此。

Warren: And all the social problems such as gender and race discrimination are not solved either.

沃伦：还有性别和种族歧视等所有社会问题也还没有解决。

单词解析零距离

❶ **gene** 起源；产生 + **ration** 名词后缀

generation [ˌdʒenəˈreɪʃn] 名 世代；一代

延伸用法 generations to come 接下来的世代

▶ I hope the world will remain in peace in the **generations** to come.
我希望在接下来的世代都能保持和平。

❷ carc 癌症 ＋ **ino** ＋ **gen** 起源

carcinogen [kɑːˈsɪnədʒən] 名【医】致癌物质

延伸用法 **known carcinogens** 已知的致癌物

▶ The book contains detailed explanation of all known **carcinogens**.
这本书包含了所有已知致癌物的详细介绍。

❸ gene 起源 ＋ **sis** 名词后缀

genesis [ˈdʒenəsɪs] 名【文】起源；发生；创始

延伸用法 **genesis of ...** ……的起源

▶ The **genesis** of the existing universes no longer remains a mystery.
宇宙的起源不再只是个神秘的传说。

❹ con 一起 ＋ **gen** 产生 ＋ **ial** 形容词后缀

congenial [kənˈdʒiːniəl] 形 友善的；协调的；一致的；意气相投的；性格相同的

延伸用法 **congenial personality** 友善的个性

▶ She has a **congenial** personality, so people are naturally attracted to her. 她个性友善，所以大家都很自然地被她吸引。

❺ gen 产生 ＋ **der** 名词后缀

gender [ˈdʒendə(r)] 名 性别

延伸用法 **gender discrimination** 性别歧视

▶ The politician has vowed to exterminate all **gender** discriminations.
这名政治人物郑重宣誓要消除所有性别歧视。

延伸补充自然学

gen的变化型：gener

☆ **degenerate** 反转＋产生＋动词／形容词／ 名词后缀　　动／形 衰退（的）；堕落（的）

225

Part 4 表示行为、动作

Unit 111 根 cert 相信、确信

💬 **情境对话试水温**

Eugune: How can you be **certain** this guy is our most ideal candidate for this position?

尤金：你怎么**确定**这个人是这个职缺最理想的选择？

Evan: He has multiple **certifications** that prove his proficiency in this field.

伊凡：他有多项**证书**，就足以**证明**他对这领域的熟悉度。

Eugune: If your **certitude** of his ability is based merely on papers, I highly doubt its credibility. Aren't there better ways to **ascertain** that he's the guy we are looking for?

尤金：如果你只靠证件来**评断**他的能力，我并没有很看好。难道没有更好的方法来**确定**他就是最佳人选吗？

Evan: One way to **certify** that is you talk to him personally.

伊凡：不然你可以亲自跟他交谈来**证实**。

 单词解析零距离

❶ **cert** 确信 ＋ **ain** 形容词后缀，表示属于

certain ['sɜ:tn] 彨 确凿的；无疑的；可靠的；确信的

延伸用法 feel certain that 对……感到确定

▶ I feel **certain** that David's having a crush on you.
我非常确定大卫喜欢你。

❷ **cert(i)** 相信、确信 ＋ **fic** ＋ **ation** 名词后缀

certification [ˌsɜ:tɪfɪˈkeɪʃn] 名 证明；检定；保证

延伸用法 earn certification 获得……证照

▶ He earned **certification** to perform a highly intricate kind of brain surgery.
他获得了进行高度复杂脑部手术的证照。

③ cert(i) 确信 ＋ **tude** 名词后缀

certitude ['sɜ:tɪtju:d] 名 确实；确信

延伸用法 degree of certitude 确信的程度

▶ My degree of **certitude** regarding the outcome of this matter is based on my knowledge about the individuals in charge of it.
我确信这件事的程度是基于我对于负责团队的了解。

④ as 朝向 ＋ **cert** 确信 ＋ **ain** 动词后缀，表示属于

ascertain [ˌæsə'teɪn] 动 查明；弄清

延伸用法 ascertain the cause of 查明……的成因

▶ The police are trying to **ascertain** the cause of the explosion by interviewing the witnesses.
警察正试着通过询问目击者来查明爆炸的原因。

⑤ cert 确信 ＋ **ify** 动词后缀，使……成为

certify ['sɜ:tɪfaɪ] 动 证明；保证

延伸用法 certify to 书面证明；核实

▶ Most of us believe it to be true, but we still can't **certify** to that effect.
我们大多数人相信这是真的，但我们仍然无法证明其真实性。

⚡ 延伸补充自然学

cert 的变化型：cred

☆ **cred**ence	相信、确信 ＋ 名词后缀	名 相信；信用；供桌
☆ **cred**ible	相信、确信 ＋ 形容词后缀，表示可能、可以的	形 可信的；可靠的
☆ **cred**ulous	相信、确信 ＋ 形容词后缀，表示充满的	形 轻信的，易受骗的

Unit 112

 根 **lect** 收集、选择

🎧 *Track 112*

💬 情境对话试水温

Robin: Ted, which party do you support for 2024 **election**?	罗宾：泰德，2024年选举你要支持哪个政党？
Ted: I'm still waiting and seeing who will be the president candidate. After all, every person they want to nominate is an **intellect**, so it all depends on how they **select** based on their strategies.	泰德：我还在观望会有哪位总统候选人出现。毕竟每位他们想提名的人都是精英，所以就取决于他们怎么照策略选出适合的人选。
Robin: Me too. I'm awaiting they finish **collecting** survey data and see who's up and coming. Every candidate has their merits and drawbacks, so I eagerly want to know who will be the president **elect**.	罗宾：我也是。我仍在等待他们收集完民调，看看哪位会崭露头角。每位候选人都有他们的优缺点，所以我迫不及待想知道谁会是总统当选人。
Ted: Soon we'll know. Just keep patient and objective.	泰德：我们很快就会知道，现在就耐住性子、保持客观。

⚡ 单词解析零距离

❶ e 外 ＋ **lect** 选择 ＋ **ion** 名词后缀，表示性质

election [ɪˈlekʃn] 名 选举

延伸用法 Federal Election Commission 联邦选举委员会

▶ Recently there are a lot of scandals about Federal **Election** Commission.
最近有相当多关于联邦选举委员会的丑闻。

• •

❷ intel 里、内 ＋ **lect** 收集

intellect [ˈɪntəlekt] 名 智力；才华出众之人

延伸用法 high intellect 高智力

▶ She is famed for her high **intellect**.
她因高智力而闻名。

❸ se 分 + lect 选择

select [sɪˈlekt] 动 挑选、选拔

延伸用法 select committee 特别委员会

▶ The government is going to have a **select** committee to investigate this murder. 政府将成立特别调查委员会去调查这起谋杀案。

❹ col 共同 + lect 收集

collect [kəˈlekt] 动 采集、集合

延伸词 re-collect 回忆

▶ I am really mad at my mom for throwing my pictures away. All of them are childhood re-**collected**.
我真的很气我妈妈把我的照片丢掉。那些都是儿时回忆。

❺ e 外 + lect 选择

elect [ɪˈlekt] 动 推举、推选

延伸用法 president elect 总统当选人

▶ Who is the president **elect** this year?
谁是今年的总统当选人?

💡 延伸补充自然学

lect 的变化型：leg、lig

☆ **eligible** 可被选出的 形 合适的

☆ **legion** 聚集的情况 名 众多

Unit 113  根 mit, miss 送

🎧 *Track 113*

情境对话试水温

Betty: The General of the Army just **admitted** that the **missile** launch was a careless mistake.

贝蒂：陆军将军刚刚承认导弹是不小心发射出去的。

Urania: A careless mistake? That is a very irresponsible remark.

乌拉尼亚：不小心？这是非常不负责任的说法。

Betty: According to him, a soldier dozed off during watch and accidentally hit the button that **transmits** launch signals to the missile.

贝蒂：根据他的说法，一名士兵在值勤期间打瞌睡，不小心碰到按钮，向导弹发射信号。

Urania: He should **submit** a 5000-word letter of apology to the public. The missile landed in a residential area! Though no one was hurt, the residents were surely terrified when the burnt missile crashed onto ground and **emitted** clouds of smoke.

乌拉尼亚：他应该缴交一份5000字的道歉信给社会大众。导弹降落在住宅区！虽然没有人受伤，但当被烧毁的导弹撞到地面并散发出浓烟时，居民们肯定很害怕。

单词解析零距离

1 **ad** 向、朝 ＋ **mit** 送

admit [əd'mɪt] 动 承认

延伸用法 admit defeat 认输

▶ My motto is to never **admit** defeat and always do my best.
我的座右铭是永不认输，做到最好。

2 **miss** 送 ＋ **ile** 物体

missile ['mɪsaɪl] 名 飞弹；导弹；投射物；投射武器

延伸用法 missile strike 导弹攻击
▶ My ears are ringing after the intensive missile strike.
在密集的导弹攻击后，我出现耳鸣的状况。

③ trans 穿越＋mit 送

transmit [træns'mɪt] 动 传送；传达；传（光、热、声等）；传动
延伸用法 transmit virus 传播病毒
▶ Wear face masks when you catch a cold to avoid transmitting virus to others.
感冒时要戴口罩，避免将病毒传染给他人。

④ sub 下方＋mit 送

submit [səb'mɪt] 动 递交；使服从；使屈服
延伸用法 submit application 提交申请
▶ Make sure to submit the application before the deadline.
确认在截止日之前提交申请。

⑤ e 外＋mit 送

emit [i'mɪt] 动 发射；发出
延伸用法 emit odor 发出臭味
▶ Some insects emit odor to fend off enemies.
有些昆虫会散发出气味来抵挡敌人。

延伸补充自然学

mit、miss的变化型：mise
☆ **sur**mise   上方＋送   动 推测；猜测
☆ **pre**mise   先前＋送   动 提出前提

根 **duct** 引导

Rita: What are the headlines for today?	丽塔：今天的头条新闻是什么？
Vicky: A group hijacked a mid-night bus and **abducted** all the passengers.	薇琪：有一伙人劫持了夜间公交车，绑架了所有乘客。
Rita: Seriously? Where are they now?	丽塔：真的吗？那他们现在在哪里？
Vicky: Seems like the **conductor** was somehow able to escape. The police are questioning the conductor to see if they could find out the passengers' whereabouts.	薇琪：好像是车上的售票员找到机会逃脱了。警方正在询问售票员，看看是否能查到乘客的下落。
Rita: Only the conductor escaped? Umm.... why do I smell something fishy?	丽塔：只有售票员逃脱了？嗯……事有蹊跷。
Vicky: Same here. Anyway, looks like the main chief officer responsible for **conducting** the rescue operation has some extraordinary history in solving cases like this.	薇琪：我也觉得，反正，这次执行救援行动的警察对这类案子很有经验。
Rita: Has the abductors revealed their intention?	丽塔：歹徒是否透露他们的动机？
Vicky: Apparently they are asking for large ransom. The victim's families are trying hard to negotiate the price and **deduct** as much as possible.	薇琪：显然他们要巨额的赎金。受害者家属正努力谈判价格，尽量降低数目。
Rita: What do we know about the abductors?	丽塔：那我们对歹徒了解多少？
Vicky: Apparently they've all received high education. One of them was even **inducted** into the government several years ago.	薇琪：很明显他们都是高知识分子，其中一个甚至几年前还被招入政府工作。

 **单词解析零距离**

❶ ab 离开 ＋ duct 引导

abduct [æb'dʌkt] **囫** 诱拐；绑架；劫持

延伸用法 abduct children 绑架儿童

▶ This criminal organization **abducted** children from parks and should be severely punished. 这个犯罪组织从公园绑架孩童，他们应被严惩。

❷ con 共同 ＋ duct 引导 ＋ or 名词后缀，表示人

conduct**or** [kən'dʌktə(r)] **图** 领导者；管理人；引导者

延伸用法 train conductor 列车乘务员

▶ The train **conductor** was found drunk on duty and laid off. 这位列车乘务员因被发现在值勤时间喝醉而被解雇了。

❸ con 共同 ＋ duct 引导

conduct [kən'dʌkt] **囫** 引导，带领；实施；处理

延伸用法 conduct survey 进行调查

▶ I **conducted** a survey to find out how often people have soda drinks. 我进行了一项调查，研究民众喝苏打水的频率。

❹ de 除去 ＋ duct 引导

deduct [dɪ'dʌkt] **囫** 扣除

延伸用法 deduct points 扣分

▶ The student had points **deducted** from his essay score for plagiarizing other's ideas. 这学生的论文抄袭他人想法，因而被扣分。

❺ in 入 ＋ duct 引导

induct [ɪn'dʌkt] **囫** 使正式就任；吸收……为会员；征召……入伍

延伸用法 induct into 正式就任某职

▶ My father was **inducted** into the Ministry of National Defense in 1993. 我爸爸在1993年正式就任国防部长。

Unit 115 根 **pend** 悬挂、费用

💬 情境对话试水温

Melvin: My sister was **suspended** from school for stealing from a jewelry store.	梅尔文：我妹妹因在一家珠宝店偷窃而被迫停学。
Nicky: I don't understand. Your family is rich! Why would your sister ever steal?	尼基：我不懂，你家已经很有钱了！为什么你妹妹需要偷东西？
Melvin: Well ... my sister is obsessed with shiny stuff and my mom asks her to cut down **expenditures** on accessories. She wishes my sister could **expend** her resources on more educational things, but my sister refused.	梅尔文：嗯……她沉迷于那些闪闪发光的东西，我妈要她在配饰上省点花费，希望我妹可以将钱花在学习上，但我妹拒绝了。
Melvin: So she stole.	梅尔文：所以她偷东西。
Nicky: Exactly. A very cheap **pendant** from a nearby store. I guess she was mostly doing it to exasperate my mom.	尼基：没错，她偷了附近商店里的一个很便宜的吊饰，我猜她是为了激怒我妈。
Nicky: She should be sent to the military school and learn how to be **independent**.	尼基：她应该被送到军校，先学习独立。

⚡ 单词解析零距离

❶ sus 下方 ＋ **pend** 悬挂

suspend [səˈspend] 动 悬挂；吊；悬浮；使中止

延伸用法 suspend from school 勒令停学

▶ She was **suspended** from school for bullying her classmates.
她因为霸凌同学而被迫休学。

❷ **ex** 向外 ＋ **pend** 费用 ＋ **iture** 名词后缀

expendi**ture** [ɪk'spendɪtʃə(r)] 名 消费；支出；用光

延伸用法 expenditure on ... ……的开支

▶ **Expenditure** on private school tuition fees put a lot of pressure on my mom.
私立学校的学费让我妈妈压力很大。

· ·

❸ **ex** 向外 ＋ **pend** 费用

expend [ɪk'spend] 动 消费；花费

延伸用法 expend income on 把收入花在

▶ I **expend** 50% of my income on house rent.
我把收入的一半花在房租上。

· ·

❹ **pend** 悬挂 ＋ **ant** 物品

penda**nt** ['pendənt] 名 下垂物；垂饰；挂件；悬吊装置；吊灯

延伸用法 diamond pendant 钻石项链

▶ That diamond **pendant** is my family heirloom.
那条钻石项链是我的传家宝。

· ·

❺ **in** 向内 ＋ **de** 分离 ＋ **pend** 悬挂 ＋ **ent** 形容词后缀

indep**end**e**nt** [ˌɪndɪ'pendənt] 形 独立的；自治的；自主的

延伸用法 independent organization 独立组织

▶ We are an non-profit **independent** organization dedicated to environmental protection .
我们是一个致力于环境保护的非营利独立组织。

💡 延伸补充自然学

pend 的变化型：pense

☆ **ex**pense   向外＋费用   名 费用；价钱

☆ **dis**pense   分离＋悬挂   动 分配，分发；施给

情境对话试水温

🎧 *Track 116*

Hank: I read a piece of article about the wealth inequality in our city.

汉克：我读了一篇关于我们的城市贫富差距的文章。

Eileen: That certainly is a critical issue. The west side of the city is **affluent** and enjoys all the resources while the east side lives in slums.

艾琳：这当然是个关键问题，城市的西区很富裕，享有所有资源；而东区则是贫民窟。

Hank: Did you know that the **effluents** from local factories are **flushed** into the reservoirs in the east side?

汉克：你知道当地工厂的污水都冲进东区的水库吗？

Eileen: Really? Can't believe those poor people are drinking toxic **fluids**. They are already poor, but now they are even poisoned.

艾琳：真的吗？真不敢相信那些穷人都在喝有毒液体。他们已经很穷了，但结果现在甚至还中毒。

Hank: The rich ones should really wield their **influence** and improve the living quality of their fellow people.

汉克：有钱人应该真正发挥影响力，提高伙伴的生活质量。

 单词解析零距离

❶ **af** 向 ＋ **flu** 流 ＋ **ent** 形容词后缀，表示……状态的

affluent ['æfluənt] 形 富裕的；丰富的；富饶的

延伸用法 affluent neighborhood 富人区

▶ Grown up in the **affluent** neighborhood, she was not aware of the real pain and suffering in this world.
她自小在富人区长大，没有体会过这个世界真正的痛苦跟磨难。

❷ ef 外＋ **flu** 流＋ **ent** 形容词后缀，表示……状态的

effluent [ˈefluənt] 形 流出的 名 废水

延伸用法 **effluent treatment plant** 污水处理工厂

▶ My dad runs an **effluent** treatment plant and I'd go help him during the summer vacation.
我爸爸经营一家污水处理工厂，我暑假时都会去帮忙。

- -

❸ flu 流＋ **sh** 动词后缀

flush [flʌʃ] 动 冲水；用水冲洗；使（脸等）涨红

延伸用法 **flush the toilet** 冲马桶

▶ My three-year-old nephew was recently potty-trained but always forgot to **flush** the toilet.
我三岁的侄子最近会自己去上厕所，但总是忘记冲马桶。

- -

❹ flu 流＋ **id** 形容词后缀，表示性质

fluid [ˈfluːɪd] 形 流动的；流体的 名 流体；流质；液体

延伸用法 **body fluid** 体液

▶ The doctors are worried that the patient's body **fluid** could carry viruses.
医生担心病人的体液会带病毒。

- -

❺ in 内部＋ **flu** 流＋ **ence** 名词后缀

influence [ˈɪnfluəns] 名 影响

延伸用法 **influence on/over** 对……有影响

▶ My mom is my role model and she's a great **influence** on me.
我妈妈是我的榜样，她对我有很深的影响。

💡 延伸补充自然学

flu的变化型：flux

⭐ **afflux**　　　向＋流　　　名 流入；流向；汇入

⭐ **influx**　　　向内＋流　　　名 涌进；汇集

根 solv(e) 释放

Ruby: According to the news, the investigation **absolved** the politician from the scandal.	露比：新闻说，这份调查证明了那位政客跟丑闻无关。
Anita: But it's so obvious that the evident they gathered were all biased.	安妮塔：但很明显，他们搜集的证据都有私心。
Ruby: Exactly. So, it's safe to say that this case **resolve** nothing regarding the changes of the welfare system.	露比：没错。所以，我可以肯定地说，这件事没有解决任何有关福利制度变化的问题。
Anita: It feels like our hopes for a better retirement have **dissolved** into nothingness. Why is it so hard for the government to simply listen to us?	安妮塔：感觉我们对拥有更好的退休生活的期望已经荡然无存。为什么让政府仅仅听我们说话会这么难？
Ruby: Because integrity is **dissolvable** in face of power and money.	露比：因为诚信在权力跟金钱面前是荡然无存的。
Anita: Well said. How about you running for a Senate seat?	安妮塔：说得好。你想不想去竞选参议院席位呢？
Ruby: Why me?	露比：为什么是我？
Anita: You're a problem **solver**, and you're genuine!	安妮塔：你是个问题解决者，而且你很真诚！
Ruby: Here's another dark side to become a candidate. You have to have money first!	露比：成为候选人的另一个黑暗面就是你必须先有钱！

 单词解析零距离

❶ **ab** 离开＋**solve** 释放

absolve [əbˈzɒlv] 勔 宽恕

延伸用法 absolve sb. from sth. 宣告……无罪；赦免……的罪
▶ Because of the amnesty, all prisoners were absolved from their crimes. 由于特赦，所有犯人都被免除了他们的罪责。

❷ re 再 + solve 释放

resolve [rɪˈzɒlv] 动 解决
延伸用法 resolve on doing ... 决心做……
▶ Helen resolved on job-hopping to that computer company for higher salary. 海伦决心为了较高的薪水跳槽到那家电脑公司。

❸ dis 除去 + solve 释放

dissolve [dɪˈzɒlv] 动 溶解
延伸用法 dissolve into laughter 忍不住笑起来
▶ The man dissolved into laughter when hearing the joke.
男子听到那个笑话忍不住笑了起来。

❹ dis 除去 + solv 释放 + able 形容词后缀，表示能够……的

dissolvable [dɪˈzɒlvəbl] 形 可溶解的
延伸用法 dissolvable stitches 可降解医用手术缝线
▶ Dissolvable stitches have replaced the traditional ones in modern surgeries. 可降解医用手术缝线已在现代手术中取代了传统缝线。

❺ solv 释放 + er 名词后缀，表示人

solver [ˈsɒlvə(r)] 名 解决者
延伸用法 solver of problem 解决问题者
▶ No one could be the solver of this difficult problem.
没人能成为解决这个难题的人。

 延伸补充自然学

与 solv(e) 意思相近的词根：solu
☆ **soluble**　　　　　可以解除的　　　　形 可被溶解的

Unit 118

根 **fract, frag** 破、打碎

情境对话试水温

🎧 *Track 118*

Liam: The CEO is very **fractious**. Last time, he agreed to place a big order, but today, he changed his mind, signing us a deal with only a **fraction** of the previous amount.

利亚姆：这个总裁很难搞。上次，他同意下了一笔大单；结果今天，他就改变心意，跟我们签约的金额仅是上次协议的一小部分。

Olivia: Well, if a CEO is always predictable, the company will be easily overtaken.

奥莉维亚：嗯，如果一个总裁总是能让你预测到他的想法，那公司就会很容易被超越。

Liam: However, I heard that in terms of personnel management, he is very strict with rules. A single minor **infraction** will lead to a lay-off.

利亚姆：但是，我听说在人事方面，他也有很多规矩。一次微小的失误都有可能被他裁员。

Oliva: That's harsh.

奥莉维亚：那太苛刻了。

Liam: Last time, a clerk accidentally broke her mug, and she didn't sweep off all the porcelain **fragments**. The CEO stepped on it. Though unhurt, he scolded the clerk for like half an hour.

利亚姆：上次有个员工不小心打破她的马克杯，没有把碎片扫干净，结果被老板踩到。虽然老板没受伤，但他骂了这员工将近半小时。

Olivia: Wow, a **fragile** and careless person like me is certainly below the standard.

奥莉维亚：哇！像我这样脆弱又粗心的人一定达不到他的标准。

 ### 单词解析零距离

❶ **fract** 破、打碎 ＋ **ious** 形容词后缀

fractious ['frækʃəs] 形 暴躁的，易怒的

延伸用法 a fractious boy 一个性格暴躁的男孩

▶ No wonder that he became a **factious** boy then.
难怪他后来变成了一个性格暴躁的男孩。

- -

Part 4

表示行为、动作

② **fract** 破、打碎 ＋ **ion** 名词后缀

fraction ['frækʃn] 名 一小部分

延伸用法 a fraction of 一小部分、少许

▶ Tom has done only a **fraction** of his homework.
汤姆只做了一小部分作业。

- -

③ **in** 入 ＋ **fract** 破、打碎 ＋ **ion** 名词后缀

infraction [ɪn'frækʃn] 名 违法

延伸用法 minor infraction 轻微违法

▶ I don't think this minor **infraction** will lead him to death.
我认为这项轻微违法不会导致他死亡。

- -

④ **frag** 破、打碎 ＋ **ment** 名词后缀

fragment ['frægmənt] 名 碎片；破片；断片

延伸用法 break into fragments 破成碎片

▶ The vase fell off from the desk during the earthquake and broke into
fragments. 这个花瓶在地震时从桌上掉下来，且破成碎片。

- -

⑤ **frag** 破、打碎 ＋ **ile** 形容词后缀，表示能够的

fragile ['frædʒaɪl] 形 易碎的；脆的；易损坏的

延伸用法 be labeled fragile 被标示易碎

▶ My luggage was labeled **fragile** in case the wine in it went broken.
我的行李被标示易碎，以防里面的酒瓶破掉。

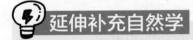 延伸补充自然学

✩ **fract**ional　　　　　一小部分的　　　　　形 碎片的

根 rupt 破裂

🎧 *Track 119*

🗨 情境对话试水温

Jean: May and Chip's **abrupt** breakup was indeed a piece of shocking news. I thought they were made for each other.

琼： 梅和奇普突如其来的分手真是一条令人吃惊的消息。我原以为他们是天生一对。

Leo: Not exactly. I heard May found Chip's anger consistently **erupted** into violence and that he led a **corrupt** life with excuses of engagement in social activities. May also had a drawback that she was **bankrupt** of manners, continuously **interrupting** the conversation between Chip and his parents with clueless interjections.

里奥： 不尽然。我听说梅发现奇普常常发脾气并引发暴力，而且他还以应酬为借口过着堕落的生活。但梅也有缺点——就是没礼貌，她总是用无厘头的话打断奇普和他父母的谈话。

Jean: These really blow my mind. Well, probably they need to learn how to be more mature and get out of the flaws in the relationship for their Mr./Ms. Right.

琼： 这些事迹真是令我大吃一惊。他们也许需要学习如何在感情中更成熟并且改掉恶习才能迎接真命天子/女。

⚡ 单词解析零距离

❶ **ab** 离开＋**rupt** 破

abrupt [əˈbrʌpt] 形 突然的

延伸用法 abrupt manner 唐突的举止

▶ The man's **abrupt** manner made her quite uncomfortable.
男子唐突的举止让她相当不舒服。

- -

❷ **e** 向外＋**rupt** 破

erupt [ɪˈrʌpt] 动 （火山）爆发

延伸用法 erupt into 突然发生；爆发

▶ She left her ex-boyfriend as soon as she found his anger consistently **erupted** into violence.
当她发现前男友一发脾气总是会有暴力行为，就马上离开他了。

❸ **cor** 共同＋**rupt** 破

corrupt [kə'rʌpt] 形 腐败的
延伸用法 a corrupt life 堕落的生活

▶ Seeing his son leading a **corrupt** life makes the old father distressed.
看儿子过着堕落的生活让老父亲忧心痛苦。

❹ **bank** 银行＋**rupt** 破

bankrupt ['bæŋkrʌpt] 动 破产
延伸用法 be bankrupt of ... 缺乏……

▶ The woman is beautiful but is **bankrupt** of sympathy.
那个女人漂亮但没有同情心。

❺ **inter** 在……中间＋**rupt** 破

interrupt [ˌɪntə'rʌpt] 动 打岔
延伸用法 interrupt ... with ... 以……打断……

▶ The boy **interrupted** the two women's conversation with a scream.
男孩以尖叫声打断了两个女人的谈话。

延伸补充自然学

☆ **disrupt**	分开＋破	动 打乱
☆ **corruption**	一并被破坏	名 堕落、腐败
☆ **disruptive**	分开＋破＋有……倾向	形 具分裂性的

Unit 120

根 fin

结束、最终、限制

情境对话试水温

Gabriel: Did you know that Mia has made it to be the **finalist** in the weightlifting game?

加布里埃尔：你知道米亚已经成为举重项目的决赛选手了吗？

Michael: Really? She is such an impressive athlete that she could beat up the other contestants with **finite** resource.

迈克尔：真的吗？她是一位令人印象深刻的运动选手，运用有限的资源打败其他的参赛者。

Gabriel: Exactly! She is an outstanding example that proves whoever pulls out all the stops can have **infinite** potential.

加布里埃尔：对啊！她是一位杰出的模范，让大家知道那些尽全力的人将有无限的潜力。

Michael: Totally! When is the **final** game then? We should stay tuned to root for her!

迈克尔：真的！那最终比赛是什么时候？我们应该继续为她加油！

单词解析零距离

1 fin 最终 ＋ **al** 形容词后缀 ＋ **ist** 人

finalist ['faɪnəlɪst] 图 参加决赛的人

延伸用法 finalist works 入选作品

▶ What do you think of those finalist works?
你如何看待那些入选作品？

2 fin 限制 ＋ **ite** 形容词后缀

finite ['faɪnaɪt] 形 有限的

延伸用法 finite resource 有限资源

▶ Land resource is considered as **finite** resource.
土地资源是有限的资源。

· ·

❸ **in** 不 + **fin** 限制 + **ite** 形容词后缀

infinite ['ɪnfɪnət] 彨 无限的、无边的

延伸用法 **infinite space** 无限的空间

▶ Does the universe have **infinite** space?
宇宙拥有无限的空间吗？

· ·

❹ **fin** 结束、最终 + **al** 形容词后缀

final ['faɪnl] 彨 最终的

延伸用法 **final aim** 终极的目的

▶ What on earth is his **final** aim?
他的终极目的到底是什么？

💡 延伸补充自然学

☆ **con**fine	一起限制	动	限制
☆ **de**fine	加强限制	动	定义
☆ **re**fine	再限制	动	精进

 **clude, close** 关闭

情境对话试水温

🎧 *Track 121*

Tom: Adam, I just checked the player list. William is **excluded** from the starting lineup of the final?	汤姆：亚当，我刚刚看了球员表，威廉被**排除**在决赛的先发名单外？
Adam: He committed flagrant 2 in the semifinal, which **involved** excessively violent contact to the same player.	亚当：他在半决赛时两次恶意犯规，**包含**针对同一位球员过度的暴力接触。
Tom: However, as the statistic showed, his field goal percentage is quite high. Maybe he will be the key person leading us to win out in the final.	汤姆：但是根据统计显示，他的投球命中率非常高。也许他能成为让我们在决赛胜出的关键角色。
Adam: I talked to William after the game. He admitted he did it on purpose, but refused to **disclose** the intention.	亚当：我赛后跟威廉谈过，他承认他故意犯规，但拒绝**透露**动机。
Tom: You planned to **seclude** him from the team?	汤姆：你打算将他跟球队隔离吗？
Adam: Not really. He's bench player for the final. He must learn to be calm under any situation. Before he makes it, he won't be back to the starting lineup, even if he is veteran.	亚当：不，他在候补球员名单内，他必须学会在任何情况下都保持冷静。在他做到以前，即便他是资深球员，我也不会让他回到先发名单。
Tom: To **conclude**, you're **precluding** any possibility of losing championship rings this year, aren't you?	汤姆：总之，你在**防止**今年输掉冠军戒指的任何可能性，对吧？
Adam: Correct.	亚当：正确。

 单词解析零距离

1 con 共同 + clude 关闭

conclude [kənˈkluːd] 勔 做结论

246

延伸用法 to conclude　结论是、总之
▶ To **conclude**, I wish the conference a great success!
总之，预祝会议圆满成功！

❷ **ex** 向外 ＋ **clude** 关闭
exclude [ɪkˈsklu:d] 动 排除
延伸用法 exclude from　使……不得进入、把……排除在外、拒绝
▶ He has been **excluded** from the school. 学校已经拒绝接纳他了。

❸ **in** 在……里面 ＋ **clude** 关闭
include [ɪnˈklu:d] 动 包含
延伸用法 include among　包括……在当中、把……算进
▶ She **includes** herself among the guests. 她把自己算作客人之一。

❹ **dis** 相反的 ＋ **close** 关闭
disclose [dɪsˈkləuz] 动 揭发
延伸用法 disclose the secret　揭发秘密
▶ The victim's letter **disclosed** the secret of murderer's intention.
受害者的信件揭发了凶手的动机。

❺ **pre** 之前 ＋ **clude** 关闭
preclude [prɪˈklu:d] 动 防止
延伸用法 preclude the possibility of misunderstanding　防止误解的可能
▶ Why not **preclude** the possibility of any misunderstandings?
为什么不防止任何误解的可能性呢？

❻ **se** 分开 ＋ **clude** 关闭
seclude [sɪˈklu:d] 动 使……孤立
延伸用法 seclude oneself from society　与社会隔绝、过隐居生活
▶ You can't **seclude** yourself from society. 你不能与社会隔绝。

根 **not** 写、标示

情境对话试水温

Ethan: Have you annotated the poem? It's our assignment this week.

伊桑：你有没有注释这首诗？那是我们这个星期的功课。

Jacob: Only half way through. I don't quite understand all those connotations. I know this is a notable literary work, but I just can't grasp its meaning.

雅各布：只做了一半。我对那些诗句的内涵都不太理解。我知道这是一篇很有名的文学作品，但我就是无法领悟其中的意义。

Ethan: Take it easy. Maybe you can discuss it with the professor in class.

伊桑：放轻松点。也许你可以在课堂上跟教授讨论？

Jacob: I don't think so. He just sent a notice yesterday, saying that anyone failing to finish the assignment will automatically receive a B.

雅各布：我觉得不行。他昨天才刚发通知说没有完成功课的人会直接拿到 B。

Ethan: Really? How come I didn't know that? I guess I have to notify everyone now.

伊桑：真的吗？我怎么不知道？我现在应该要通知大家了。

Jacob: Send a group message now!

雅各布：现在传到群组！

单词解析零距离

1 **an** 添加＋**not** 标示＋**ate** 动词后缀

annotate [ˈænəteɪt] 勔 注释

延伸用法 annotate on 为……做诠释

▶ Jack had to annotate on what his father said in case it got misinterpreted. 杰克必须为父亲所说的话做注解，以免被误解了。

② **con** 共同 ＋ **not** 标示 ＋ **ation** 名词后缀，表示行为、结果

conn**ot**ation [ˌkɒnə'teɪʃn] 名 言外之意

延伸用法 underlying **con**n**ot**ation 隐含的言外之意

▶ To some people, an underlying **con**n**ot**ation of marriage is love's gravestone.
对某些人来说，婚姻隐含着爱情坟墓的言外之意。

···

③ **not** 写、标示 ＋ **able** 形容词后缀，表示能够……的

notable ['nəʊtəbl] 形 显著的

延伸用法 **not**able difference 显著差异

▶ I can't tell any **not**able difference between the twin brothers.
我无法分辨这两个双胞胎兄弟的显著差异。

···

④ **not** 写、标示 ＋ **ice** 动词后缀，表示状态

notice ['nəʊtɪs] 动 注意到 名 注意；通知

延伸用法 **not**ice of delivery 提货通知单

▶ You will receive a **not**ice of delivery as soon as we confirm your remittance.
汇款一经确认，您就会立刻收到提货通知单。

···

⑤ **not** 写、标示 ＋ **ify** 动词后缀，使……成为

notify ['nəʊtɪfaɪ] 动 通知

延伸用法 **not**ify someone of something 将某事通知某人

▶ This letter is to **not**ify you of the expiration of your membership.
这封信件是要通知您，您的会员资格已经到期了。

💡 延伸补充自然学

☆ **con**n**ot**e	共同的标记	动 暗示
☆ **not**ate	标记号的动作	动 以符号标记
☆ foot**not**e	脚 ＋ 标记	动 给……作脚注
☆ end**not**e	结尾 ＋ 标记	名 尾注

Part 4 表示行为、动作

Unit 123 根 test 测试、证据

 情境对话试水温

🎧 *Track 123*

Sophie: The video of that divorce went viral. Have you seen it?

苏菲：那部离婚的影片一直在快速散播，你有看到吗？

James: Yep. Apparently, the husband and wife **detested** each other.

詹姆士：有。那对夫妻明显很讨厌彼此。

Sophie: What's interesting is that all their children **testified** against their father.

苏菲：有趣的是，他们所有的小孩都跳出来为父亲作证。

James: And the father **protested** in court that they made up a conspiracy to intentionally put him into jail! Haha!

詹姆士：这位父亲在法庭上抗议说他们规划了一个阴谋要陷害他入狱。哈哈！

Sophie: It's funny how two people got married at the first place, wishing a fairy tale ending, but ending up all in vain.

苏菲：有趣的是，最初两个人结婚，期望有一个童话般的结局，但到头来一切都是徒劳。

James: It's a **contest** against human desire, and no one can **attest** without fail the truth of all the words and promises we make to each other.

詹姆士：这是一场人性欲望的比赛，没人能够证实我们当初对彼此所说的话或承诺。

Sophie: How sad. Let's just remain positive!

苏菲：好难过。我们还是保持乐观吧！

单词解析零距离

❶ de 去除＋**test** 证据

detest [dɪ'test] 励 痛恨

延伸用法 detest doing ... 憎恨做……

▶ Sarah **detests** babysitting her sister's children.
莎拉讨厌帮她姐姐带小孩。

❷ **test** 证据 ＋ **ify** 动词后缀

testify ['testɪfaɪ] 勔 证实

延伸用法 **testify to** 证明

▶ Jordan's perfect skill **testifies** to his genius.
乔丹完美的技巧证明了他的天才。

❸ **pro** 往前的 ＋ **test** 测试

protest ['prəʊtest] 名 反抗

延伸用法 **protest rally** 抗议大会

▶ The workers who got laid off decided to stage a **protest** rally.
被裁员的工人决定举行抗议大会。

❹ **con** 一同 ＋ **test** 测试

contest [kən'test] 勔 / 名 竞争

延伸用法 **beauty contest** 选美比赛

▶ The First Lady used to be the beauty **contest** winner in 1998.
第一夫人曾是1998年的选美比赛冠军。

❺ **at** 向、朝 ＋ **test** 试验

attest [ə'test] 勔 证明

延伸用法 **attest to** 证明

▶ He is the only person to **attest** to the truth of what he says.
他是唯一能证明他所说是否正确的人。

延伸补充自然学

☆ **testament**	具证据的性质	名	证据
☆ **attestor**	提出证明的人，证人	名	证人
☆ **contestable**	一起作证 + 形容词后缀，表示能够的	形	可争辩的

Unit 124 根 sign 记号、标记

情境对话试水温

🎧 *Track 124*

Crystal: I'm just **assigned** to deal with the bid for the **design** of the Park.	克莉斯多：我刚刚被指派去处理公园设计的标案了。
Nancy: Wow, that's awesome. This means the manager trusts your ability, so you are his **designate**.	南希：哇，真是太棒了！这意味着经理很信任你的能力，所以你才能成为他的人选。
Crystal: I decided to **resign** for a better position, though. So I recommend you to the manager that he can assign this project to you.	克莉斯多：但我已经为了更好的职位决定辞职了。所以我向经理推荐，可以将这个计划指派给你。
Nancy: What? You are leaving? How can I complete this project by myself without your help?	南希：什么？你要离开了？没有你的帮忙我要怎么独自完成这项计划？
Crystal: Don't worry, Nancy. If you need instruction, you can still come to me. I know your ability is way beyond this.	克莉斯多：南希，别担心。如果你需要指导的话，你还是可以找我帮忙。我知道你的能力不仅仅于此。

单词解析零距离

❶ as 向、朝 **＋ sign** 记号、标记

assign [əˈsaɪn] 勔 分派

延伸用法 assign ... to ...　将……分派给……

▶ The intern was **assigned** to the stockroom.
该实习生被派到仓库工作。

❷ **de** 往下 + **sign** 记号

design [dɪ'zaɪn] 勔 设计

延伸用法 **have designs on ...** 对……存心不良；打……的主意

▶ Obviously the woman has **designs** on the rich old man.
那个女人显然在打那个有钱老人的主意。

Part 4

表示行为、动作

❸ **de** 往下 + **sign** 记号 + **ate** 进行一项行为

designate ['dezɪɡneɪt] 勔 指派

延伸用法 **the ... designate** ……指定人选

▶ As the minister **designate**, John is a focal point wherever he goes.
身为部长的指定人选，约翰无论到哪里都是众人的焦点。

❹ **re** 返、再 + **sign** 标记

resign [rɪ'zaɪn] 勔 辞职

延伸用法 **resign oneself to one's fate** 听天由命

▶ Mary lived a tough life but she never **resigned** herself to her fate. 玛丽尽管生活艰难，却从不听天由命。

⚡ 延伸补充自然学

✿ **signal**	记号的	名 信号、暗号
✿ **cosign**	一起做标记	勔 联合签署保证
✿ **assignment**	被分派到的东西	名 作业

尾 ate —— 使成为行动、造成

情境对话试水温

Track 125

Linda: Can you show me how to activate this chemical reaction?	琳达：你能告诉我怎么激活这一化学反应吗？
Daisy: Just drop this liquid into the vessel. As long as you see the pigments start to circulate, it's done.	黛西：只要把这种液体滴入容器中。只要你看到色素开始循环，就完成了。
Linda: And when should I take the record?	琳达：我应该什么时候做记录呢？
Daisy: All you need to do is to concentrate on the density of the foams, and take notes when the foams begin to drop back down into the liquid.	黛西：你只需要专注于泡沫的密度，并在泡沫开始变回液体时记下来。
Linda: I see. Thank you so much. I remember this procedure's name is abbreviated as FBTD, right?	琳达：我懂了。非常感谢你。我记得这个流程缩写是FBTD，对吧？
Daisy: Yes. It's named after the complicated processes designed by professor Lee.	黛西：对。它以李教授设计的复杂过程命名。
Linda: I see. Thanks again. It's my pleasure to cooperate with you in this project.	琳达：我明白了。再次感谢。很高兴在这个项目中与你合作。

单词解析零距离

① activ 活跃的 + ate 动词后缀，使成为行动

activate ['æktɪveɪt] 动 活化；使……活泼

延伸用法 activate a program 启动程序

▶ You need to press this button to activate this program.
你需要按这个按钮来启动这个程序。

❷ **circ** 圆圈 ＋ **ul** ＋ **ate** 动词后缀，使成为行动

circulate [ˈsɜːkjəleɪt] 勔 循环；环行；传播

延伸用法 rumor circulates 谣言流传

▶ The rumor **circulates** quickly right after the news report of the scandal. 丑闻爆发后，谣言马上就开始流传。

❸ **con** 共同 ＋ **centr** 中心 ＋ **ate** 动词后缀，使成为行动

concentrate [ˈkɒnsntreɪt] 勔 集中；聚集；集结

延伸用法 concentrate on 专注于

▶ I ask myself to **concentrate** on my job and not get influenced by the breakup. 我要求自己专注于我的工作，不受失恋影响。

❹ **abbrevi** 简化 ＋ **ate** 动词后缀，使成为行动

abbreviate [əˈbriːvieɪt] 勔 缩写；使简短

延伸用法 abbreviate...to... 将……缩写为……

▶ Margaret's friends often **abbreviate** her name to "Meg".
玛格丽特的朋友往往将她的名字缩写为梅格。

❺ **co** 共同 ＋ **oper** 执行 ＋ **ate** 动词后缀，使成为行动

cooperate [kəʊˈɒpəreɪt] 勔 合作；协作

延伸用法 cooperate with 和……合作

▶ Our teacher asked us to **cooperate** with the person sitting next to us.
我们老师要求我们和坐在旁边的人合作。

💡 延伸补充自然学

与 ate 意思相近的后缀：act

☆ **retro**act　　反 + 动词后缀，使成为行动　　勔 反作用力

☆ **re**act　　　　回、反 + 动词后缀，使成为行动　　勔 反应

☆ **trans**act　　交换的行动　　勔 交易

Chapter 4

社会生活

Unit 126 根 **anthrop** 人类

🎧 *Track 126*

💬 情境对话试水温

Jake: Hey, how's your project for the **anthropology** class going?	杰克：嘿，你的**人类学**课程的报告做得如何？
Damian: Don't even talk about it. It's a selective course. A **misanthrope** like me doesn't want to do that project.	达米安：别提了。只是一门选修课。像我这样**厌世**的人才不想做那种报告。
Jake: Please get ride of that **misanthropy** vibe. It's always interesting to see how human race evolves till now.	杰克：请抛开**厌世**的氛围。其实观察人类演变很有趣。
Damian: I know what you mean, but I guess I'm more fascinated with **anthropomorphism**. I mean, I don't particularly care about human beings, but I do like the human form.	达米安：我知道你的意思，但我想我更喜欢**拟人论**。我是说，我并不在乎人类演进，但我的确蛮喜欢人类形态。
Jake: I feel like you're a **philanthropist** to this school. Your tuition is basically paid for nothing. I guess you better transfer to the literature department.	杰克：感觉你是来学校**做善事**的，付了学费几乎没有学到东西。我想你还是转到文学系吧。

 单词解析零距离

❶ **anthrop** 人 + **ology** 名词后缀，表示知识；学科

anthropology [ˌænθrəˈpɒlədʒi] 图 人类学

延伸用法 social anthropology 社会人类学

▶ My father is a famous professor in the field of social **anthropology**.
我爸爸在社会人类学领域是一位有名的教授。

❷ **mis** 厌恶 ＋ **anthrop** 人 ＋ **y** 名词后缀

misanthrop**y** [mɪ'sænθrəpi] 名 不愿与人来往；厌世

延伸用法 the trait of misanthropy 厌世的特质

▶ Judging from the way he deals with people, I can tell the trait of misanthropy in his personality.
从他与人相处的方式来看，我可以看出他性格中厌世的特质。

⁃ ⁃

❸ **anthrop** 人 ＋ **o** ＋ **morph** 形状 ＋ **ism** 名词后缀，表示主义

anthropo**morph**ism [ænθrəpə'mɔ:fɪzəm] 名 拟人论；拟人观

延伸用法 the concept of anthropomorphism 拟人论的概念

▶ My English literature professor focuses solely on the concept of anthropomorphism in this class.
我的英国文学教授在这堂课单一地专注于拟人化的概念。

⁃ ⁃

❹ **phil** 爱 ＋ **anthrop** 人 ＋ **ist** 名词后缀，表示人

philanthrop**ist** [fɪ'lænθrəpɪst] 名 慈善家

延伸用法 pretend to be a philanthropist 假装是慈善家

▶ Many politicians pretend to be philanthropists in order to win the votes.
很多政客为了赢得选票，都会假装是慈善家。

⁃ ⁃

❺ **mis** 厌恶 ＋ **anthrop** 人 ＋ **e** 名词后缀，表示人

misanthrop**e** ['mɪsənθrəʊp] 名 厌世者；不愿与人来往者

延伸用法 the mind of a misanthrope 厌世者心理

▶ A fun-loving person like me sometimes finds it hard to understand the mind of a misanthrope.
像我这样乐天的人，有时实在很难理解厌世者的心理。

延伸补充自然学

✿ **anthrop**oid 人 ＋ 形容词后缀，似……的 形 似人类的；类人的

Unit 127 根 **ego** 自我

情境对话试水温

Thomas: Nick is so **egocentric**. Were you there at the group discussion?	托马斯：尼克真的很以自我为中心。你小组讨论时在场吗？
Charlie: No. What's wrong?	查理：不在，怎么了？
Thomas: He wouldn't listen to others, and kept laughing at others' opinions. What an **egomaniac**!	托马斯：他不听别人的话，还只会嘲笑别人的意见。是个自大狂！
Charlie: But to say that he is an **egoist** also implies that he insists on his ideas and wouldn't compromise.	查理：但若说他是个自我主义者，也代表他坚持自己的想法，且不会妥协。
Thomas: That's exactly what I'm saying. His **egoism** has made him a very annoying person and detestable to work with.	托马斯：我就是这个意思。他的自我主义非常讨人厌，而且让人不想跟他合作。
Charlie: Well, somebody needs to challenge him and let him drop his **ego**. That's for sure.	查理：嗯，真该有人来磨磨他，让他抛下自大。

单词解析零距离

1 ego 自我 ＋ centric 中心的

ego**centric** [ˌeɡəʊˈsentrɪk] 彤 自我主义的

延伸用法 egocentric speech 自我中心言语

▶ Egocentric speech is an important phenomenon in children's development of speech and thinking.
自我中心言语是儿童言语和思维发展过程中的一个重要现象。

❷ ego 自我 ＋ **maniac** 名词后缀，病态

egomaniac [ˌegəʊˈmeɪniæk] 名 极端自我主义者

延伸用法 an egomaniac 一个极端自我主义者

▶ Is your boss an **egomaniac**?
你的老板是个极端自我主义者吗?

- -

❸ ego 自我 ＋ **ist** 名词后缀，表示人

egoist [ˈegəʊɪst] 名 自我中心者

延伸用法 an egoist 自我中心者

▶ He is an absolute **egoist**.
他是一个彻头彻尾的利己主义者。

- -

❹ ego 自我 ＋ **ism** 名词后缀，表示主义

egoism [ˈegəʊɪzəm] 名 自大；自我本位

延伸用法 ethical egoism 利己主义

▶ Some people think that ethical **egoism** is blooming in modern society.
有些人认为利己主义在当今社会正在盛行。

- -

❺ ego 自我

ego [ˈiːgəʊ] 名 自我；自我意识；自尊心

延伸用法 have a high ego 自尊心很强

▶ Why do you have a high **ego** when he has already apologized?
他都已经道歉，为什么你还要摆高姿态?

 延伸补充自然学

✡ **egotistical** 以自我为中心 形 自我中心的

Unit 128 根 pot 能力、力量

💬 情境对话试水温

🎧 *Track 128*

Patricia: You didn't attend the meeting in the morning. Let me tell you something. Our boss just called Mary **impotent** in front of everyone.	派翠西亚：你没参加早上的会议。我跟你说，老板在所有人面前说玛丽无能。
Sophie: What? Why?	苏菲：什么？为什么？
Patricia: He straightforwardly said that Mary has no **potential** in being a salesperson.	派翠西亚：他直截了当地说，玛丽没有成为业务员的潜力。
Sophie: Well, it's supposed to be a test. But I think Mary is a very **potent** team leader. She knows how to cheer people up. No one is **omnipotent**.	苏菲：嗯，这应该是在测试她吧。但我觉得玛丽是非常有能力的团队主管。她知道怎么激励人心。没有人是全能的。
Patricia: But our boss focuses solely on how much profit one can bring, and Mary doesn't do well in that aspect. We can't ignore that.	派翠西亚：但是我们老板只考虑一个人能带来多少利润，而玛丽在这方面做得不好。我们不能忽视这一点。
Sophie: That's true, but I think it has something to do with the new drug Mary is responsible for. Its **potency** has not even been tested out. How is she supposed to sell it?	苏菲：说的也是，但我认为这与玛丽负责的新药有关。它的药效甚至还没有经过测试。那要她怎么卖？

⚡ 单词解析零距离

❶ **im** 不 ＋ **pot** 能力 ＋ **ent** 形容词后缀，表示……的

impotent [ˈɪmpətənt] 形 使不上力的

延伸用法 **impotent rage** 无济于事的愤怒

▶ Calm down. **Impotent** rage cannot solve the problem.
冷静下来。无济于事的愤怒无法解决问题。

- -

❷ **pot** 能力 + **ent** ……的 + **ial** 形容词后缀

potential [pə'tenʃl] 名 潜能

延伸用法 **dancing potential** 跳舞的天分

▶ Lily has dancing **potential**, but she needs a teacher to train her.
莉莉有跳舞的天分，但她需要一位老师训练她。

- -

❸ **pot** 能力 + **ent** 形容词后缀

potent ['pəʊtnt] 形 有效的

延伸用法 **potent tea** 浓茶

▶ He drank a cup of **potent** tea in order to stay clear-headed.
他喝了一杯浓茶以保持头脑清醒。

- -

❹ **omni** 全 + **pot** 能力 + **ent** 形容词后缀

omnipotent [ɒm'nɪpətənt] 形 万能的

延伸用法 **the Omnipotent** 全能者（指上帝）

▶ They thanked the **Omnipotent** for giving them food and residence.
他们感谢上帝赐给他们食物与居所。

- -

❺ **pot** 能力 + **ency** 名词后缀

potency ['pəʊtnsi] 名 力量、潜能

延伸用法 **lose potency** 失去效力

▶ If you keep a medicine too long, it may lose its **potency**.
药物存放太久，可能会失去效力。

💡 延伸补充自然学

☆ **plenipotentiary**	完全有能力的	形 有全权的
☆ **potentate**	有能力的人	名 当权者
☆ **impotence**	不 + 能力 + 名词后缀	名 无能

 根 **priv** 私有、个人的

情境对话试水温

Regina: Hey, don't you know how to knock before you get in others' rooms? You are **depriving** my **privacy**!	芮吉娜：嘿，你不知道进别人房间前要先敲门吗？你侵犯了我的隐私！
Ray: Oops, I will remember to do so next time. Lend me some money!	雷：哦，我下次会记得。借我一些钱！
Regina: Don't touch my purse! I haven't agreed to lend you some money, so leave my **private** belongings alone. Don't think you get the **privilege** to do whatever you want just because Mom spoils you. You need to show some respect.	芮吉娜：别碰我的钱包！我还没有答应借钱给你，所以不要碰我的私人物品。不要以为妈妈宠着你，你就有特权做你想做的事。你得表现得尊重点。
Ray: Alright! But we are siblings, why can't I share your **privy** stuff?	雷：好吧！但我们是姐弟，为什么我不能跟你分享你的私人物品？
Regina: It's not sharing! It's taking without others' consensus!	芮吉娜：你这不是分享！是没经过别人同意就拿走！

 单词解析零距离

❶ **de** 去除＋**prive** 私有、个人

deprive [dɪˈpraɪv] 勔 夺取；使丧失

延伸用法 **deprive of** 剥夺

▶ The fact that his father died almost **deprived** him of his will to live.
他父亲过世的事实让他几乎不想活了。

❷ priv 个人 **＋ acy** 名词后缀

priv**acy** ['prɪvəsi] 名 隐私

延伸用法 right of privacy　隐私权

▶ Everyone should respect another person's right of **privacy**.
　每个人都应该尊重他人的隐私权。

❸ priv 私有、个人 **＋ ate** 形容词后缀

priv**ate** ['praɪvət] 形 私人的

延伸用法 private school　私立学校

▶ My sister goes to a **private** girls' high school.
　我妹妹就读于一所私立女子高中。

❹ priv 个人 **＋ ilege** 指定、法律

priv**ilege** ['prɪvəlɪdʒ] 名 特权

延伸用法 diplomatic privilege　外交特权

▶ Both ambassadors or envoys enjoy diplomatic **privileges**.
　大使或使节都享有外交特权。

❺ priv 私有、个人 **＋ y** 形容词后缀

priv**y** ['prɪvi] 形 私人的

延伸用法 be privy to ...　对……知情

▶ None of them is **privy** to the details of the contract.
　他们之中没有人知道合约的内容细节。

⚡ 延伸补充自然学

☆ **under**priv**ileged**　在享有特权的人下面　形 穷困的；弱势的
☆ priv**ileged**　与个人有关之法律的　形 享特权的
☆ priv**atization**　私人化的　名 民营化；私有化

Unit 130

根 **demo** 人民

🎧 *Track 130*

Ellie: Do you know that he is a **democrat**?	艾莉：你知道他是民主党的吗？
Mars: Of course. And it's quite obvious actually. He's all for **democracy**.	马尔思：当然。而且其实很明显。他崇尚民主。
Ellie: Well, what's so good about democracy anyway? Can we survive on a minimum basis under a **democratic** system?	艾莉：这样啊，但民主说到底有什么好啊？我们可以在民主制度下以最低限度活着吗？
Mars: I'm not going to say that you're going to be super rich, but without human rights, which democracy protects, you won't even be able to "try to survive."	马尔思：我不会说你会变得超有钱，但没有人权，也就是民主所保障的东西，你大概连"谋求生存"都不太可能办得到。
Ellie: Is it that serious?	艾莉：这么严重？
Mars: Just look at this **demographic** data, and you'll know.	马尔思：就看看这份人口统计数据吧，你就会知道了。
Ellie: Wow … this is brutal. I hope all the countries get **democratized**.	艾莉：哇，这好残忍。我希望所有的国家都可以民主化。
Mars: That's not necessarily helpful. The key point is the protection of the exertion of civil rights.	马尔思：那并不一定有帮助。关键是公民权利行使的保护。

 单词解析零距离

❶ **demo** 人民 + **crat** 支持某政体的人

democrat [ˈdeməkræt] 名 民主主义者

延伸用法 the Democrats 民主党
▶ I'll always stay by the **Democrats** and vote for them.
我会始终支持民主党并为他们投票的。

❷ **demo** 人民 + **cracy** 统治

democracy [dɪ'mɒkrəsi] 名 民主
延伸用法 true democracy 真正的民主
▶ A true **democracy** allows free speech.
真正的民主是允许言论自由的。

❸ **demo** 人民 + **crat** 支持某政体的人 + **ic** 形容词后缀

democratic [ˌdemə'krætɪk] 形 民主的
延伸用法 democratic politics 民主政治
▶ How do you view the current **democratic** politics?
你如何看待当下的民主政治？

❹ **demo** 人民 + **graph** 写 + **ic** 的

demographic [ˌdemə'græfɪk] 形 人口统计学的
延伸用法 demographic data 人口资料、人口资料
▶ I need more **demographic** data. Could you provide me more?
我需要更多的人口资料，你能多提供给我一点吗？

❺ **demo** 人民 + **crat** 支持某政体的人 + **ize** 化

democratize [dɪ'mɒkrətaɪz] 动 使……民主化
延伸用法 democratize (a country) 使一个国家民主化
▶ Can they help **democratize** the Middle East?
他们能帮助中东地区走向民主吗？

 延伸补充自然学

demo的变化型：dem

☆ **en**dem**ic**　　　在人民之间的　　　形 地方的
☆ **epi**dem**ic**　　　在人民中间的　　　形 传染的、流行的
　　　　　　　　　　　　　　　　　　　　　名 传染病、流行病

根 **habit** 居住

 情境对话试水温

🎧 *Track 131*

Chloe: The news says the government is going to enforce urban renewal in this area.	克洛伊：新闻说政府将会在这个地区进行城市改建。
Charlotte: Really? But I still see some **habitants** living here. Hasn't the government persuaded them to move?	夏洛特：真的吗？但我仍然看到有些居民住在这里。政府还没说服他们搬走吗？
Chloe: They has. However, the **inhabitants** urged to preserve the heritage next door, and also renovate it, so it would be integrated more into the renewal project, not like an **uninhabited** house.	克洛伊：有啊。但这些居民要求保存隔壁的遗迹，并且翻新，让其看起来融入改建项目，而不像没有人居住的房子。
Charlotte: That's true. But how did the government say?	夏洛特：说得没错，但政府怎么回应的？
Chloe: The government and the construction company agreed, but they said the completion date would be delayed, so they would like to start the project immediately without thorough plan.	克洛伊：政府与建筑公司都同意了，但他们说完工日期会延宕，所以在没有完整规划下便想立即开工。
Charlotte: No wonder the residents still **inhabit** in here. Those are mere words without a factual basis after all.	夏洛特：难怪这些居民仍然住在这里，毕竟口说无凭。

单词解析零距离

❶ habit 居住 ＋ **ant** 人

habitant ['hæbɪtənt] 名 居民、居住者

延伸用法 the habitant farmhouse 居民农舍

▶ These are the **habitant** farmhouses of old Quebec.
这些就是老魁北克时期的居民农舍。

- -

❷ in 里面 ＋ **habit** 居住 ＋ **ant** 人

inhabitant [ɪn'hæbɪtənt] 名 居住者、居民、栖息者

延伸用法 native inhabitant 本地人

▶ The native **inhabitants** here have a different eating habit.
这里的本地居民有着跟别人不一样的饮食习惯。

- -

❸ un 没有 ＋ **in** 内、里面 ＋ **habit** 居住 ＋ **ed** 形容词后缀

uninhabited [ˌʌnɪn'hæbɪtɪd] 形 无人居住的、无人迹的

延伸用法 an uninhabited island 一个无人居住的荒岛

▶ The poor prince was banished to an **uninhabited** island.
可怜的王子被放逐到一个无人居住的荒岛上。

- -

❹ in 里面 ＋ **habit** 居住

inhabit [ɪn'hæbɪt] 动 存在于、居住在

延伸用法 inhabit in a city 居住在城市

▶ More and more people choose to **inhabit** in cities.
有越来越多的人愿意选择居住在城市。

延伸补充自然学

☆ **habitable**	能够居住的	形 可居住的
☆ **habitation**	居住的行为	名 居所、生活环境
☆ **habitat**	居住的地方	名 栖息地
☆ **cohabitation**	一起居住的行为	名 同居生活
☆ **cohabitant**	一起居住的人	名 同居人

269

Unit 132  根soci 交际

情境对话试水温

🎧 *Track 132*

Mark: You seem to be in a bad mood. Why?

马克：你看起来心情很差，怎么了？

Ying: Paul, the associate editor of TMS is one of my consociate members. We're trying to obtain the distribution right of a new brand in Britain. Paul is sociable, but recently I found out that he is such a social climber that only makes contact with wealthy people and clients. Whenever we have meetings, he dissociated himself from working.

莹：TMS的副总编保罗是我的合伙人之一，我们正尝试要代理一个英国品牌。保罗擅长交际，但我最近发现他只跟有钱人及客户接触，想往更高的社会阶层爬。每次我们开会的时候，他都让自己从工作中抽离。

Mark: Maybe that's because there's a higher possibility the rich may invest your company?

马克：也许这是因为有钱人较有可能投资你们公司？

Ying: I don't know. He said that I'm antisocial because I never join their party in the bar. I guess he mistook antisocial with being efficient.

莹：我不知道，他觉得我很不善交际，因为我从不参加他们在酒吧的派对。但我想他大概搞不清楚反社交和做事有效率之间的差别吧。

单词解析零距离

1 anti 反 ＋ soci 交际 ＋ al 形容词后缀

antisocial [ˌænti'səʊʃl] 形 反社会的

延伸用法 an antisocial deed 反社会行为

▶ The boy's self-mutilation is obviously an antisocial deed.
男孩的自残无疑是一种反社会行为。

❷ as 向、朝 ＋ **soci** 交际 ＋ **ate** 动词后缀，使……成为

associate [ə'səʊʃieɪt] 动 联想 名 伙伴 形 副的

延伸用法 **associate professor** 副教授

▶ Dr. Lin is an **associate** professor of Anthropology in Harvard University.
林博士是哈佛大学的人类学副教授。

❸ con 共同 ＋ **soci** 交际 ＋ **ate** 动词后缀，使……成为

consociate [kən'səʊʃieɪt] 动 联合

延伸用法 **consociate member** 合伙人

▶ We were introduced to all the **consociate members** of his business.
他把我们介绍给他事业上所有的合伙人。

❹ dis 不、否 ＋ **soci** 陪伴 ＋ **ate** 动词后缀，使……成为

dissociate [dɪ'səʊʃieɪt] 动 分开

延伸用法 **dissociate oneself from ...** 否认与……有关系

▶ All his friends **dissociated** themselves from him as soon as he was accused of a murder.
他一遭指控谋杀，他所有的朋友便马上撇清与他之间的关系。

❺ soci 交际 ＋ **able** 形容词后缀，能够……的

sociable ['səʊʃəbl] 形 善交际的

延伸用法 **a sociable chat** 社交性的谈话

▶ Making new friends is hard. A delightful **sociable** chat is a good start.
交新朋友不难，一段愉快的社交谈话就是个好开始。

❻ soci 交际 ＋ **al** 形容词后缀

social ['səʊʃl] 形 社会的

延伸用法 **social climber** 攀龙附凤者、攀附权贵向上爬者

▶ A **social** climber like him won't give up the opportunity to marry a rich woman. 他那种攀龙附凤的家伙不会放弃娶有钱女人的机会。

💡 延伸补充自然学

✡ **sociology**	社会学科的	名 社会学
✡ **sociopolitical**	社会学 ＋ 政治的	形 社会政治的

Unit 133 根  **serv(e)** 服务、保留

💬 情境对话试水温

🎧 *Track 133*

William: Stop running. You need to **conserve** energy for the next race.	威廉：不要再跑了。你需要为下一场赛事保留体力。
Rebecca: It's okay. My mom has **preserved** some energy food for me.	瑞贝嘉：没关系。我妈妈替我保留了一些能量食品。
William: Well, it's still safer to have some spirit in **reserve**.	威廉：这个嘛，还是留点精神比较保险。
Rebecca: I know. I just don't want to be in **servitude** for fame and all that.	瑞贝嘉：我知道。我只是不想被名利那类东西所奴役。
William: But with all the hard work, you **deserve** the prizes.	威廉：但是你的辛勤值得那些奖赏。
Rebecca: Isn't owing up to one's heart enough?	瑞贝嘉：对得起自己不就够了吗？

 单词解析零距离

① **con** 共同 ＋ **serve** 保存

conserve [kən'sɜːv] 勯 保存

延伸用法 fruit conserve 水果蜜饯

▶ The hostess served her guests with her homemade cranberry fruit **conserve**.
女主人为宾客端上她自制的蔓越莓水果蜜饯。

❷ **pre** 事前 + **serve** 保存

preserve [prɪˈzɜːv] 动 保存

延伸用法 preserve ...from ... 保护……免于……

▶ Salt **preserves** meat from rotting.
盐能保存肉类，使其免于腐坏。

- -

❸ **re** 加强 + **serve** 保存

reserve [rɪˈzɜːv] 动 保留

延伸用法 in reserve 储用、储备

▶ It is important to have some money in **reserve**.
有一些备用的钱是很重要的。

- -

❹ **serv** 服务 + **i** + **tude** 名词后缀

servitude [ˈsɜːvɪtjuːd] 名 奴役状态

延伸用法 in servitude 被奴役

▶ These black people spent their lives in **servitude**.
这些黑人一辈子被奴役。

- -

❺ **de** 去除 + **serve** 服务

deserve [dɪˈzɜːv] 动 应得（赏、罚）

延伸用法 get what one deserve 罪有应得；得到应得的

▶ To the satisfaction of everyone, the bully finally got what he **deserved**.
那个恶棍总算罪有应得，真是大快人心。

Unit 134 根 **leg** 指定、法律

 情境对话试水温

🎧 *Track 134*

Lily:	There are some people caught with **illegal** possession when they were trying to walk through the Japanese customs today.	莉莉：有些人今天在过日本海关的时候被抓到拥有非法物品。
Marshall:	Yeah, I heard of that. It's a large amount of gold, and might cause them serious criminal responsibilities.	马歇尔：嗯，我听说了。是大量的黄金，而且也许会有严重的刑事责任。
Lily:	Isn't **legal** to bring the gold? Won't the government **delegate** some officials to help them?	莉莉：携带黄金不是合法的吗？政府会指派一些官员去帮助他们吗？
Marshall:	It's very severe to carry gold to Japan without declaration, so I don't think the officials will be sent. It's dishonor to use the **privilege** to cut down on the punishment after all. Those people would just be scapegoats; the real mastermind might get away from this.	马歇尔：携带黄金到日本且不申报是很严重的，所以我认为不会派官员过去，毕竟使用特权去减刑是不光彩的。那些人只是代罪羔羊而已，真正的主谋也许会逃过一劫。
Lily:	Those people are silly to carry the gold just to earn quick money. They should have known the **legality** of the content of the luggage before saying yes.	莉莉：这些人为了快速赚钱实在是太愚蠢了，他们在答应之前就应该要知道行李内容物的合法性。

⚡ 单词解析零距离

❶ il 不、否 ＋ **leg** 法律 ＋ **al** 形容词后缀

illegal [ɪˈliːgl] 形 违法的、非法的

延伸用法 **illegal immigrant** 非法移民

▶ There are a lot of **illegal** immigrants from Mexico in this town.
这个小镇里有许多来自墨西哥的非法移民。

❷ **leg** 法律 ＋ **al** 形容词后缀

legal ['li:gl] 形 合法的、正当的

延伸用法 **legal holiday** 法定假日

▶ You can't make us to work on **legal** holidays.
你不能强迫我们在法定假日上班。

❸ **de** 源自某地 ＋ **leg** 指定、法律 ＋ **ate** 名词后缀

delegate ['delɪgət] 动 委托、委派

延伸用法 **walking delegate** 工会代表

▶ These workers prepared to complain to the walking **delegate** next week. 这些工人准备下星期向工会代表抱怨。

❹ **privi** 个人 ＋ **leg** 指定、法律 ＋ **e**

privilege ['prɪvəlɪdʒ] 名 特权、给……优待

延伸用法 **executive privilege** 行政官员豁免权（行政官员可拒绝出席法庭作证的特权）

▶ Mayor Jason was absent again; people said he always use executive **privilege** inappropriately.
杰森市长又缺席了，人们说他总是不当使用行政官员豁免权。

❺ **leg** 法律 ＋ **ality** 名词后缀

legality [li:'gæləti] 名 合法性

延伸用法 **legality of abortion** 堕胎的合法性

▶ The **legality** of abortion is still controvertible.
堕胎的合法性依然很具争议。

延伸补充自然学

☆ **leg**islate	法律 + 动词后缀	动 立法
☆ **leg**islature	带来法律的地方	名 立法机构
☆ **leg**islation	关于法律的行为	名 立法

根 **norm** 规范

情境对话试水温

Andy: Have you seen that **abnormal** creature the biologists just brought in? It's **enormous** and horrifying!	安迪：你看到生物学家们刚刚带进来的那个畸形物种了吗？超大而且超吓人的！
Marvin: Well, as a biologist yourself, you shouldn't be so definitive toward what's **normal** and what's **subnormal**.	马文：这个嘛，你自己身为一名生物学家，不应该对于什么是正常的以及什么是不正常的有这么清楚的分界。
Andy: I know, but that thing has this horrid face and body parts. It got on my nerves. It should at least have symmetrical eyes!	安迪：我知道，但是那个东西有超吓人的脸和四肢。我觉得好不舒服。它应该至少要有对称的眼睛！
Marvin: Stop **normalizing** things you see. You'd be happier.	马文：不要再把你看见的东西正常化了。你会开心一点。
Andy: Why are you always so calm?	安迪：你怎么总是这么冷静？
Marvin: Because I'm open-minded.	马文：因为我思想开明。

单词解析零距离

1 **ab** 离开＋ **norm** 规范＋ **al** 形容词后缀

abnormal [æb'nɔ:ml] 形 异常的

延伸用法 abnormal behavior 异常行为

▶ Parents should be aware of any **abnormal** behavior of their children.
父母必须注意孩子们任何异常的行为。

② e 出 ＋ **norm** 规范 ＋ **ous** 形容词后缀

enormous [ɪˈnɔːməs] 彫 巨大的

延伸用法 enormous expenses 庞大的开支

▶ His slender salary couldn't afford the **enormous** medical expenses. 他微薄的薪水负担不起这项庞大的医药费。

③ **norm** 规范 ＋ **al** 形容词后缀

normal [ˈnɔːml] 彫 正常的

延伸用法 normal school 师范学校

▶ He goes to a **normal** school because he wants to become a teacher. 因为想当老师，所以他上师范学校。

④ **sub** 在⋯⋯之下 ＋ **norm** 规范 ＋ **al** 形容词后缀

subnormal [ˌsʌbˈnɔːml] 彫 不及正常的

延伸用法 subnormal intelligence 智力偏低

▶ It's quite rude to call a person of **subnormal** intelligence aretarded. 以白痴称呼一个智力偏低的人是相当无礼的行为。

⑤ **norm** 规范 ＋ **al** 形容词后缀，⋯⋯的 ＋ **ize** 动词后缀，使⋯⋯成为

normalize [ˈnɔːməlaɪz] 劻 使⋯⋯正常化

延伸用法 normalize deviant behavior 导正偏差行为

▶ The guidance counselor is trying to **normalize** deviant behavior of the boy. 辅导老师试图导正男孩的偏差行为。

🔋 延伸补充自然学

☆ **norm**	规范	名	基准
☆ **enormity**	超出规范的	名	极大

 根 polit 政治

 情境对话试水温

Track 136

George: It's very **impolitic** of this **politician** to do this. He just ruined his career.	乔治：这名政客做这件事真是不智之举，根本就毁了他的职业生涯。
Ava: Why? **Politics** is very complex and unpredictable. You never know.	伊娃：为什么？政治很复杂又很难预测，你永远都摸不透。
George: That may be true, but I still think there are some basic **political** guidelines to follow. Otherwise, there won't be any department of political science.	乔治：是没错，但我认为还是有些基本政治的准则可以遵循，否则就不会有政治系存在。
Ava: You mean there's still a fine line of what is **politic** to do in terms of one's political development.	伊娃：你的意思是，就一个人的政治发展而言，什么是明智的做法是有一条精准界限的。
George: Yes. And it's never too late for a politician to apologize!	乔治：是呀，而且政客道歉永远不嫌晚！

单词解析零距离

❶ im 不 + **polit** 政治 + **ic** 形容词后缀，表示属于……的

impolitic [ɪmˈpɒlətɪk] 彲 失策的；不当的

延伸用法 an impolitic approach to ... 处理……的方法失策

▶ How the government suppressed the riot was an **impolitic** approach to address this sensitive issue.
政府镇压此次暴动的方式是处理敏感议题的不当举动。

❷ **polit** 政治 ＋ **ic** 与……相关的 ＋ **ian** 名词后缀，表示人

politician [ˌpɒləˈtɪʃn] 名 政客

延伸用法 politician's lies 政客的谎言

▶ People are getting sick of those **politicians**' lies.
人们已经越来越厌倦那些政客的谎言了。

❸ **polit** 政治 ＋ **ics** 名词后缀，学科

politics [ˈpɒlətɪks] 名 政治学

延伸用法 party politics 政党政治

▶ She was once the human face of party **politics**.
她曾是政党政治的标志性人物。

❹ **polit** 政治 ＋ **ical** 形容词后缀，表示与……相关的

political [pəˈlɪtɪkl] 形 政治的；政治上的；政党的；党派的

延伸用法 political parties 政党

▶ They are the two main **political** parties in this country.
它们是这个国家的两大政党。

❺ **polit** 政治 ＋ **ic** 形容词后缀，表示与……相关的

politic [ˈpɒlətɪk] 形 精明的

延伸用法 body politic 全体人民；国家

▶ It is their ambition to make themselves into a sovereign and independent body **politic**.
成为一个主权独立的国家是他们的夙愿。

延伸补充自然学

polit的变化型：polic、polis

☆ **policy**　　　　具政治性质的事　　　名 政策

☆ **metropolis**　　如母亲一般的都市　　名 首都

☆ **necropolis**　　充满尸体的城市　　　名 大墓地

☆ **police**　　　　与政治相关的人　　　名 警察

根 domin 统治

💬 情境对话试水温

Laura: I just read a piece of news article. It says that even though the country has a new **domineering** dictator. With lack of experience, a new kind of virus begins to **predominate** its principal cities.	劳拉：我刚看一篇新闻，说这个国家有了一位新的嚣张跋扈的独裁者，但因为没经验，一种新的"病毒"占领了主要城市。
Daniel: Oh, you mean the infamous military rebel. I wouldn't be surprised, though. The **domination** is basically illegal. He "buys" the country with guns.	丹尼尔：哦，你是指那些无耻的叛军，但我不意外。这种统治基本上是非法的，是用枪支"买下"这个国家。
Laura: That's a very precise way to put it. The public doesn't want him and his crew to **dominate** their precious land. I hope his presidency can end soon.	劳拉：这是很精确的解释。民众不想要他的团队来统治他们宝贵的土地。希望他的总统任期能尽快结束。
Daniel: I'm very pessimistic about this. He is now in a **dominant** position in the country's political and economical status.	丹尼尔：我觉得不乐观。他目前在该国的政治和经济方面正处于主导的地位。
Laura: Let's pray for the people then.	劳拉：让我们为那些人祈祷吧。

 单词解析零距离

❶ **domin** 统治 ＋ **eer** 名词后缀，表示人

domineer [ˌdɒmɪˈnɪə] 动 跋扈

延伸用法 domineer over 跋扈、高耸

▶ The new manager tried to **domineer** over everyone.
新经理试图对每个人都专横跋扈。

❷ **pre** 前、先 ＋ **domin** 统治 ＋ **ate** 动词后缀，表示行动

predominate [prɪˈdɒmɪneɪt] 动 占主导地位

延伸用法 predominate over 统治、支配、占优势

▶ Knowledge will always **predominate** over ignorance.
知识总是会胜过无知。

❸ **domin** 统治 ＋ **ation** 名词后缀，表示行为

domination [ˌdɒmɪˈneɪʃn] 名 支配

延伸用法 world domination 统治世界

▶ This failure would put an end to his dream of world **domination**.
这次失败将结束他主宰世界的梦想。

❹ **domin** 统治 ＋ **ate** 动词后缀，表示行动

dominate [ˈdɒmɪneɪt] 动 统治、支配

延伸用法 dominate over 统治、支配

▶ He was **dominating** over the party at one time.
他曾一度在党内有支配地位。

❺ **domin** 统治 ＋ **ant** 形容词后缀，表示……状态的

dominant [ˈdɒmɪnənt] 形 统治状态的

延伸用法 the dominant partner 举足轻重的合伙人

▶ Don't you know him? He is the **dominant** partner of the company.
你不认识他吗？他是公司中举足轻重的合伙人。

延伸补充自然学

domin的变化型：dom

☆	**domestic**	与房屋有关的	形 家庭的；国内的
☆	**domain**	与房屋、人有关的	名 领地
☆	**domicile**	房屋 ＋ 统计的单位	名 住所

 **情境对话试水温**

🎧 *Track 138*

Tom: This lesson is about how the **regicide** affected the economy of the main economic **regions** of this country back in 1860s.	汤姆：这一课是有关1860年代弑君对这国家主要经济区域的经济影响。
Eve: So, poverty, epidemics, and famine were basically **regular** phenomenon.	伊芙：所以，贫穷、传染病和饥荒基本上都很常见。
Tom: Correct.	汤姆：没错。
Eve: Had not **regional** administration done anything?	伊芙：地方的政府没有采取任何措施吗？
Tom: They were all controlled by the **regal** powers, who were only focusing on the expansion of oversea colonies.	汤姆：他们都被皇室的权力掌控，只在乎扩张海外殖民地。
Eve: I see. I was glad I wasn't born in that era.	伊芙：我懂了。好险我没有出生在那个年代。

单词解析零距离

❶ reg 统治 ＋ **i** ＋ **cide** 名词后缀，表示杀

regicide [ˈredʒɪsaɪd] 名 弑君

延伸用法 be charged with regicide 被控弑君罪

▶ I can't believe that Sam was charged with **regicide**.
我不敢相信萨姆被控犯了弑君罪。

❷ **reg** 统治＋**ion** 名词后缀

region [ˈriːdʒən] 名 地域

延伸用法 **in the region of** 大约、差不多

▶ This designer handbag costs in the **region** of US$3,000.
这个名牌包价值三千美元左右。

❸ **reg** 统治＋**ular** 形容词后缀，表示有……性质的

regular [ˈreɡjələ(r)] 形 规律的

延伸用法 **regular script** 楷书

▶ Most of his manuscripts were written in running script rather than **regular** script.
他大部分的手稿是以草书而非楷书书写的。

❹ **reg** 统治＋**ion** 关系＋**al** 形容词后缀

regional [ˈriːdʒənl] 形 区域性的

延伸用法 **regional committee** 地区委员会

▶ The **regional** committee this year will be held in the beginning of July.
今年的地区委员会将在七月初举行。

❺ **reg** 统治＋**al** 形容词后缀

regal [ˈriːɡl] 形 王室的

延伸用法 **regal attire** 帝王服饰

▶ The king looked quite awe-inspiring in **regal** attire.
身穿帝王服饰的国王看起来十分威严。

🔋 延伸补充自然学

| ☆ **irregular** | 不听命令的 | 形 不规律的 |
| ☆ **regulator** | 统治的物 | 名 调节器 |

Unit 139 尾 ia — 疾病、病痛

情境对话试水温

Kathy: Are you okay? You look so pale.

凯茜：你还好吗？你看起来好苍白。

Betty: I suffered from severe insomnia recently, and I also just recovered from pneumonia. The world is not treating me well these days.

贝蒂：我最近严重失眠，而且我的肺炎也才刚好。最近真的是衰事连连。

Kathy: Oh my God. And you seem a bit edgy. Any hysteria symptoms?

凯茜：我的天。而且你看起来有点暴躁。有任何情绪激动的症状吗？

Betty: Yes, it's coming from paranoia. My doctor said that I need to quit my job and take at least half a year's rest.

贝蒂：有，是来自于偏执症。我的医生说我需要辞职，然后至少休息半年。

Kathy: You really should do so. Please regain your health as soon as possible!

凯茜：你真的应该这么做。请尽快恢复健康！

单词解析零距离

1 insom 失眠＋n＋ia 疾病

insomnia [ɪnˈsɒmniə] 图 失眠

延伸用法 learned insomnia 学习性失眠

▶ Patients with learned insomnia are anxious about not being able to fall asleep.
学习性失眠的患者会忧虑自己无法入睡。

❷ **pneumon** 肺的 ＋ **ia** 疾病

pneumonia [njuːˈməʊniə] 名 肺炎

延伸用法 **atypical pneumonia** 非典型性肺炎

▶ The woman was diagnose with atypical **pneumonia**.
女子被诊断患了非典型性肺炎。

· ·

❸ **hyster** 歇斯底里 ＋ **ia** 疾病

hysteria [hɪˈstɪəriə] 名 歇斯底里

延伸用法 **in hysteria** 歇斯底里症发作

▶ She started screaming and weeping uncontrollably in **hysteria**.
歇斯底里症发作时，她会开始无法控制地尖叫和哭泣。

· ·

❹ **parano** 偏执狂的 ＋ **ia** 疾病

paranoia [ˌpærəˈnɔɪə] 名 妄想症、偏执症

延伸用法 **border on paranoia** 近乎偏执

▶ Julia's passion for photography borders on **paranoia**.
茱莉亚对摄影的热爱近乎偏执。

⚡ 延伸补充自然学

| ✡ **dyspepsia** | 消化不良的 ＋ 病痛 | 名 消化不良 |
| ✡ **malaria** | 疟疾的 ＋ 疾病 | 名 疟疾 |

Unit 140  尾 **ics** 学科、学术

💬 情境对话试水温

🎧 *Track 140*

Ellen: I bumped into Ricky's mom yesterday, and she told me that Ricky has got into the **Athletics** Hall of Fame in his school.	艾伦：我昨天遇到瑞奇的妈妈，她告诉我瑞奇进入了他学校的体育名人堂。
Robert: Her son is also a senior, right?	萝伯：他儿子也是高三生，对吧？
Ellen: Yes, and he is deciding his major now. It could be **economics**, **electronics**, **statistics**, and applied **mathematics**.	艾伦：对，他现在正在决定他的专业。可能是经济学系、电子系、统计学系，以及应用数学系。
Robert: That's cool. What about OUR son?	萝伯：真棒！那我们的儿子呢？
Ellen: Computer engineering. He is confident that he could get the admission.	艾伦：计算机工程。他很有自信能被录取。
Robert: … He is so positive. I never see him studying or preparing for his application packet. We should use some **tactics** to encourage him to get well-prepared for the upcoming interviews.	萝伯：……他好乐观，我从没看过他读书或准备申请资料，我们应该采取一些策略鼓励他在即将到来的面试里做好准备。
Ellen: Don't worry. Let's just be supportive of him.	艾伦：别担心，我们全力支持他就够了。

 单词解析零距离

❶ **athle** 竞赛 ＋ **t** ＋ **ics** 学科、学术

athletics [æθ'letɪks] 名 体育运动

延伸用法 athletics meet 运动会

▶ The **athletics** meet is held once every year. 运动会一年举行一次。

❷ **econom** 经济 ＋ **ics** 学科、学术

economics [ˌiːkəˈnɒmɪks] 名 经济

延伸用法 home economics 家政学；家庭经济学

▶ In the past, home **economics** was a required course for girls in high school. 家政课过去是女生在高中时的必修课。

❸ **electron** 电子 ＋ **ics** 学科、学术

electronics [ɪˌlekˈtrɒnɪks] 名 电子学科

延伸用法 physical electronics 物理电子学

▶ Joseph will attend the school of physical **electronics** this summer.
约瑟夫今年夏天就要进那所物理电子学院就读了。

❹ **mathemat** 数学 ＋ **ics** 学科、学术

mathematics [ˌmæθəˈmætɪks] 名 数学

延伸用法 applied mathematics 应用数学

▶ Oliver has been a professor of applied **mathematics** for many years.
奥利弗已担任应用数学教授多年。

❺ **stat** 站立 ＋ **ist** ＋ **ics** 学科、学术

statistics [stəˈtɪstɪks] 名 统计学

延伸用法 vital statistics 生命统计；人口动态统计

▶ According to the vital **statistics**, the birthrate in this country is declining rapidly.
根据人口动态统计，这个国家的出生率正在快速下降中。

❻ **tact** 接触 ＋ **ics** 学科、学术

tactics [ˈtæktɪks] 名 策略、战术

延伸用法 scare tactics 恐吓战术

▶ The government used scare **tactics** to encourage their youngsters to go into the army. 政府用恐吓战术鼓励年轻人参军。

Unit 141 尾 ism 主义、学说

情境对话试水温

🎧 *Track 141*

Eric: Bob has been working on terrorism issues for weeks. Some said that terrorism has something to do with racism and radicalism. People, following radicalism, claim that social conservatism slows down the advancement of a country. That's why some of them take extreme actions.

埃里克：鲍柏正钻研恐怖主义议题好几周了，有些人说恐怖主义与种族主义、激进主义有关。激进主义的追随者主张社会保守主义会延缓国家的进步，这也是为什么有一部分人会采取极端的手段。

Jay: Wait…You mean Bob is now in international news department? He was studying Darwinism last month for his report. Transferring to international news department should be really challenging!

杰：等等，你是说鲍柏现在在国际新闻组吗？他上个月还在为了报告研究达尔文学说。调任到国际新闻组是很大的挑战！

Eric: Being a journalist is never easy!

埃里克：当记者本来就不是简单的事！

单词解析零距离

❶ terror 恐怖 ＋ **ism** 主义

terrorism ['terərɪzəm] 名 恐怖主义

延伸用法 consumer terrorism 消费者恐怖主义

▶ He was suspected to use consumer terrorism to extort money from the manufacturer. 他涉嫌利用消费者恐怖主义向制造商勒索。

❷ rac(e) 种族 ＋ **ism** 主义

racism ['reɪsɪzəm] 名 种族歧视

延伸用法 environmental racism 环境种族主义

▶ They took a firm stand against environmental **racism**.
他们坚决反对环境种族主义。

❸ **radical** 彻底的 ＋ **ism** 主义

radicalism ['rædɪkəlɪzəm] 图 激进主义

延伸用法 campus **radicalism** 校园激进主义

▶ The raising campus **radicalism** starts to worry the government.
不断升高的校园激进主义开始让政府感到担忧。

❹ **conservat** 保守 ＋ **ism** 主义

conservatism [kən'sɜːvətɪzəm] 图 保守主义

延伸用法 social **conservatism** 社会保守主义

▶ Some believe that social **conservatism** will obstruct the advancement of a country.
有些人认为社会保守主义会阻碍国家的进步。

❺ **Darwin** 达尔文 ＋ **ism** 学说

Darwinism ['dɑːwɪnɪzəm] 图 达尔文学说

延伸用法 social **Darwinism** 社会达尔文主义

▶ In my opinion, social **Darwinism** is a theory based on racial discrimination. 在我看来，社会达尔文主义是个以种族主义为基础的理论。

⚡ 延伸补充自然学

☆ **femin**ism 女性的主义 图 女权运动

☆ **national**ism 国家的主义 图 民族主义

Unit 142  **olgy, ology**

研究、学科

情境对话试水温

🎧 *Track 142*

Linda:	Have you decided on what to major? I assume it's still anthropology?	琳达：你决定好要主修什么了吗？我猜你还是人类学？
Lily:	No. After I've done my research, I found out even though anthropology is related to the study of human beings, I'm more interested in archaeology. I like discovering what human being have done before. What about you?	莉莉：不。在我做完功课之后，我发现虽然人类学和人类的研究相关，但我还是对考古学比较有兴趣，我喜欢去挖掘人类以前做过的事。你呢？
Linda:	Opposite to yours, my passion is in animals. So, I've decided to study as a vet, and minor in zoology. Hopefully, I can work in a zoo after I graduate.	琳达：和你相反，我的热情在于动物。所以，我决定要学习当一名兽医，然后辅修动物学。希望我可以在毕业后进入动物园内工作。
William:	Why didn't you guys ask mine? I decided to study in phenomenology because I'm interested in both human beings and animals! I'm going to study every phenomenon I see!	威廉：为什么你们不问我的？我决定去读现象学，因为我对于人类和动物都很有兴趣！我要去钻研我所见到的每一个现象！
Linda and Lily:	That's why we didn't ask you.	琳达和莉莉：这就是为什么我们不问你。

 单词解析零距离

① **anthrop** 人类 ＋ **ology** 学科

anthropology [ˌænθrəˈpɒlədʒɪ] 名 人类学

延伸用法 modern anthropology 现代人类学

▶ Claude Lévi-Strauss is the father of modern **anthropology**.
克洛德·列维-斯特劳斯是现代人类学之父。

❷ **archaeo** 古老的 + **ology** 学科

archaeology [ˌɑ:kiˈɒlədʒi] 名 考古学

延伸用法 the methods of archaeology 考古学方法

▶ The team decided to employ the methods of **archaeology** to explore this issue.
这个团队决定使用考古学的方法来探讨这个议题。

❸ **zoo** 动物 + **logy** 学科

zoology [zuˈɒlədʒi] 名 动物学

延伸用法 the study of zoology 动物学的研究

▶ Surprisingly, the study of **zoology** can actually help us understand human evolution better.
令人惊讶的是，动物学的研究其实可以帮助我们更深入了解人类演化。

❹ **phenomen** 现象 + **ology** 学科

phenomenology [fɪˌnɒmɪˈnɒlədʒi] 名 现象学

延伸用法 the profundity of phenomenology 现象学的深奥

▶ Many graduate students are greatly confounded by the profundity of **phenomenology**.
许多研究生对现象学的奥义感到困惑不已。

延伸补充自然学

☆ **astrology**	星星的 + 学科	名 占星学
☆ **biology**	生物的 + 学科	名 生物学
☆ **psychology**	心理的 + 学科	名 心理学
☆ **sociology**	社会的 + 学科	名 社会学
☆ **genealogy**	种族 + 学科	名 家谱；系谱学

 **stasis** 停滞状态

情境对话试水温

🎧 *Track 143*

Professor: Okay, to conclude, **thermostasis** is the regulation of temperature.	教授：好的，做个结论，体温恒定就是温度的调节。
Lee: Which means that there are organs maintaining the **homeostasis** of the body?	李：也就是说，有许多器官会维持身体内的动态平衡？
Professor: Thermostasis regards specifically with temperature.	教授：体温恒定确切来说与温度有关。
Lee: I see. But what if there's a sort of **metastasis**, and the organ loses its function?	李：我懂了。那如果突然出现了转移，然后器官失去作用了呢？
Professor: Then it may lead to symptoms like **haemostasis** failure and so on.	教授：那就会导致像是止血失败这样的症状。
Lee: Thank you so much for your explanation!	李：谢谢您的解释！

 单词解析零距离

1 **thermo** 热 + **stasis** 停滞状态

thermostasis [ˌθɜːməʊˈstæsɪs] 名 体温恒定

延伸用法 the process of thermostasis 体温恒定过程

▶ We can observe the process of **thermostasis** in mammals from a biological lens.
我们可以通过生物学的角度来观察哺乳类动物中体温恒定的过程。

❷ **homeo** 相同的 ＋ **stasis** 停滞状态

homeostasis [ˌhəʊmɪəˈsteɪsɪs] 名 体内平衡

延伸用法 maintain one's homeostasis 维持体内平衡

▶ Meditation and exercise is considered to be beneficial to maintain one's **homeostasis**.
冥想和运动被认为对维持一个人的体内平衡有益。

· ·

❸ **meta** 改变 ＋ **stasis** 停滞状态

metastasis [məˈtæstəsɪs] 名 转移

延伸用法 cancer cell metastasis 癌细胞转移

▶ Cancer cell **metastasis** is considered as the sign of irreversible deterioration of one's health.
癌细胞转移被视为健康状况不可逆恶化的标志。

· ·

❹ **haemo** 血 ＋ **stasis** 停滞状态

haemostasis [ˌheməʊˈsteɪsɪs] 名 止血

延伸用法 haemostasis failure 止血失败

▶ Unfortunately, his father died of **haemostasis** failure.
不幸的是，他的父亲死于止血失败。

💡 延伸补充自然学

✫ **epi**stasis　　　往上的 ＋ 停止状态　　名 上位效应

Part 4 表示职业、身份、性别

Unit 144  尾 **ant** 做某事的人

💬 情境对话试水温

🎧 *Track 144*

Interviewer:	There are a lot of job applicants for this vacancy, so why do you think we should hire you?	面试官：这个职缺有非常多求职者，请问你觉得为什么我们应该聘用你呢？
Interviewee:	First, I'm an British immigrant, so my English fluency is without a doubt. Also, I'm an active participant in all kinds of career lessons, which means I know what I want and I can achieve it quickly and thoroughly. With all these qualities, I think I'm a perfect match as a personal assistant of the manager.	面试者：首先，我是英国移民，所以我的英文流利程度是毋庸置疑的。再者，我是个积极参加各种职业课程的人，说明了我知道我自己要什么，而且我可以快速、完整地达成。有了这些特质，我想我是最适合成为总经理特助的人。
Interviewer:	Indeed, you have the qualities we are looking for, but we want the inhabitant with permanent visa. I doubted you have obtained one.	面试官：没错，你有我们所需要的特质，但我们也需要拥有永久居留证的居民，我想知道你是否有了居留证？
Interviewee:	Don't worry about my visa. I'm applying for dependent visa, so soon I'll be able to work legally.	面试者：请别担心，我目前正在申请眷属签证，所以我很快就能合法工作了。
Interviewer:	Okay, understood. So this is it. We will inform you the result ASAP. Thank you for your time.	面试官：好，了解了！今天就到这里，我们会尽快通知你面试结果，谢谢你拨冗参加。

⚡ 单词解析零距离

❶ **applic** 申请 ＋ **ant** 做某事的人

applicant [ˈæplɪkənt] 名 申请者

延伸用法 job applicant 求职者

▶ More than 3,000 job **applicants** crowded into the site of the recruiting seminar. 超过三千名求职者涌入招聘研讨会。

❷ **immigr** 移入 ＋ **ant** 做某事的人

immigrant ['ɪmɪɡrənt] 名（从外地移入的）移民

延伸用法 illegal immigrant 非法移民

▶ Those illegal **immigrants** were sent back to their own countries. 那些非法移民已被遣返回国。

❸ **particip** 参与 ＋ **ant** 做某事的人

participant [pɑːˈtɪsɪpənt] 名 参加者

延伸用法 participant observation 参与观察法

▶ The sociologist used **participant** observation as his research strategy. 该社会学家以参与观察法作为他的研究策略。

❹ **assist** 协助 ＋ **ant** 做某事的人

assistant [əˈsɪstənt] 名 助理、助手

延伸用法 personal assistant 私人秘书；私人助理

▶ In our office, only managers can have personal **assistants**. 在我们公司，只有经理才能拥有私人助理。

❺ **inhabit** 居住 ＋ **ant** 做某事的人

inhabitant [ɪnˈhæbɪtənt] 名 居住者、居民

延伸用法 indigenous inhabitant 原住民

▶ Indians were the indigenous **inhabitants** of the American continent. 印第安人是美洲大陆的原住民。

延伸补充自然学

与 ant 意思相近的后缀：ar

☆ **begg**ar 乞讨的人 名 乞丐
☆ **schol**ar 研究学术的人 名 学者

Part 4 表示职业、身份、性别

Unit 145  尾 er 从事……的人

💬 情境对话试水温

Cathy: Congrats, Lena! Now that you've completed the goals other people set for you, make sure that you have a list of your own. So what do you want to do?

凯茜：莉娜，恭喜你！既然你已经完成了别人为你订立的目标，现在就为自己列一份想要完成的清单吧。你想要做什么？

Lena: Well, my major is finance, so the perfect match may be a banker. However, I want to turn loose the wonders of the creative imagination on commercials. So I really want to be in an advertising company, wowing those advertisers.

莉娜：嗯，我主修金融，所以最合适的可能是银行家。但是我想在商业广告中发挥创造性的想象力。所以我真的想要在一家广告公司里工作，让那些广告商赞叹不已。

Cathy: That's awesome! As long as it's what you want to do, just stick with it. I can be your personal trainer to teach you how to be interviewed.

凯茜：那很棒呀！只要是你想做的事，就坚持下去，我可以当你的私人训练官教你如何面试。

Lena: Thanks a lot! Probably we can do role play. How about you being the employer as well as the interviewer? I think you have more experiences than me, so you can definitely help me answer those questions and figure out what I should care about at workplace.

莉娜：真是谢谢你！也许我们可以做角色扮演，那你当雇主兼面试官好吗？我想你比我更有经验，所以你一定可以帮助我回答那些问题，而且让我厘清职场上我需注意的事项。

Cathy: Sure. Let's start!

凯茜：当然！那我们开始吧！

 单词解析零距离

① **bank** 银行 ＋ **er** 从事……的人
   banker [ˈbæŋkə(r)] 图 银行员

延伸用法 successful merchant banker 成功的商业银行家

▶ It is hard to believe that this successful merchant **banker** was formerly a bank clerk.
很难相信这个成功的商业银行家原来只是个银行职员。

❷ **advertis** 广告 + **er** 从事……的人

advertiser ['ædvətaɪzə(r)] 名 广告刊登者

延伸用法 commercial advertiser 刊登商业广告者

▶ All the commercial **advertiser** wants is to increase consumption of his products. 那个商业广告客户想要增加他的产品销售量。

❸ **train** 训练 + **er** 从事……的人

trainer ['treɪnə(r)] 名 教练员

延伸用法 personal trainer 私人教练

▶ His personal **trainer** suggested that he have aerobic weight training once every week.
他的私人教练建议他每周做一次有氧重量训练。

❹ **employ** 雇用 + **er** 从事……的人

employer [ɪm'plɔɪə(r)] 名 雇主

延伸用法 employer of choice 最佳雇主

▶ My company has been selected as the **employer** of choice of this year. 我服务的公司被选为今年最佳雇主。

❺ **interview** 面试 + **er** 从事……的人

interviewer ['ɪntəvjuːə(r)] 名 负责面试者、负责接见的人

延伸用法 telephone interviewer 电话调查员

▶ She chose to be a telephone **interviewer** so that she could work from home. 她选择做一名电话调查员，如此一来她才能够在家工作。

🔋 **延伸补充自然学**

er 的变化型：eer

☆ **charioteer**　　开战车的人　　　名 战车驾驶

☆ **mountaineer**　　从事登山的人　　名 登山客

Unit 146  **尾 ee** 做……动作者

情境对话试水温

🎧 *Track 146*

Harry: The **nominee** for the Presidency, Charles, proposed that he will found organizations to deal with the massive **refugees** problems.

哈利：被提名总统候选人的查尔斯提出，他将设置机构以解决巨量的难民问题。

Tina: Charles started from a normal government **employee**, and was an **adoptee**. He worked quite hard to have high social position.

堤娜：查尔斯从基层公务员做起，并且是被收养者，他拼命努力才有今天的社会地位。

Harry: My **coordinator** once had an exclusive interview with him and I was there as a **trainee**. He, as an **interviewee**, got well-prepared for the content and familiar with all the government's policies. I was so impressed by his intelligence and humbleness!

哈利：我的组长曾经对他进行过独家专访，我当时作为实习生也在现场。他作为一位受访者，内容准备周全，且对于政府政策相当了解，我当时对于他的才智及谦逊印象深刻！

 单词解析零距离

1 ad 朝向 ＋ **opt** 选择 ＋ **ee** 做……动作者

adoptee [ə'dɒptiː] 图 被收养的人

延伸用法 abused adoptee 受虐的被收养人

▶ The social workers found that the missing boy was actually an abused **adoptee**.
社工发现那个失踪的男孩原来是个受虐的养子。

❷ em 向内 ＋ **ploy** 工作 ＋ **ee** 做……动作者

employee [ɪmˈplɔɪiː] 名 受雇者；员工
延伸用法 government employee 公务员；政府雇员
▶ He wants to start his own business instead of being a government **employees**. 他想创业，不想当公务员。

❸ inter 两个之间 ＋ **view** 观看 ＋ **ee** 做……动作者

interviewee [ˌɪntəvjuːˈiː] 名 被面试者；被面谈的人
延伸用法 a tactful interviewee 老练的受访者
▶ You can tell that he is a tactful **interviewee** by his evasive answers.
你从他避重就轻的回答就能知道他是个老练的受访者。

❹ nomin 名字 ＋ **ee** 做……动作者

nominee [ˌnɒmɪˈniː] 名 被提名者
延伸用法 nominee for the Presidency 被提名的总统候选人
▶ It is rumored that Jack will be the **nominee** for the Presidency of the political party. 谣传杰克将会是该政党提名的总统候选人。

❺ re 返回 ＋ **fug** 逃离 ＋ **ee** 做……动作者

refugee [ˌrefjuˈdʒiː] 名 难民
延伸用法 political refugee 政治难民
▶ Those political **refugees** went to the British Embassy for asylum.
那些政治难民到英国大使馆去请求庇护。

❻ train 训练 ＋ **ee** 做……动作者

trainee [ˌtreɪˈniː] 名 受训的人
延伸用法 graduate trainee 企业见习生；储备干部
▶ It is ridiculous that Mr. Chen took on the lad as a graduate **trainee**.
陈先生竟然雇用那个小伙子做见习生，真是太可笑了。

尾 ist 从事……者、某主义或
信仰的遵守者

情境对话试水温

Track 147

Chris: The news reported that feminists around the world condemned the organization altogether, for they kidnapped numerous women and caused them to endure huge pain mentally and physically.

克里斯：新闻说世界各地的女权主义者同声谴责这个组织，因为他们绑架了很多女性，让她们的身心承受了极大的痛苦。

Scarlet: The organization is so hopelessly inhumane that condemnation does no harm to them. According to psychologists, those terrorists do such thing from the longing for group recognition, and also show the world how mighty they are.

史嘉蕾：这个组织非常残忍，所以谴责对他们来说是不痛不痒的。心理学家指出，恐怖分子做出这种行为是出自渴望得到团体认可，并且也让全世界看到他们多强大。

Chris: However, the journalist also said the government is soon going to take the next action to keep those people from persecution since chemists have invented new kinds of powerful chemical weapons. So I think this war is about to end.

克里斯：但是新闻记者也说，政府即将有下一步行动使那些人免于迫害，因为化学家研发出新型强大的生化武器。所以我想战争很快就会结束了。

Scarlet: I hope so. May all the victims receive redemption soon.

史嘉蕾：我也希望，愿那些受害者很快就能得到救赎。

 单词解析零距离

❶ femin 女性 + ist 某主义或信仰的遵守者

feminist ['femənɪst] 图 女权主义者

延伸用法 feminist consciousness 女权意识

▶ This paper article analyzes the main characters' **feminist** consciousness in two aspects.
这篇文章从两个方面分析了主人公的女权意识。

❷ psycholog 心理学 ＋ **ist** 从事……者

psychologist [saɪˈkɒlədʒɪst] 图 心理学家

延伸用法 criminal psychologist 犯罪心理学家

▶ According to the criminal **psychologist**, the intention of the murder was betrayal. 根据犯罪心理学家的说法，谋杀意图是出于背叛。

❸ terror 恐怖 ＋ **ist** 某主义或信仰的遵守者

terrorist [ˈterərɪst] 图 恐怖分子

延伸用法 terrorist attack 恐怖攻击

▶ Thousands of people were killed in the **terrorist** attacks occurred in 2001.
数以千计的人死于 2001 年的恐怖攻击事件。

❹ journal 日志、日报 ＋ **ist** 从事……者

journalist [ˈdʒɜːnəlɪst] 图 新闻记者

延伸用法 a freelance journalist 自由撰稿人

▶ As a freelance **journalist**, you can work at your own pace freely.
身为一位自由撰稿人，你可以自由地依照自己的步调工作。

❺ chem 化学 ＋ **ist** 从事……者

chemist [ˈkemɪst] 图 化学家

延伸用法 dispensing chemist 药剂师

▶ It's important to have a certificated dispensing **chemist** to fill the prescription for you.
找合格的药剂师帮你按处方配药是很重要的。

延伸补充自然学

与 ist 意思相近的后缀：ster、logist

☆ **oldster** 老的人 图 老人

☆ **dermatologist** 皮肤 ＋ 专科人士 图 皮肤科专家

尾 **ess** 女性

情境对话试水温

🎧 *Track 148*

Chloe:	Harper won the Best Leading **Actress** Award! She is so sweet!	克洛伊：哈珀赢得了最佳**女主角**奖！她真的好甜美哦！
Olivia:	Really!? I love her so much! She not only cares about public issues but also devoted herself to charities.	奥莉维亚：真的吗？我超爱她！她不只关心社会议题，也经常投身于慈善。
Chloe:	She is exactly a noble and elegant **princess**. She is the only **heiress** to his dad's company, but she is never domineering or looks down on anyone.	克洛伊：她真的是高贵优雅的**公主**，她是她父亲公司的唯一**女性继承人**，但她从不盛气凌人或瞧不起人。
Olivia:	Unlike me, just a **waitress** in a small restaurant. I would rather be an air **hostess** because at least I could travel to different countries.	奥莉维亚：不像我，就只是个小餐厅的**女服务生**。我宁愿做一名**空乘**，至少可以到不同国家旅行。
Chloe:	Once you become a **stewardess**, foreign travel will lost its glamour for you.	克洛伊：一旦你变成**空乘**，出国旅游对你而言就会失去吸引力了。

单词解析零距离

❶ actr 演员 ＋ **ess** 女性

actress ['æktrəs] 名 女性演员

延伸用法 leading actress　女主角

▶ Her ambition is to win the Best Leading **Actress** Award this year.
她志在赢得今年的最佳女主角奖。

• •

❷ heir 继承人 ＋ **ess** 女性

heiress ['eərəs] 名 女性继承人

延伸用法 a heiress to ... ……的女继承人

▶ His only daughter is going to be the **heiress** to this company.
他的独生女将成为这家公司的继承人。

· ·

❸ host 主人 + ess 女性

hostess ['həustəs] 名 女主人

延伸用法 air hostess 空中小姐

▶ The air **hostess** served me with a cup of coffee.
空乘端了一杯咖啡给我。

· ·

❹ princ 贵族 + ess 女性

princess [ˌprɪn'ses] 名 公主

延伸用法 crown princess 王妃

▶ It was Diana's dream to be the crown **princess** when she was a girl.
当黛安娜还是个女孩时，成为王妃是她的梦想。

· ·

❺ steward 服务员 + ess 女性

stewardess [ˌstjuːə'des] 名 （飞机、船上的）女服务生

延伸用法 airline stewardess 航空公司空姐

▶ It is heard that airline **stewardesses** of Asia are all very professional
and excellent. 听说亚洲航空公司的空姐都非常专业、优秀。

· ·

❻ waitr 侍者 + ess 女性

waitress ['weɪtrəs] 名 女服务生

延伸用法 cocktail waitress 酒吧女服务生

▶ The man asked for a Long Island Iced Tea from the cocktail **waitress**.
男子向酒吧女服务生要了一杯长岛冰茶。

⚡ 延伸补充自然学

与 ess 意思相近的后缀：ine

☆ **chor**ine　　　　　女性的歌舞团员　　　名 歌舞团女团员

☆ **hero**ine　　　　　女性的英雄　　　　　名 女英雄

Unit 149

尾 **hood** 身份、时期

情境对话试水温

William: Have you seen the movie *Boyhood*?	威廉：你看过《少年时代》这部电影吗？
Marvin: Directed by Richard Linklater? Of course!	马文：理查德·林克莱特执导的那部吗？当然看过！
William: How do you like it? I must say I love how the director portrays the transition from **childhood** and **adulthood**. The subtle and inevitable feelings that we have during the adolescence are nicely filmed.	威廉：你觉得怎么样？我很喜欢导演诠释童年跟成年中间的转换。青春期时那微妙又必然的感受都拍得很好。
Marvin: I agree. I love it, too. It shows various kinds of "**likelihood**" that one may encounter on the path to future.	马文：没错，我也很爱。它表现出在通往未来路上会遇到的各种"可能性"。
William: It's all about choosing an ideal identity and making efforts to achieve it.	威廉：就是选择一个你理想中的目标，然后努力去达成。
Marvin: And when one enters into **parenthood**, everything will gain new meanings. Life is certainly a transformative circle.	马文：而当一个人成为父母时，一切都拥有新的意义。人生就是一个充满变化的循环。

单词解析零距离

① boy 少年 ＋ **hood** 时期

boyhood ['bɔɪhʊd] 名（男性的）童年，少年时代

延伸用法 since boyhood 从年少时期

▶ I've been fascinated with car models since boyhood.
我从年少时期就很喜欢模型车。

❷ child 儿童 ＋ **hood** 时期

childhood [ˈtʃaɪldhʊd] 名 幼年时期；童年时期

延伸用法 **childhood memories** 童年回忆

▶ I grew more and more attached to **childhood** memories as I became older. 随着年纪增长，我越来越依恋童年回忆。

❸ adult 成人 ＋ **hood** 时期

adulthood [ˈædʌlthʊd] 名 成年（期）

延伸用法 **reach adulthood** 进入成人期

▶ Having the shoulders to take on responsibility is what's usually considered as reaching **adulthood**. 当你能够有肩膀负起责任时，通常就代表你已进入成人期了。

❹ likeli 可能的 ＋ **hood** 时期

likelihood [ˈlaɪklihʊd] 名 可能；可能性

延伸用法 **in all likelihood** 很有可能

▶ In all **likelihood**, he is going to drop out of school. 他很有可能会休学。

❺ parent 双亲 ＋ **hood** 时期

parenthood [ˈpeərənthʊd] 名 父母身份；双亲立场

延伸用法 **planned parenthood** 计划生育

▶ As the policy of planned **parenthood** extending at that time, the scale of rural family became smaller gradually. 随着当时计划生育制度的推行，农村家庭逐渐小型化。

⚡ 延伸补充自然学

☆ **girl**hood	少女 ＋ 时期	名 少女时代，少女时期
☆ **mother**hood	母亲 ＋ 时期	名 母性；母亲身份
☆ **liveli**hood	生活 ＋ 时期	名 生活；生计

与 hood 意思相近的后缀：dom

| ☆ **star**dom | 明星 ＋ 地方；领域 | 名 明星身份；明星界 |
| ☆ **martyr**dom | 烈士；殉难 ＋ 地方；领域 | 名 殉难；殉教；受难 |

Unit 150 尾 aholic, oholic, holic
嗜……者、对……上瘾者

情境对话试水温

🎧 *Track 150*

Beth: Look what you just bought ... you're such a shopaholic.	贝丝：看看你刚买的东西……你真是个购物狂啊。
Adam: That's because you're a workaholic and have no time to spend with me.	亚当：还不是因为你是工作狂，都没时间陪我。
Beth: What an excuse me! Last time, when we went to Italy, you turned into an alcoholic again and bought several cases of red wine and transported them by air!	贝丝：好借口！上次我们去意大利，你又变成酒鬼，买了好几箱红葡萄酒，还空运回来！
Adam: What about you? When we went to England, you transformed into an unbelievable bookaholic and tried to purchase a whole bookshelf of English literature!	亚当：那你呢？我们去英国时，你变成了一个令人难以置信的嗜书狂，还想买下一整柜的英国文学！
Beth: FINE. I'm done arguing. I need to charge my phone now.	贝丝：好了，吵够了。我现在要给我的手机充电。
Adam: Now we have something in common. We two are both chargeaholic!	亚当：现在我们终于有共同点。我们两个都是充电狂！

单词解析零距离

❶ **shop** 购物 ＋ **aholic** 对……上瘾者

shopaholic [ˌʃɒpəˈhɒlɪk] 名 购物狂；购物成癖的人

延伸用法 become a shopaholic 变成购物狂

▶ I have no idea why she suddenly became a shopaholic.
　我不知道她为什么突然间变成购物狂。

❷ **work** 工作 ＋ **aholic** 对……上瘾者

workaholic [ˌwɜːkəˈhɒlɪk] 名 工作第一的人；专心工作的人；工作狂

延伸用法 grow into a workaholic　成为工作狂

▶ With all the financial burden, he grew into a **workaholic** unwillingly.
在经济负担之下，他不得已而成为工作狂。

❸ **alc** 酒精 ＋ **oholic** 对……上瘾者

alcoholic [ˌælkəˈhɒlɪk] 名 酒精中毒病人；嗜酒者

延伸用法 dislike alcoholic　不喜欢酒鬼

▶ My mother dislikes **alcoholic**, for her father was one and he ruined her childhood.
我妈妈不喜欢酒鬼，因为我爷爷就是酒鬼且毁了她童年。

❹ **book** 书 ＋ **aholic** 对……上瘾者

bookaholic [bʊkəˈhɒlɪk] 名 读书迷；藏书狂；书痴

延伸用法 turn into a bookaholic　变成读书狂

▶ She turned into a **bookaholic** after she met a group of educated professors.
当她遇到一群学识渊博的教授后，她变成了一个读书狂。

❺ **charge** 充电 ＋ **aholic** 对……上瘾者

chargeaholic [tʃɑːdʒəˈhɒlɪk] 名 对充电上瘾者

延伸用法 stop being a chargeaholic　别再一直帮手机充电

▶ Can you stop being a **chargeaholic**? There's just no place for you to charge your phone!
你可以不要再一直找地方充电了吗？没有地方给你充电了！

⚡ 延伸补充自然学

☆ **choco**holic　　　巧克力 ＋ 瘾　　　名 嗜食巧克力者

☆ **sugar**holic　　　糖 ＋ 瘾　　　名 嗜糖的人

Chapter 5

否定与特性

Unit 151

首 ab 不、相反、离开

Alice: Did you hear the news that almost ten children had been abducted solely in this year around the neighborhood?	艾丽斯：你看到新闻了吗？仅在今年就有近十个孩子在这个社区附近被绑架。
Paige: What? That's way too abnormal. How did the government respond to this?	佩奇：什么？这太反常了吧。政府怎么回应此事的？
Alice: You know, authorities concerned started to abnegate responsibilities.	艾丽斯：你知道的，相关单位开始推卸责任。
Paige: Imaging if these kids get any physical abuses ...	佩奇：想象一下如果这些孩子受到什么肢体虐待……
Alice: I know right? That's why I always say "Do not abstain from voting." Electing a responsible politician is extremely important.	艾丽斯：真的！这就是为什么我总是说"不要放弃投票的权力"。选出一个负责任的政治人物是非常重要的。
Paige: I guess politics is just too abstract for many people. They have no idea that it affects all aspects of our lives. You see, making money matters the most to them.	佩奇：我猜政治对许多人来说都太抽象了。他们无法理解其会影响到我们生活的所有方面。你看，赚钱对他们来说最重要。
Alice: And now they are groaning about how the government did nothing. Funny.	艾丽斯：然后现在他们在抱怨政府什么都没做。真好笑。

单词解析零距离

❶ **ab** 离开 ＋ **duct** 引导

abduct [æb'dʌkt] 动 拐骗

延伸用法 abduct a child 诱拐孩童
▶ The man was caught for attempting to **abduct** a child.
那个男人因为企图诱拐孩童而被逮捕。

---

❷ ab 离开 ＋ **neg** 否定 ＋ **ate** 动词后缀

abnegate ['æbnɪgeɪt] **动** 放弃（权力等）
延伸用法 abnegate responsibility 推卸责任
▶ It's a shame that units concerned all tried to **abnegate** their responsibilities. 相关单位全都想推卸责任，真是让人遗憾。

---

❸ ab 相反 ＋ **norm** 常态 ＋ **al** 形容词后缀

abnormal [æb'nɔːml] **形** 不规律的、反常的
延伸用法 abnormal condition 异常情况
▶ This **abnormal** condition requires urgent treatment.
父母必须注意孩子们任何的异常行为。

---

❹ ab 相反 ＋ **use** 使用

abuse [ə'bjuːs] **动** 虐待；滥用
延伸用法 drug abuse 滥用毒品
▶ They couldn't believe that their son would descend to drug **abuse**.
他们无法相信他们的儿子竟然会堕落到滥用毒品这个地步。

---

❺ ab 离开 ＋ **s** ＋ **tract** 拉

abstract ['æbstrækt] **形** 抽象的
延伸用法 in the abstract 抽象地；理论上
▶ I like flowers in the **abstract**, but I can't stand the smell of Perfume Lily. 理论上来说我是喜欢花的，但是我无法忍受香水百合的花香。

💡 **延伸补充自然学**

与 ab 意思相近的前缀：abs
☆ **abs**cond　　　　　悄悄离开　　　　　**动** 潜逃
☆ **abs**truse　　　　　离开＋推　　　　　**形** 难懂的

 **mis** 错误、无、缺乏

💬 情境对话试水温

🎧 *Track 152*

Alice: Don't **misunderstand** me. That's not what I meant.	艾丽斯：不要误解我。我不是那个意思。
Natalie: Well, your **misbehavior** has already led to the **mistrust** between us. Don't blame me.	娜塔莉：嗯，但是你的不当行为已经造成我们两个之间相互不信任了。不要怪我。
Alice: Who doesn't make **mistakes**? Why are you so harsh on the people around you?	艾丽斯：谁不会犯错？为什么你要对身边的人这么苛刻？
Natalie: And I'm supposed to be okay when people also laugh at my **misfortunes**?	娜塔莉：然后人们嘲笑我的不幸，我就应该要觉得没事？
Alice: Of course not! It's just that you're so defensive. It makes it hard for us to be near you.	艾丽斯：当然不是！只是你太保护自己了。这让我们很难亲近你。
Natalie: Real friends should know who I truly am, though.	娜塔莉：但是真正的朋友应该要知道我真正的样子。

 单词解析零距离

① **mis** 错误 ＋ **understand** 了解

misunderstand [ˌmɪsʌndəˈstænd] 动 误解

延伸用法 misunderstand one's good intention 误解某人的好意

▶ They **misunderstood** his good intention just because he looked scary.
就因为他看起来很吓人，他们就误解了他的好意。

❷ mis 错误 **＋ take** 拿取

mistake [mɪ'steɪk] 动 弄错、误认为 名 错误

延伸用法 **make mistakes** 犯错

▶ We all make **mistakes**. Don't be too hard on yourself.
我们都会犯错。不要对自己太苛刻。

- -

❸ mis 错误 **＋ be** 使…… **＋ hav** 拥有 **＋ ivor** 名词后缀

misbehavior ['mɪsbɪ'heɪvjə] 名 不正当的行为

延伸用法 **the consequences of misbehavior** 不当行为的后果

▶ Adults or children, we all need to face the consequences of **misbehavior**.
不管是成人还是孩童，我们都需要面对不当行为的后果。

- -

❹ mis 没有 **＋ trust** 信任

mistrust [ˌmɪs'trʌst] 动 / 名 不信任

延伸用法 **the mistrust between A and B** A 和 B 之间的不信任

▶ I can sense the hostile **mistrust** between these two parties.
我可以感觉到这两个党派对于彼此充满敌意的不信任。

- -

❺ mis 错误 **＋ fortune** 命运

misfortune [ˌmɪs'fɔ:tʃu:n] 名 不幸；厄运

延伸用法 **a great deal of misfortune** 厄运连连

▶ That actor suffered a great deal of **misfortune** and was seen begging on the street last month.
这名演员厄运连连，上个月还被人看见在街上乞讨。

延伸补充自然学

与 mis 意思相近的前缀：dys

☆ **dysgenics**　　错误的基因　　　　名 劣生学

☆ **dysgraphia**　　错误＋书写　　　　名 书写障碍

Unit 153 首 un 无、不

💬 情境对话试水温

🎧 *Track 153*

Nancy:	My mom underwent a major operation due to an **unfortunate** car accident last week.	南希：我妈上周因一场不幸的车祸，进行了一场大手术。
Terry:	I'm so sorry to know that. Is her condition improving?	泰瑞：我很遗憾，她的情况有好转吗？
Nancy:	It's still **unstable**. She needs to be kept in the hospital for days on observation status.	南希：还是很不稳定，必须待在医院观察几天。
Terry:	It takes **unbounded** patience and energy to looking after a patient.	泰瑞：照顾病人需要有无尽的耐心和精力。
Nancy:	Kevin and I take turns to stay at the hospital with her. It's **undeniable** that Kevin is quite helpful. He helps **undress** my mom's sutured wound, apply ointment, and check the details with doctors every day. It all seems **unreal**, like a nightmare.	南希：我跟凯文轮流待在医院，不可否认的是凯文十分有帮助，他每天都帮忙拆开缝线绷带，再涂上药膏，并且跟医生确认细节。这一切都像噩梦，好不真实。
Terry:	Take care. Don't wear yourself out.	泰瑞：照顾好自己，别累坏了。

单词解析零距离

❶ **un** 无 ＋ **bound** 界限 ＋ **ed** 形容词后缀

unbounded [ʌnˈbaʊndɪd] 形 无尽的

延伸用法 with boundless energy 精力旺盛

▶ It is tiring to play with children with **boundless** energy.
和精力旺盛的孩子们玩，是一件很累人的事情。

• •

❷ un 不＋den(y) 否定＋i＋able 形容词后缀，表能力

undeniable [ˌʌndɪˈnaɪəbl] 形 不可否认的

延伸用法 **an undeniable fact** 不可否认的事实

▶ Whatever your reason is, that you stole the money is an **undeniable** fact.
不论你的理由是什么，你偷了钱是一个不可否认的事实。

- -

❸ un 无＋dress 衣着

undress [ʌnˈdres] 动 脱衣服

延伸用法 **in a state of undress** 在裸体的状态下

▶ It is embarrassing to meet my brother in a state of **undress**.
在裸体的状态下见到我的哥哥，真是太尴尬了。

- -

❹ un 不＋fortun 命运＋ate 形容词后缀

unfortunate [ʌnˈfɔːtʃənət] 形 不幸的、衰的

延伸用法 **the unfortunate** 不幸的人

▶ She spent her whole life helping the **unfortunates**.
她穷尽一生都在帮助不幸的人们。

- -

❺ un 不＋real 真实

unreal [ʌnˈrɪəl] 形 不真实的

延伸用法 **unreal entities** 虚幻的实体

▶ To scientists, zombies and vampires are both **unreal** entities.
对科学家来说，僵尸和吸血鬼都是虚幻的东西。

- -

❻ un 不＋sta 稳固＋ble 形容词后缀，表示能力

unstable [ʌnˈsteɪbl] 形 动荡的、不牢靠的

延伸用法 **emotionally unstable** 情绪不稳定

▶ He has been emotionally **unstable** since his father died.
自从他父亲死后，他便一直处于情绪不稳定的状态。

 首 **in** 无、不

💬 情境对话试水温

🎧 *Track 154*

Danny: I heard that Mia had been discharged from the mental hospital, but not yet returned to work. She is **incapable** of doing anything now.

丹尼：听说米亚从精神病院出院了，但还没回到工作岗位上，她现在**无法**做任何事情。

Joey: I once witnessed her talking to an empty space, like there's an **invisible** person standing in front of her.

乔伊：我曾目睹她对着空气说话，好像她面前站了一个**隐形**的人一样。

Danny: She shouldered too many responsibilities. She was indeed an **incredible** partner, but working with her was quite stressful.

丹尼：她承担了太多责任，她的确是个**很棒**的伙伴，但和她共事也真的很有压力。

Joey: True. She was a perfectionist, and could always spot teeny-tiny flaws.

乔伊：真的。她是个完美主义者，总是能发现超级细微的瑕疵。

Danny: Her rapid-fire calls also drove me **insane**. It's **inappropriate** to bother others after work, isn't it? Plus, it was 2 a.m. when she called me.

丹尼：她的夺命连环电话也把我逼**疯**了。下班后还打扰别人是很**不恰当的**吧？而且，她是半夜两点打给我。

Joey: So did you pick up the phone?

乔伊：那你有接电话吗？

Danny: Yes, I did. However, all she said was entirely **incoherent** and made no sense.

丹尼：有啊，但那时候她讲的内容已经毫**无条理**且不合理。

 单词解析零距离

❶ **in** 不 ＋ **ap** 朝向 ＋ **propri** 适当的 ＋ **ate** 形容词后缀

inappropriate [ˌɪnəˈprəʊpriət] 形 不适当的

延伸用法 **inappropriate behavior** 不当行为

▶ Clamoring in a public place is an **inappropriate** behavior.
在公共场所大声叫嚷是不当的行为。

- -

❷ **in** 无 + **cap** 头 + **able** 形容词后缀，有……能力的

incapable [ɪnˈkeɪpəbl] 圈 无能的

延伸用法 be incapable of ... 没能力做……

▶ Jeff is **incapable** of doing anything without his wife.
妻子不在，杰夫什么事也做不了。

- -

❸ **in** 不 + **co** 一起 + **her** 黏合 + **ent** 形容词后缀

incoherent [ˌɪnkəʊˈhɪərənt] 圈 无条理的、不一致的

延伸用法 incoherent with grief 悲伤得语无伦次

▶ I could hardly understand what he was talking about because he was **incoherent** with grief.
我不知道他在说什么，因为他悲伤得语无伦次了。

- -

❹ **in** 不 + **cred** 信任 + **ible** 形容词后缀

incredible [ɪnˈkredəbl] 圈 极惊人的、令人难以置信的

延伸用法 at incredible speed 以惊人的速度

▶ The racer broke the world record at **incredible** speed.
该赛车手以惊人的速度破了世界记录。

- -

❺ **in** 无 + **sane** 头脑清楚的

insane [ɪnˈseɪn] 圈 疯狂的

延伸用法 drive someone insane 让某人恼火、使某人受不了

▶ His stubbornness drives everybody **insane**.
他的顽固把所有人都搞疯了。

- -

❻ **in** 不 + **vis** 看 + **ible** 形容词后缀，可以……的

invisible [ɪnˈvɪzəbl] 圈 看不见的、隐形的

延伸用法 invisible earnings 无形收益

▶ The flourishing tourism industry has brought in a huge amount of **invisible** earnings. 蓬勃的旅游业带来了大笔的无形收益。

Unit 155 首 **counter** 反、对抗

💬 情境对话试水温

Doris: I had tons of sweets to counteract the depression after being dumped by my ex. However, it caused countereffect because I gained 6 kilograms.	朵莉丝：被我前男友甩了之后，为了对抗忧郁，我吃了一大堆甜食，但造成了反效果，一个月胖了六千克。
Eva: Dear, you'd better take an emergency countermeasure. Our bestie's wedding is right on the corner! You'll be the bridesmaid, right?	伊娃：亲爱的，你最好采取紧急措施了，我们好友的婚礼就要到了，你是伴娘对吧？
Doris: Yes. I just learned one way to banish bingo wings. First, fully stretch your arms out and slowly perform as many counterclockwise circles as you could ...	朵莉丝：对啊！我现在学了一招可以消灭蝴蝶袖。首先，你要先延展你的手臂，然后慢慢地以逆时针方向画圆……
Eva: Thank you, but I prefer starving myself to working out. Working out could kill me. I provide a counterexample against the saying: Exercising makes people happy.	伊娃：好的，谢谢。但我宁愿挨饿也不想健身，运动根本是要我的命。我就是这句话的反例：运动使人快乐。
Doris: Haha! You and my sister are exact counterparts in terms of personality!	朵莉丝：哈哈！你跟我妹妹的个性简直一模一样。

 单词解析零距离

❶ counter 反、对抗 ＋ **act** 起作用

counteract [ˌkaʊntərˈækt] 勔 反抗、抵销

延伸用法 counteract depression 对抗忧郁

▶ Many people thought alcohol could counteract depression, but the truth is — it can't.
很多人认为酒精能够对抗忧郁，但事实是——不行。

❷ counter 反 **＋ effect** 作用、影响

countereffect [kaʊntərɪfekt] 名 反效果

延伸用法 have a countereffect on... 对……起反效果

▶ This kind of diet pill actually has a coutereffect on weight loss.
这种减肥药事实上对减重有反效果。

❸ counter 反 **＋ example** 例子

counterexample ['kaʊntərɪgzɑ:mpl] 名 反例

延伸用法 counterexample-guided 反例引导

▶ Professor Smith's counterexample-guided teaching style is popular with the students.
史密斯教授反例引导的教学风格深受学生欢迎。

❹ counter 反 **＋ clockwise** 顺时针方向的

counterclockwise [ˌkaʊntə'klɒkwaɪz] 形 逆时钟的

延伸用法 counterclockwise direction 逆时钟方向

▶ It rotated around the pillar in a counterclockwise direction.
它以逆时针方向绕着柱子旋转。

❺ counter 对抗 **＋ measure** 方法

countermeasure ['kaʊntəmeʒə(r)] 名 对策、反抗手段

延伸用法 emergency countermeasure 紧急应变措施

▶ The hospital took an emergency countermeasure to combat the spread of Superbug.
医院采取紧急应变措施以防止超级细菌的传播。

❻ counter 相对 **＋ part** 部分

counterpart ['kaʊntəpɑ:t] 名 配对物、对应的人或物

延伸用法 overseas counterpart 境外同业

▶ Peter is in charge of business with their overseas counterparts.
彼得负责处理境外同业往来的业务。

首 **de** 解除、反转

情境对话试水温

🎧 *Track 156*

Mandy: It is said that as long as you decode this program, engineers no long have to debug anymore.	曼蒂：据说，只要将这个程序解码，工程师们就不再需要排除程序故障了。
Marco: Really? Then the whole industry will decompose and transform into a new structure!	马可：真的吗？那整个产业就会分解了，并转变成新的架构！
Mandy: It's actually not a bad thing. We can decontaminate some of the hidden rules in this field.	曼蒂：这其实不全然是坏事。我们可以把这个产业的一些潜规则都清除掉。
Marco: What do you mean?	马可：什么意思？
Mandy: Remember the engineer who was paid a great sum of money to help his boss' enemy with the debugging of a new program? They made a fortune at the end.	曼蒂：还记得那个拿了一大笔钱帮助老板的敌人调试新程序的工程师吗？
Marco: Wow. He surely defamed himself.	马可：哇，他的确让自己臭名远播了。
Mandy: You bet.	曼蒂：没错。

 单词解析零距离

❶ de 解除 ＋ code 密码

decode [ˌdiːˈkəʊd] 國 解码

延伸用法 decode Morse Code 破解摩斯密码

▶ We need someone to **decode** Morse Code in order to understand the message.
我们需要一个会破解摩斯密码的人，以明白信息的内容。

- -

❷ de 解除 ＋ **bug** 虫子

debug [ˌdiːˈbʌg] 勔 除去故障

延伸用法 debug command 除错指令

▶ You can use the **debug** commands to remove conditional breakpoints.
你可以利用除错指令移除条件断点。

- -

❸ de 解除 ＋ **com** 共同 ＋ **pose** 放置

decompse [ˌdiːkəmˈpəʊz] 勔 分解、腐败

延伸用法 decompose ... into 将……分解为……

▶ The bacteria can **decompose** organic matter into water and carbon dioxide. 细菌会将有机物分解为水和二氧化碳。

- -

❹ de 解除 ＋ **con** 一起 ＋ **tamin** 接触 ＋ **ate** 动词后缀

decontaminate [ˌdiːkənˈtæmɪneɪt] 勔 净化、去污

延伸用法 decontaminate oneself 自我净化

▶ If you accidentally eat the cockroach killer, **decontaminate** yourself by drinking a large amount of water and go to a doctor immediately.
若误食蟑螂药，喝大量清水做自我净化，并立刻就医。

- -

❺ de 解除 ＋ **fame** 名声

defame [dɪˈfeɪm] 勔 破坏名声

延伸用法 defame someone with ... 以……破坏某人的名声

▶ It is nasty of him to **defame** the actress with a candid picture.
他以一张偷拍照片破坏那名女演员的名声，实在很龌龊。

💡 **延伸补充自然学**

与 de 意思相近的前缀：dis、un

☆ **disarm** 除去装备 勔 解除武装

☆ **unfold** 反转＋折叠 勔 展开

Unit 157

首 dis 相反、不

🎧 *Track 157*

CEO:	I just finished the board meeting today. Half of the board members disagreed with my proposal of the harbor BOT in downtown. They thought there are more disadvantages than advantages.	执行长：今天我刚开完董事会，过半的董事不同意我的市镇港口BOT提案，因为他们认为弊大于利。
CEO's wife:	What's the main reason why they disapproved? Perhaps we can hold another meeting to propose this issue again and let everybody talk it over.	执行长夫人：你觉得造成他们不赞成的主因是什么？也许我们可以再举行一场会议，大家提出讨论。
CEO:	The main reason was I couldn't clarify the financial report CFO integrated because it's so rough that I need to disclose more details to the board members to set their mind at rest and believe in our financial situation.	执行长：主要是因为我无法解释财务长所整合的财务报告。因为报告太粗略了，我必须揭露更多的财务细节让董事们安心并相信我们的财务状况。
CEO's wife:	Honey, I know you can nail it. Just make sure everything is crystal clear; therefore, they will discover that this proposal can make them billionaires.	执行长夫人：亲爱的，我相信你可以做到的。只要你能确保每件事都是清晰明了的，他们将发现这项提案会让他们成为亿万富翁的。

 单词解析零距离

1 dis 相反 ＋ **agree** 同意

disagree [ˌdɪsəˈɡriː] 勔 不同意、意见相左

延伸用法 disagree with ...（食物）对……不适宜

▶ Milk **disagrees** with people with lactose intolerance.
有乳糖不耐症的人不能喝牛奶。

- -

❷ dis 缺乏 ＋ **ad(v)** 朝向 ＋ **ant** 前面 ＋ **age** 名词后缀

disadvantage [ˌdɪsəd'vɑːntɪdʒ] 名 劣势

延伸用法 be one's disadvantage 对某人不利

▶ Lack of English communication capability will be your **disadvantage**.
缺乏英语沟通能力将对你不利。

- -

❸ dis 不 ＋ **ap** 朝向 ＋ **prov(e)** 证实

disapprove [ˌdɪsə'pruːv] 动 不赞同

延伸用法 disapprove of ... 不喜欢……

▶ Jenny **disapproves** of working overtime.
珍妮不喜欢加班。

- -

❹ dis 不 ＋ **close** 关闭

disclose [dɪs'kləʊz] 动 显露出

延伸用法 disclose ... to someone 对某人泄漏……

▶ Do not **disclose** the password of your ATM card to anyone.
不要对任何人泄漏你的提款卡密码。

- -

❺ dis 不 ＋ **cover** 遮蔽

discover [dɪ'skʌvə(r)] 动 发现、发觉

延伸用法 discover the existence of ... 发现……的存在

▶ The man didn't **discover** the existence of his child until now.
男人一直到现在才发现他孩子的存在。

延伸补充自然学

与 dis 意思相近的前缀：de

☆ **de**hydrate   除去 ＋ 使充满水   动 脱水
☆ **de**frost   除去 ＋ 冰霜   动 除霜

Unit 158  根 **neg** 否定

📢 情境对话试水温

🎧 *Track 158*

Sandy: Why do you always **negate** my opinions?	桑迪：你为什么总是要否定我的想法？
Mark: I didn't. I just **neglect** them.	马克：我没有。我只是无视它们。
Sandy: And the reasons are?	桑迪：那理由是？
Mark: They are so **negative** that they become instantly **neglectable**. Trust me. If you bring them up in the meeting, you will be considered **abnegating** your responsibilities for the project. They'll think you're just lazy to come up with better ideas.	马克：因为它们太过负面，以至于它们立刻得以被忽视。相信我，如果你在会议中提起这些想法，你会被认为在推卸项目的责任。他们会觉得你太懒所以无法想出更好的点子。
Sandy: That doesn't make sense. I do think my proposals are good ones.	桑迪：那不合理。我认为我的提案都蛮好的。
Mark: Well, maybe you should learn more from me.	马克：这个嘛，也许你该多向我学学。
Sandy: Okay...	桑迪：好吧……

 单词解析零距离

❶ **neg** 否定 ＋ **ate** 使……成为

negate [nɪ'geɪt] 动 否定

延伸用法 **negate a contract** 合约无效

▶ That he lied about his age **negated** the contract.
他谎报年龄使得合约无效。

324

❷ neg 否定 **+ lect** 挑选

neglect [nɪˈglekt] 动 忽视

延伸用法 **neglect one's duty** 怠忽职守

▶ He was fired for **neglecting** his duty.
他因怠忽职守而被开除。

- -

❸ neg 否定 **+ ative** 形容词后缀，有……性质的

negative [ˈnegətɪv] 形 负面的

延伸用法 **negative thought** 负面思维

▶ Don't let your **negative** thoughts influence your life.
别让负面思维左右你的人生。

- -

❹ neg 否定 **+ lect** 挑选 **+ able** 形容词后缀，能够的

neglectable [nɪˈglektəbl] 形 可忽视的

延伸用法 **neglectable duty** 不重要的职务

▶ Some people think that an assistant manager is a **neglectable** duty, but it's not.
有些人认为助理是不重要的职务，其实不然。

- -

❺ ab 离开 **+ neg** 否定 **+ ate** 使……成为

abnegate [ˈæbnɪgeɪt] 动 放弃（权力等）

延伸用法 **abnegate the control right** 放弃控制权

▶ He had to **abnegate** the actual control right of the company.
他不得不放弃公司的实际控制权。

延伸补充自然学

☆ **negation**	否定 + 名词后缀	名	否定
☆ **negligible**	能够否定的	形	可被忽略的
☆ **abnegator**	离开 + 否定 + 人	名	放弃的人

Unit 159

首 anti 反对、对抗

💬 情境对话试水温　　　　　　　　🎧 *Track 159*

Kate: I want to buy that anti-aging night cream I just saw, but it's so expensive.	凯特：我想买刚刚看到的那款抗老晚霜，但它太贵了。
Ellen: I thought an antisocial person like you are not into commercial product.	艾伦：我以为像你这样的反社会人士对这种商品都没兴趣。
Kate: I went to an anti-war march, and you consider me as antisocial. I guess your intuition was paid for nothing.	凯特：我参加反战游行，你就认为我是反社会的。我猜你的直觉废了。
Ellen: Well, you just seem to have this antipathy toward everything! Don't blame me for saying that. I don't mean to be rude. You know me.	艾伦：嗯，你似乎对所有事情都会有这种反感！别怪我这样讲，我不是刻意对你不礼貌，你懂的。
Kate: I get it. I've heard this sort of description of me quite frequently. I have antibody now. But just to be clear, I'm not antisocial! I still love hanging out with people.	凯特：我知道。我常听到这样形容我的话。我现在有抗体，但还是澄清一下，我不反社会！我还是喜欢和朋友们一起出去玩的。
Ellen: Okay.	艾伦：好吧。

 单词解析零距离

❶ **anti** 反对；对抗 ＋ **soci** 群体 ＋ **al** 形容词后缀

antisocial [ˌænti'səʊʃl] 形 反社会的

延伸用法 an antisocial personality　反社会人格

▶ She has an antisocial personality. You can encourage her more often.
她有反社会人格，你可以多鼓励她。

❷ anti 反对；对抗 ＋ **ag(e)** 年龄 ＋ **ing** 形容词后缀

anti-aging [ˌænti'eɪdʒɪŋ] 形 抗老化的

延伸用法 anti-aging skincare products 抗老护肤产品

▶ I use **anti-aging** skincare products daily.
我每天都用抗老的护肤产品。

---

❸ anti 反对 ＋ **war** 战争

anti-war [ˌænti'wɔː(r)] 形 抗战的

延伸用法 an anti-war campaign 反战争游行

▶ My father asked the whole family to participate in an **anti-war** campaign tomorrow. 我爸爸要求全家人都去参加明天的反战争游行。

---

❹ anti 反对 ＋ **path** 感觉 ＋ **y** 名词后缀

antipathy [æn'tɪpəθi] 名 反感、厌恶

延伸用法 an antipathy against ... 对……的反感

▶ The statement is fundamentally a gender **antipathy** against violence.
那则声明根本就只是在表达对暴力的反感。

---

❺ anti 对抗 ＋ **body** 体

antibody ['æntibɒdi] 名 抗体

延伸用法 (not) have antibody （没）有抗体

▶ Unfortunately, this patient does not have enough **antibody** to protect himself against the disease.
不幸地，这名患者没有足够的抗体来对付这种疾病。

延伸补充自然学

☆ **antivirus** 反对 ＋ 病毒 形 防毒的；抗毒的

☆ **antibiotic** 反对 ＋ 生命 ＋ 形容词后缀 形 【生】抗生的，抗菌的

Unit 160

首 **contra** 反对、对抗、相反

💬 情境对话试水温

🎧 *Track 160*

Allen: Wow. Today is the forth anniversary of that assembly.	艾伦：哇。今天是集会四周年纪念日。
Ray: I was there too!	雷：我当时也有去！
Allen: What a coincidence! Did you have fun? I made lots of like-minded friends there.	艾伦：这么巧！你玩得开心吗？我在那里交了很多志同道合的朋友。
Ray: No. On the contrary, I argued with lots of people. I noticed that some of them actually contradicted themselves. They didn't want missiles, and they didn't want democracy, too.	雷：没有。相反地，我跟很多人发生了争论。我发现其中一些人很矛盾。他们不要战争，也不要民主。
Allen: What do you mean?	艾伦：什么意思？
Ray: Their beliefs were in contrast against one another. I was super confused by the contradictions.	雷：他们的信仰相互对立。这些矛盾真的让人很不解。
Allen: Tell me about it. Let's just stick to truth and steer away from all contradictory stuff in life.	艾伦：这还用说。我们只要坚持真相，避开这些生活中矛盾的东西。

 单词解析零距离

❶ **contra** 相反 ＋ **ry** 形容词后缀

contrary [ˈkɒntrəri] 形 相反的 名 相反（的事物）

延伸用法 on the contrary 相反地

▶ On the contrary, my parents were not satisfied with my grades at all.
相反地，我爸妈完全不满意我的成绩。

② **contra** 相反 ＋ **dict** 说

contradict [ˌkɒntrə'dɪkt] 动 反驳

延伸用法 contradict oneself 自相矛盾

▶ Do you know that you are **contradicting** yourself by not behaving in accordance with your words?
你知道你现在自相矛盾吗？完全言行不一。

③ **contra** 相反 ＋ **st**

contrast ['kɒntrɑːst] 名 对比；对照

延伸用法 in contrast with 形成对比

▶ Her brilliant performance is in stark **contrast** with his.
她精湛的表演跟他的形成强烈对比。

④ **contra** 相反 ＋ **dict** 说 ＋ **ion** 名词后缀

contradiction [ˌkɒntrə'dɪkʃn] 名 矛盾

延伸用法 a contradiction between A and B A与B之间的矛盾

▶ There's a great **contradiction** between her current testimony and her previous one. 她目前的证词与先前的相互矛盾。

⑤ **contra** 相反 ＋ **dict** 说 ＋ **ary** 形容词后缀

contradictory [ˌkɒntrə'dɪktəri] 形 矛盾的

延伸用法 be contradictory to ... 与……相矛盾

▶ What is absurd is that the president's statement is **contradictory** to the vice president's. 荒谬的是，总统与副总统的说法互相矛盾。

延伸补充自然学

与 contra 意思相近的前缀：contro

☆ **contro**versial 相反＋转＋形容词后缀 形 具争议性的

☆ **contro**versy 相反＋转＋名词后缀 名 争议

Unit 161  根 **fort** 强壮、强力

情境对话试水温

Mavis: Vera, do you have a moment?	梅维思：薇拉，可以跟你借一步说话吗？
Vera: Sure, what's going on?	薇拉：当然，怎么了？
Mavis: My grandfather was rushed to the hospital this morning for unknown acute **discomfort**. Can I take half day off and ask you to cover for me?	梅维思：我爷爷今早因为不明的急性不适被送进医院了。我可以请半天假并请你代班吗？
Vera: Absolutely. Is he fine?	薇拉：当然可以。他还好吗？
Mavis: He's still under checkup, but the doctor has injected some analgesic to **comfort** him. In spite of this, my mom said he still tried to joke around relieving her intensity.	梅维思：他仍然在进行检查，但医生有帮他注射一些镇痛剂让他舒服一点。尽管如此，我妈妈说他还在开玩笑，试着舒缓她的紧张情绪。
Vera: It's sad to see someone old like your grandfather suffer from the pain with **fortitude**.	薇拉：看着像你爷爷这样的老人坚毅地忍受着痛苦，真是让人心疼。
Mavis: Exactly, I just hope the doctor makes **efforts** to soothe his pain and find the cause.	梅维思：对呀，我只希望医生能尽力舒缓他的不适并找出原因。

单词解析零距离

❶ **dis** 不 + **com** 一起 + **fort** 强壮、强力

discomfort [dɪsˈkʌmfət] 名 不舒适

延伸用法 the discomforts of travel 旅途的困苦

▶ The **discomforts** of travel made him fall asleep fast.
旅途的困苦使他很快睡着了。

❷ com 一起 + **fort** 强壮、强力

comfort ['kʌmfət] 动 安慰

延伸用法 words of comfort 安慰的话

▶ Why didn't you say some words of **comfort** to her at that time?
那时候你为什么不对她说些安慰的话呢？

❸ fort 强壮 + **i** + **tude** 表状态

fortitude ['fɔːtɪtjuːd] 名 坚毅

延伸用法 with fortitude 毅然

▶ Emma bore the pain with great **fortitude**.
爱玛以巨大的毅力忍受了痛苦。

❹ ef 出 + **fort** 强力

effort ['efət] 名 努力

延伸用法 without effort 轻松地、轻易地

▶ You won't pass the exam without **effort**.
你不努力是不会通过这个考试的。

 延伸补充自然学

☆ **fort**　　　　　　强力坚固之所　　　　　名 要塞

Unit 162  根 **firm** 坚定、强壮的

💬 情境对话试水温

🎧 *Track 162*

Jessica: Have you **confirmed** the source of the news?	洁西卡：你确认新闻的来源了吗？
Madison: Not yet, so I can't **affirm** the falsity of his statement right now.	麦迪逊：还没，所以我现在还无法确认他的证词的真伪。
Jessica: Well, you'd better hurry. People are worried about the mentally-ill patient who just escaped from the **infirmary**. He is said to have several major criminal records.	洁西卡：嗯，你最好快一点。大众很担心那个从医院逃出来的心理不正常的病人。据说他有几项重大犯罪记录。
Madison: I know, but the person who got me this scoop is **infirm** of telling me the name of the patient. He changed his mind all of a sudden.	麦迪逊：我知道，但是给我这个独家新闻的人对于要不要告诉我病人姓名也很优柔寡断。他突然就改变主意了。
Jessica: Just try to get a **confirmative** answer from him. You can do it.	洁西卡：就是试着从他那边得到确定的答案。你可以的。
Madison: All right. I'll try.	麦迪逊：好吧，我会试试看。

⚡ 单词解析零距离

❶ con 共同 ＋ **firm** 坚定、强壮的

confirm [kənˈfɜːm] 囫 证实、确认

延伸用法 confirm a rumor 证实流言的真假

▶ I think no one can **confirm** those rumors now.
我认为现在没人能证实那些流言的真假了。

- -

2 **af** 朝向 ＋ **firm** 坚定的

affirm [ə'fɜ:m] 励 确认

延伸用法 **affirm the statement** 肯定说法

▶ We **affirm** the statement to be true.
我们肯定这种说法是对的。

• •

3 **in** 不 ＋ **firm** 坚定、强壮的 ＋ **ary** 地方

infirmary [ɪn'fɜ:məri] 名 医院

延伸用法 **Royal Infirmary** 皇家医院

▶ The princess will certainly go to the Royal **Infirmary** when she gets ill.
公主生病的时候当然要去皇家医院。

• •

4 **in** 不 ＋ **firm** 坚定的

infirm [ɪn'fɜ:m] 形 优柔寡断的

延伸用法 **infirm of purpose** 意志力薄弱的、优柔寡断的

▶ Tony is so infirm of purpose that he can not give us any good advice.
托尼这个人优柔寡断，他给不了我们任何好的建议。

• •

5 **con** 共同、聚合 ＋ **firm** 坚定的 ＋ **ative** 形容词后缀

confirmative [kən'fɜ:mətɪv] 形 确定的

延伸用法 **confirmative answer** 确定的答案

▶ Dolly has a **confirmative** answer in her mind.
多丽心中有个确定的答案了。

延伸补充自然学

☆ **affirmable**	断言 ＋ 形容词后缀	形 可断言的
☆ **infirmity**	不强壮的 ＋ 名词后缀	励 虚弱

Unit 163  **hetero, homo**
不同的、相同的

💬 情境对话试水温

🎧 *Track 163*

Harry: Do you know that a **homochromatic** laser is used as system light source here?	哈利：你知道这里是用单色激光作为系统的光源吗？
Mandy: Sorry, I don't know. How did you know that?	曼蒂：抱歉，我不知道。你是怎么知道的呢？
Harry: I thought it is **heterochromatic** laser before my professor told me the truth.	哈利：我一直以为是多色激光，直到我导师告诉我真相。
Mandy: The professor also said **homogeneous** people hang out together as laser does.	曼蒂：导师还说了，跟激光一样，同性质的人也会在一起玩。
Harry: That's why a **heterodox** like you will never be part of our social circle. Haha!	哈利：这就是为什么像你这样的异端分子不会出现在我们的社交圈。哈哈！
Mandy: As if you're not friends with me.	曼蒂：讲得好像你不是我朋友一样。

 单词解析零距离

❶ **homo** 相同的 ＋ **chrom** 颜色 ＋ **atic** 形容词后缀

homo**chromatic** [ˌhəʊməkrəˈmætɪk] 彤 单色的

延伸用法 homochromatic property 同色性

▶ The dyeing ability and **homochromatic** property of this kind of union fabrics are studied in this paper.
本文研究了该类交织物的染色性和同色性。

❷ **hetero** 不同的 ＋ **chrom** 颜色 ＋ **atic** 形容词后缀

heterochromatic [ˌhetərəkrə'mætɪk] 形 多色的

延伸用法 heterochromatic zone 异染色质区

▶ These are studies on the heterochromatic zone of m-chromosome in vicia faba.
这是对蚕豆m染色体异染色质区的研究。

· ·

❸ **homo** 相同的 ＋ **gene** 起源 ＋ **ous** 形容词后缀

homogeneous [ˌhɒmə'dʒiːniəs] 形 同质的

延伸用法 a homogeneous group 同质性组织

▶ The supporters of the political party do not belong to, surprisingly, a homogeneous group.
令人惊讶的是，这个政党的支持者并不属于同一性质的组织。

· ·

❹ **hetero** 不同的 ＋ **dox** 信仰

heterodox ['hetərədɒks] 形 异端的

延伸用法 a heterodox idea 非正统的想法

▶ This is such a heterodox idea. I won't accept it.
这真是个太异端的想法了。我不能接受。

💡⚡ 延伸补充自然学

与 homo 意思相近的前缀：iso

☆ **iso**bar 相同 ＋ 压力 名 等压线

☆ **iso**tope 相同 ＋ 位置 名 同位素

☆ **iso**therm 相同 ＋ 温度 名 等温线

Unit 164  根 **crypt** 隐藏、秘密

🗨 情境对话试水温

🎧 *Track 164*

Joe: I heard that the archaeologists found a **cryptogram** on the hidden **crypt** of the museum!	乔：我听说考古学家们在博物馆一个隐藏的地窖里找到了一段密文！
Oscar: Really? Have they **decrypted** the words?	奥斯卡：真的吗？那他们解密文字了吗？
Joe: Not yet. They were written in an extinct language. A professional **cryptographer** is needed to solve the puzzle.	乔：还没。密文是使用一种绝迹的语言写的。他们需要一名专业的解码者来解开这个谜题。
Oscar: But if it turns out that the message was "Happy Birthday," then it would be another waste of time trying to know why they **encrypted** the letters.	奥斯卡：但如果信息结果是"生日快乐"，那就又浪费时间去搞清楚他们为什么要加密信件了。
Joe: You surely know how to be a joy killer.	乔：你真的很懂得扫兴。

单词解析零距离

❶ en 使 ＋ **crypt** 隐藏、秘密

encrypt [ɪnˈkrɪpt] 动 译成密码

延伸用法 encrypt messages 将信息译成密码

▶ Don't worry. We will **encrypt** the messages to protect your privacy.
别担心。我们会将信息译成密码来保护你的隐私。

• •

❷ crypt 隐藏、秘密

crypt [krɪpt] 名 地下室

延伸用法 be hidden in a crypt 藏在地下室

▶ The antique has been hidden in a **crypt** for more than 100 years.
这个古董被藏在地下室超过一百年。

• •

❸ crypt 隐藏、秘密 ＋ **o** ＋ **gram** 书写、记录

crypto**gram** ['krɪptəʊɡræm] 图 密码；密文

延伸用法 receive a cryptogram 收到密文

▶ The general received a **cryptogram** and was trying to decode it.
将军收到了一封密文，并试着要解码。

• •

❹ de 除去 ＋ **crypt** 隐藏、秘密

decrypt [diːˈkrɪpt] 图 解码；译文

延伸用法 decrypt a code 解码

▶ All the professionals gathered in the room, trying to **decrypt** the code.
所有的专家都聚集在房间里，试着解开密码。

• •

❺ crypt 隐藏、秘密 ＋ **o** ＋ **graph** 记录 ＋ **er** 名词后缀，表示人

crypto**graph**er [krɪpˈtɒɡrəfə(r)] 图 译码者

延伸用法 study as a cryptographer 学习成为译码者

▶ My brother is now under internship and studies as a **cryptographer**.
我的哥哥现在正在实习并学习成为译码者。

⚡ 延伸补充自然学

☆ **crypt**ic 秘密 ＋ 形容词后缀 🔳 秘密的；如谜一般难解的

Unit 165  plen, plete

满的、填满

📢 情境对话试水温

Bree: Have you **completed** the project on the growing condition of the new seeds?	布里：你完成那个记录新种子生长条件的专题了吗？
Adam: Not yet. All the candidate lands were found to be all ready **depleted**.	亚当：还没，所有适合的土都已经用尽了。
Bree: Really? I thought your program provided a **plentiful** of choices.	布里：真的吗？我以为你有很多选择。
Adam: Only three this year. And the **completion** of the report needs to made by next week. I'm doomed.	亚当：今年只有三个，而且报告要在下周前完成，我完蛋了。
Bree: Don't worry. I have **plenty** of other materials you may want. Want to check them out?	布里：别担心，我还有很多你可能想要的材料，想看看吗？
Adam: Of course. Thanks a lot!	亚当：好啊，非常感谢！

 单词解析零距离

❶ com 完全 ＋ **plete** 填满

complete [kəm'pliːt] 📖 完成

延伸用法 complete a project 完成专题

▶ Our demanding professor asked us to **complete** the project on time.
我们那严格的教授要求我们准时完成这项专题。

• •

❷ de 除去 ＋ **plete** 填满

deplete [dɪ'pliːt] 📖 耗尽、用尽

延伸用法 deplete resources 消耗资源
▶ We are dying soon because we never stop **depleting** all the resources on earth.
我们就快灭亡了，因为我们从不停止消耗地球资源。

. . . .

❸ plen 满的 ＋ **ti** ＋ **ful** 形容词后缀

plentiful ['plentɪfl] 形 许多的

延伸用法 a plentiful of 很多种
▶ We saw a **plentiful** of fresh fruits in the garden.
我们在花园里看见很多种新鲜水果。

. . . .

❹ com 完全 ＋ **plet** 填满 ＋ **ion** 名词后缀

completion [kəm'pliːʃn] 名 完成

延伸用法 be near completion 即将完工
▶ The construction is finally now near **completion**.
这个建筑现在终于即将完工。

. . . .

❺ plen 满的 ＋ **ty** 名词后缀

plenty ['plenti] 名 许多

延伸用法 plenty of ... 多种……
▶ Our teacher wanted us to use as **plenty** of natural elements as possible in our artwork.
我们老师想要我们的美术作品尽可能地用多种天然元素。

⚡ **延伸补充自然学**

☆ **depletion**　　　去除＋填满＋名词后缀　　　名 耗尽
☆ **plenilune**　　　满＋月亮　　　名 满月

根 **nov** 新的

🎧 *Track 166*

情境对话试水温

Mason: Your house is so beautifully renovated. You're always innovative in interior design!	梅森：你的家里装修得好漂亮。在室内设计方面你总是很具创新性！
Ava: Well, thanks to some other novel ideas contributed by my husband. He helped a lot.	艾娃：这个嘛，多亏我丈夫贡献的一些新点子。他帮了很多忙。
Mason: Right, your husband. A novelist, right?	梅森：对，你的丈夫。小说家，对吧？
Ava: Yes, he just published a novel recently. It's called *Utopia*.	艾娃：对的，他刚出版了一本新小说，叫作《乌托邦》。
Mason: I'll surely check it out. By the way, can you kindly ask him how a novice in writing, like me, gets to establish herself as a novelist?	梅森：我一定会去看看的。对了，你可以问问他，像我这样的写作新手要怎么像他一样成为一名小说家吗？
Ava: I'll ask him, but I think his answer will be never stop writing.	艾娃：我会问他，但我想他的答案会是永远不要停止写作。

单词解析零距离

① re 再 ＋ nov 新的 ＋ ate 动词后缀

renovate ['renəveɪt] 囫 装修；重新改善

延伸用法 renovate the house 装修房子

▶ My parents said that they wanted to renovate the house because the paints were beginning to peel off.
我的父母说他们想要装修房子，因为油漆开始脱落了。

❷ in 进入＋**nov** 新的＋**a**＋**tive** 形容词后缀

innovative [ˈɪnəveɪtɪv] 形 创新的

延伸用法 an innovative idea 一个创新的点子

▶ The architect brought up an innovative idea and won unanimous approval.

这名建筑师想到了一个创新的点子，且赢得了一致的认同。

· ·

❸ nov 新的＋**el** 名词／形容词后缀

novel [ˈnɒvl] 名 小说 形 新奇的

延伸用法 write a novel 写小说

▶ In my spare time, I always try writing a novel. I fail everytime, though.

在闲暇时间，我总是会试着写小说。不过我每次都失败。

· ·

❹ novel 小说＋**ist** 名词后缀，表示人

novelist [ˈnɒvəlɪst] 名 小说家

延伸用法 aspire to be a novelist 立志当一名小说家

▶ I aspire to be a novelist like Jane Austen when I grow up.

我立志长大了当一名像简·奥斯汀那样的小说家。

· ·

❺ nov 新的＋**ice** 名词后缀

novice [ˈnɒvɪs] 名 新手；菜鸟

延伸用法 be complicated for novices 对新手来说很复杂

▶ This task is way too complicated for novices.

这项任务对新手来说太过复杂了。

延伸补充自然学

☆ **innovate**	进入＋新的＋动词后缀	动 创新
☆ **novelty**	新的＋名词后缀	名 新奇（的事物）

Unit 167

 首 **proto** 最先、原初的

Eva: Do you know that the **prototype** of the **protagonist** in this movie is the **proto-human**?	伊娃：你知道这部电影中主角的原型其实是原始人吗？
Laura: How come?	劳拉：怎么会？
Eva: Remember the scenes when he wandered around alone on the moor and caught animals with his bare hands? He ate them raw, and used their skins as shelters.	伊娃：还记得当他独自在沼地上游荡并赤手抓住动物的场景吗？他直接生吃这些动物，再穿它们的毛皮。
Laura: Oh ... that makes sense. But I thought it was because he broke the **protocol** and had to be exiled?	劳拉：哦……听起来合理，但我原以为是因为他违反规定才不得不被流放。
Eva: That's part of the reasons. But mainly, it was because he lived in a very primordial era comparatively.	伊娃：这是其中一个原因，但主要是因为他本来就生活在一个比较原始的时代。
Laura: However, if he didn't break the rules, he could at least live with other nomads.	劳拉：但是，如果他没有违反规定，他至少可以与其他游牧民生活在一起。
Eva: Fine. The movie is open for interpretations.	伊娃：好吧，这部电影就是让大家自由诠释。

 单词解析零距离

❶ **proto** 原初的 ＋ **type** 形式

prototype [ˈprəʊtətaɪp] 名 原型

延伸用法 a prototype of a machine 机器的原型

▶ Our boss asked me to transport the prototype of a machine to our client.
我们老板要求我们把机器原型运送给客户。

· ·

❷ **prot** 原初的 ＋ **agon** 动作 ＋ **ist** 名词后缀，表示人

protagonist [prə'tægənɪst] 名 主角

延伸用法 act as a protagonist 当主角

▶ This young actress expressed her desire to act as a protagonist in the upcoming film.
这位年轻的女演员表现出她想在接下来这部影片当主角的渴望。

· ·

❸ **proto** 原初的 ＋ **col** 集合

protocol ['prəʊtəkɒl] 名 协议

延伸用法 according to the protocol 根据协议

▶ All the countries needed to reduce marine waste according to the protocol.
根据协议，所有国家都必须减少海洋资源的浪费。

· ·

❹ **proto** 原初的 ＋ **human** 人类

proto-human ['prəʊtəʊhjuːmən] 名 早期原始人

延伸用法 the proto-human stage 原始人阶段

▶ Electricity was not yet invented in the proto-human stage.
原始人阶段还没有发明电力。

延伸补充自然学

与 proto 意思相近的前缀：arche、arch

☆ **arche**type　　最早的型态　　名 原型

☆ **arch**-enemy　　主要的敌人　　名 大敌

Unit 168 尾**less** 不能……的、没有……的

 情境对话试水温

🎧 *Track 168*

Ada: After being a mother, I have **countless** things to worry about.	艾达：当妈之后，我必须担心好多事情。
Mavis: Why do you say that?	梅维思：你为什么这么说呢？
Ada: Well, first, it's my husband. He is **senseless** about when he is needed to deal with the baby. I feel so **helpless** sometimes.	艾达：嗯，首先，就是我丈夫。当需要他照顾婴儿时，他毫无知觉。我有时感到很无助。
Mavis: It sounds really frustrating. What else?	梅维思：这听起来真的很令人沮丧，还有其他的吗？
Ada: Then, being a mother means you have much more responsibilities. I can't be **reckless** whenever I make a decision. You don't want to see it turns out to be a mistake to affect your kid's life in the future.	艾达：然后，成为一个妈妈意味着你有更多的责任。我做决定的时候不能鲁莽。你不想看到它变成一个错误，影响你孩子未来的生活。
Mavis: Motherhood sounds like a real tough job. However, it's **useless** to worry that much now. Hang in there. I'll be by your side.	梅维思：妈妈听起来就是个困难的工作，但现在去担心这些根本没用，撑着点，我会陪着你的。

⚡ 单词解析零距离

❶ **count** 计算 ＋ **less** 不能……的

countless ['kaʊntləs] 形 数不完的

延伸用法 **countless reasons** 无数的理由

▶ There are **countless** reasons why I can't marry you.
我不能跟你结婚的理由多得不胜枚举。

❷ **sense** 感知 ＋ **less** 没有……的

senseless ['sensləs] 彤 无知的、不省人事的

延伸用法 **senseless act** 毫无意义的行为

▶ Arguing with such an unreasonable person is a **senseless** act.
跟一个不讲理的人争执是毫无意义的行为。

❸ **help** 帮助 ＋ **less** 没有……的

helpless ['helpləs] 彤 无助的、无奈的

延伸用法 **as helpless as a baby** 像孩子一样无助

▶ Being robbed, he sat on the roadside as **helpless** as a baby.
遭到抢劫的他，像个孩子一样无助地坐在路边。

❹ **reck** 顾虑 ＋ **less** 没有……的

reckless ['rekləs] 彤 不顾后果的、鲁莽的

延伸用法 **reckless driver** 鲁莽的驾驶

▶ The traffic cop stopped the truck and wrote the **reckless** driver a ticket.
交通警察拦下卡车，并且给那个鲁莽的驾驶员开了张罚单。

❺ **use** 使用 ＋ **less** 不能……的

useless ['ju:sləs] 彤 没用的

延伸用法 **be useless at ...** 不擅长……

▶ Carl is smart, but he is totally **useless** at sports.
卡尔很聪明，但他完全不擅长运动。

💡 延伸补充自然学

与 less 意思相近的后缀：free

☆ **rent-free**　　　　不用地租的　　　　彤 免地租的

☆ **duty-free**　　　　不用税租的　　　　彤 免税的

Unit 169 尾 **ful** 充满……的

 情境对话试水温

🎧 *Track 169*

TV host: Today we have a guest with us for the show, whom we are all respectful to. He is a philanthropist, and also a life fighter. Let's welcome Shane!	主持人：今天我们邀请到一位来宾参与我们的节目，他受到了大众的尊敬，他是一位慈善家，更是一位生命斗士。让我们欢迎沙恩！
Shane: Thanks, Miss Lin. Hello, everyone.	沙恩：谢谢，林小姐。大家好。
TV host: Shane, can you tell me how to deal with your emotions when you learned you had to have your left arm amputated?	主持人：沙恩，可以告诉我们当你得知你必须截掉左手，你是如何排解自己的情绪的呢？
Shane: Well ... at first, I'm really resentful for everything and everyone. Therefore, everyone is leaving me except my wife, Angela. She is still careful of me physically and mentally. I'm very appreciative of her.	沙恩：嗯……一开始，我对每件事、每个人都充满怨恨，所以每个人都离开了我，除了我的妻子，安琪拉。无论心灵上或身体上她仍然对我很照顾。我真的非常感谢她。
TV host: Then how did you make it through?	主持人：那之后你怎么熬过来的呢？
Shane: I turned to the hypnotherapy and children, and I found a peaceful land in my mind. Both are really useful. As a result, I decided to give back to the society to help more people.	沙恩：我后来接触了催眠及孩子，我找到了心灵的一片净土。两者都非常有用。所以我决定要回馈社会，帮助更多的人。

⚡ 单词解析零距离

❶ re 回 ＋ spect 看 ＋ ful 充满……的

respectful [rɪ'spektfl] 形 尊敬的、恭敬有礼的

延伸用法 respectful behavior 尊敬他人的行为

▶ Look at people in the face while they're talking to you is a **respectful** behavior. 当别人跟你说话时，直视对方是尊敬他人的行为。

❷ **re** 一再 ＋ **sent** 感觉 ＋ **ful** 充满……的

resentful [rɪ'zentfl] 形 怨恨的

延伸用法 be resentful at ... 对……感到气愤

▶ Everyone was **resentful** at the unfair judgement.
所有人都对不公平的判决感到气愤。

❸ **care** 照顾 ＋ **ful** 充满……的

careful ['keəfl] 形 细心的、小心的

延伸用法 careful with money 不乱花钱

▶ Even he is a millionaire, he is **careful** with money.
即使他是百万富翁，花钱也是很精打细算。

❹ **peace** 和平 ＋ **ful** 充满……的

peaceful ['pi:sfl] 形 和平的、平静的

延伸用法 peaceful time 和平时期

▶ The Zhenguan Reign Period was a **peaceful** time in Tang Dynasty.
贞观时期是唐朝的一个和平时期。

❺ **use** 作用 ＋ **ful** 充满……的

useful ['ju:sfl] 形 有用的

延伸用法 be useful to someone 对某人有帮助

▶ A flashlight can be very **useful** when there is a power failure.
手电筒在停电的时候是非常有帮助的。

❻ **taste** 品味 ＋ **ful** 充满……的

tasteful ['teɪstfl] 形 高雅的、优美的

延伸用法 a tasteful style 高雅格调

▶ The interior designer decorated his own apartment in a **tasteful** style.
这位室内设计师以高雅的格调装潢自己的公寓。

Unit 170

尾 **able** 可……的、能够……的

💬 情境对话试水温

Katherine: I'm so sorry for your loss, Michael. It's **inevitable** for everyone to go through this, but I believe your grandfather went to a better place.

凯瑟琳：迈克尔,对你失去亲人我深表遗憾。每个人都不可避免地要经历这些，但我相信你祖父去了一个更好的地方。

Michael: Thanks, K. He is such an **adorable** person for his integrity. He lived a full life and was an inspiration to me and many others.

迈克尔：谢了，凯。因为他的诚实正直，他是如此的受人敬爱。他已经活得很精彩，而且也是我及大家的榜样。

Katherine: Totally. He is a **formidable** second lieutenant to the soldiers, but also a **amiable** old man to every acquaintance. He is free from the **changeable** state of the illness now.

凯瑟琳：没错，对于士兵来说，他是位可畏的少尉，但对于每位熟人来说，他也是亲切的老人。他现在已经不受多变的病情困扰了。

Michael: Exactly, it's so **honorable** to have him as my PaPa.

迈克尔：是的，我很荣幸有他当我的爷爷。

⚡ 单词解析零距离

❶ **in** 不 ＋ **evit** 避免 ＋ **able** 能够……的

inevitable [ɪnˈevɪtəbl] 形 无法避免的、必然的

延伸用法 inevitable result 必然的结果

▶ Their divorce is an **inevitable** result of his infidelity.
他们会离婚是他的不忠造成的必然结果。

. . . .

❷ **ador** 可爱、敬重 ＋ **able** 可……的

adorable [əˈdɔːrəbl] 形 可人的、可爱的

延伸用法 be adorable for... 因……而令人崇敬

▶ His grandfather is **adorable** for his integrity.
他的祖父因诚实正直而受人敬爱。

❸ **formid** 可怕的 ＋ **able** 可……的

formidable ['fɔːmɪdəbl] 彤 可畏的

延伸用法 **formidable opponent** 劲敌

▶ He is a **formidable** opponent who shouldn't be underestimated.
他是一个不容小觑的劲敌。

❹ **ami** 爱好、朋友 ＋ **able** 可……的

amiable ['eɪmɪəbl] 彤 和蔼可亲的、厚道的

延伸用法 **in an amiable mood** 心情好的

▶ She was rarely in an **amiable** mood, and generally either irritable or
sullen. 她很少心情好，而且常常不是暴怒就是阴郁。

❺ **change** 变更 ＋ **able** 能够……的

changeable ['tʃeɪndʒəbl] 彤 不定的、善变的

延伸用法 **changeable climate** 多变的气候

▶ I can never get used to the **changeable** climate in London.
我永远也无法习惯伦敦多变的气候。

❻ **honor** 荣誉 ＋ **able** 可……的

honorable ['ɒnərəbl] 彤 光荣的、高贵的

延伸用法 **honorable mention** 荣誉奖

▶ You should be proud of yourself for getting the **honorable** mention.
得到荣誉奖，你应该以自己为荣。

延伸补充自然学

able 的变化型：ible

✿ **conductible**   能够传导的   彤 可传导的

✿ **seducible**   诱惑的   彤 易受诱惑的

Unit 171 尾 **proof** 防止……的

情境对话试水温

🎧 *Track 171*

Mark: Do you know that this glass is bulletproof?	马克：你知道这种玻璃是防弹的吗？
Daisy: Of course. I also know that it's a perfect material for glass windows because it's also soundproof and heatproof.	黛西：当然，我也知道它是制作玻璃窗的完美材料，因为它隔音，又耐热。
Mark: Well, those are common qualities of windows, though.	马克：嗯，那些是窗户的基本品质。
Daisy: How about rustproof? That's worth telling.	黛西：那防锈怎么样？这值得讨论一下。
Mark: What kind of glass rusts? You may as well tell me it's waterproof.	马克：哪种玻璃会生锈啊？你不妨告诉我它防水好了。
Daisy: Uhm ... you're right! It's waterproof!	黛西：嗯……你说得对！它防水！
Mark: Oh my God.	马克：我的老天。

单词解析零距离

❶ bullet 子弹 ＋ **proof** 防止的

bulletproof ['bʊlɪtpruːf] 彤 防弹的

延伸用法 bulletproof vest 防弹背心

▶ All security guards are equipped with bulletproof vests.
所有安全警卫都装备防弹背心。

· ·

❷ sound 声音 ＋ **proof** 防止的

soundproof ['saʊndpruːf] 形 防噪音的、隔音的

延伸用法 soundproof room 隔音房间

▶ I always practice playing drums in the **soundproof** room so as not to disturb others.
我总是在隔音房间内练习打鼓，免得打扰到别人。

❸ **heat** 热度 ＋ **proof** 防止的

heatproof ['hiːtpruːf] 形 抗热的

延伸用法 heatproof glass 耐热玻璃

▶ The water pitcher is made of **heatproof** glass.
这个水壶是以耐热玻璃制成的。

❹ **rust** 锈蚀 ＋ **proof** 防止的

rustproof ['rʌstpruːf] 形 不锈蚀的

延伸用法 rustproof paint 防锈漆

▶ He repainted the room with **rustproof** paint.
他以防锈漆为房间重新上漆。

❺ **water** 水 ＋ **proof** 防止的

waterproof ['wɔːtəpruːf] 形 防水的

延伸用法 waterproof coat 防水外套；雨衣

▶ You'd better wear your **waterproof** coat because it's very likely to rain.
很可能会下雨，你最好穿上你的防水外套。

⚡ 延伸补充自然学

☆ **fool**proof	防止愚钝的	形	相当简单的
☆ **shock**proof	防止震动的	形	防震的

尾ish 像……般的

情境对话试水温

🎧 *Track 172*

Leo: My mom is so childish. She kept saying that I now look boyish with this haircut.	里欧：我妈妈好幼稚，她一直说我现在的发型很像小男孩。
Marco: Haha. She's just worried that you may seem more bookish than before. Remember the last time she said you look nerdy?	马可：哈哈，她只是担心你看上去比以前更像个书呆子。还记得上次她说你看起来很像书呆子吗？
Leo: Well, I'd rather be bookish than foolish. Look at my brother. He plays mobile games all the time.	里欧：嗯，我宁愿像书呆子而不是笨蛋。看看我弟弟，他只会一直打手游。
Marco: Let's just be objective. Maybe he does read and study when you're not around.	马可：我们客观一点，也许你不在的时候他也会看书跟学习。
Leo: Fine. Then it's better to look bookish than snobbish, like my sister. She always thought she's better everyone else just because she is rich.	里欧：好吧，那也好过像我妹妹一样，看起来很自大。她总认为她比其他人更好，因为她很有钱。
Marco: That's true.	马可：那是真的。

单词解析零距离

1 **boy** 男孩 ＋ **ish** 形容词后缀，像……般的

boyish [ˈbɔɪʃ] 形 男孩子气的

延伸用法 look boyish 看起来男孩子气

▶ My younger sister looks boyish but also cute.
我妹妹看起来很孩子气，但是很可爱。

❷ book 书籍 ＋ **ish** 形容词后缀，像……般的

bookish [ˈbʊkɪʃ] 形 书呆子的；学究的

延伸用法 seem bookish 看起来像书呆子

▶ Wearing a pair of glasses, I now seem **bookish** than ever.
一戴上眼镜，我看起来比以前更像书呆子。

· ·

❸ child 孩童 ＋ **ish** 形容词后缀，像……般的

childish [ˈtʃaɪldɪʃ] 形 孩子的；幼稚的

延伸用法 a childish behavior 幼稚的行为

▶ Do you know that a **childish** behavior like that may cause you troubles?
你知道像那样幼稚的行为可能会让你惹上麻烦吗？

· ·

❹ fool 傻瓜 ＋ **ish** 形容词后缀，像……般的

foolish [ˈfuːlɪʃ] 形 愚蠢的

延伸用法 a foolish thing 愚蠢的事情

▶ Please promise me you don't do a **foolish** thing like this ever again.
请答应我你不会再做这种愚蠢的事情。

· ·

❺ snob 势利的人 ＋ **ish** 形容词后缀，像……般的

snobbish [ˈsnɒbɪʃ] 形 势利的

延伸用法 be snobbish about 对……不屑

▶ The rich family is very **snobbish** about cheap hotels.
那个有钱的家庭对廉价旅馆非常不屑。

💡 **延伸补充自然学**

与 ish 意思相近的后缀：like

☆ **childlike** 孩子 ＋ ……般的 形 像孩子一般的

☆ **dreamlike** 梦 ＋ ……般的 形 像梦一般的

☆ **businesslike** 商业 ＋ ……般的 形 商业般的

Unit 173  尾 **ive** 有……倾向的、有……性质的

情境对话试水温

🎧 *Track 173*

Will: The man in the black shirt was caught putting an **explosive** in front of the fountain. When the police arrived, he resisted and sprayed **corrosive** liquids to people around him.	威尔：那个穿黑衬衫的人被发现在喷泉前放置炸药。当警察赶到时，他反抗并向周围的人喷洒腐蚀性液体。
Lillian: It was Sunday! Lots of people gathered in that square!	莉莲：那天是星期日！很多人聚集在那个广场！
Will: Fortunately, no one got injured. The man confessed that he was afflicted with an **infective** disease. He didn't want to be the only one suffering in this world.	威尔：幸运的是，没有人受伤。那个人承认他患了传染病。他不想成为这个世界上唯一一个受苦的人。
Lillian: Thank God! His vicious plan was just an **abortive** attempt.	莉莲：谢天谢地！他的恶毒计划只是一次失败的尝试。
Will: Big thanks to the police. Their efficiency and performance were so **impressive**! They stuck to their **respective** duties and saved the day.	威尔：非常感谢警察。他们的效率和表现令人印象深刻！他们坚守各自的职责，挽救了局面。

单词解析零距离

❶ abort 流产 ＋ **ive** 有……倾向的

abortive [əˈbɔːtɪv] 形 流产的

延伸用法 abortive attempt 尝试失败

▶ Their first uprising against the government was an **abortive** attempt.
他们第一次反政府起义是一次失败的尝试。

❷ cor 共同 ＋ **ros** 腐蚀 ＋ **ive** 有……性质的

corrosive [kə'rəʊsɪv] 形 侵蚀的

延伸用法 corrosive injury 腐蚀性伤害

▶ Ingestion of pesticides will cause **corrosive** injury to gullet and stomach. 吞食农药将对食道及胃造成腐蚀性伤害。

❸ ex 向外 ＋ **plos** 大声响 ＋ **ive** 有……倾向的

explosive [ɪk'spləʊsɪv] 形 爆炸性的

延伸用法 plastic explosive 塑胶炸药

▶ The police tried to stop the man from detonating the plastic **explosive**. 警方试图阻止男子引爆那枚塑胶炸药。

❹ im 使 ＋ **press** 放置 ＋ **ive** 有……性质的

impressive [ɪm'presɪv] 形 使人印象深刻的

延伸用法 impressive movie 感人的电影

▶ The *Titanic* is by far the most **impressive** movie that I have ever seen. 到目前为止，《泰坦尼克号》是我看过的最令人印象深刻的电影。

❺ in 使 ＋ **fect** 做 ＋ **ive** 有……倾向的

infective [ɪn'fektɪv] 形 有传染力的

延伸用法 anti-infective drug 抗感染物

▶ The man took the anti-**infective** drug so as to prevent the infectious disease. 男子服用抗感染物以预防传染病。

❻ re 再 ＋ **spect** 看 ＋ **ive** 有……性质的

respective [rɪ'spektɪv] 形 各自的

延伸用法 respective duty 各自的工作岗位

▶ Everyone returned to their **respective** duties right after the meeting. 所有人在开完会后随即回到各自的工作岗位上。

⚡ **延伸补充自然学**

☆ **imaginative**　　　想象 ＋ 有……性质的　　　形 具想象力的

☆ **talkative**　　　　说话 ＋ 有……性质的　　　形 话多的

Unit 174  尾 **ability** 具有……性质、可……性

情境对话试水温

Molly: I always thought that I have the **capability** to deal with all the difficulties in life, but it turns out that I have to face my own **vulnerability** first.

莫莉：我总是以为我有那个能力去面对生命中的所有难题，但是事实是，我必须先面对自身的脆弱。

Andie: Of course. And you have to remember that the **inevitability** to confront oneself is the same as the **negotiability** of life. While you think something is impossible to change, think about how you always go back to your own history.

安迪：当然。而且你要记得的是，面对自己的必然性和生命的可协调性是一样的。当你认为某件事不可能被改变的时候，想想你是如何总是回到自己的过往。

Molly: What do you mean by history?

莫莉：你指的过往是什么意思？

Andie: The sedimentation of your past experiences. The **attainability** of certain memories will help you cope with life.

安迪：你过往经验的沉淀。某些回忆的可取得性会帮助你面对生命。

Molly: That's deep. Thanks!

莫莉：好深奥。谢谢！

单词解析零距离

❶ **cap** 拿取 ＋ **ability** 具有……性质

capability [ˌkeɪpə'bɪləti] 名 能力、才能

延伸用法 the capability of doing ... 做……的才能

▶ We're looking for someone who has the **capability** of managing a branch office.
我们正在寻找有能力管理分公司的人。

❷ vulner 弱点＋**ability** 具有……性质

vulnerability [ˌvʌlnərəˈbɪləti] 名 罩门、弱点

延伸用法 critical vulnerability 严重漏洞

▶ Unrestrained gun trade is a critical **vulnerability** of the public security in that country. 不受限制的枪支交易是该国治安的严重漏洞。

❸ in 不＋**evit** 避免＋**ability** 具有……性质

inevitability [ɪnˌevɪtəˈbɪləti] 名 不可逃避性、必然性

延伸用法 inevitability of life 生命的必然性

▶ To go through birth, aging, illness and death is the **inevitability** of life. 经历生老病死是生命必然之事。

❹ negoti 协商＋**ability** 具有……性质

negotiability [nɪˌɡəʊʃəˈbɪləti] 名 可协商性

延伸用法 lack of negotiability 缺乏协商性

▶ My mother doesn't like shopping online because of its lack of **negotiability**. 我妈妈不喜欢线上购物，因为线上购物不能议价。

❺ attain 获得＋**ability** 具有……性质

attainability [əˌteɪnəˈbɪləti] 名 可获得、可达到

延伸用法 attainability of relief 救援可得性

▶ It is reported that the **attainability** of relief is increasing in the wild. 据报导，在野外越来越容易获得救援了。

⚡ **延伸补充自然学**

ability 的变化型：ibility

☆ **access**ibility	可接近性的	名 容易接近、可亲
☆ **ed**ibility	食用＋具有……性质	名 可食性
☆ **flex**ibility	弯曲＋可……性	名 弹性、灵活度
☆ **poss**ibility	可能＋可……性	名 可能性

357

Unit 175 尾 **ship** 状态、身份、关系

💬 情境对话试水温

🎧 *Track 175*

Ava: I heard that you participated in the National High School Skills Competition and won the championship.	艾娃：我听说你参加了全国高中技能竞赛并获得了冠军。
Liam: Yes, I'm so blessed to win this competition, so I can obtain the scholarship for the university.	利亚姆：对呀，我好幸运赢得了这场比赛，这样我就能得到大学的奖学金了。
Ava: That's a big amount of money. What a wonderful prize!	艾娃：那是很大一笔钱。好棒的奖品!
Liam: Thanks. This honor doesn't all belong to me. I also appreciated that Byron always practiced with me so that I could be so familiar with the contest.	利亚姆：谢谢，这份荣誉不全属于我。我也很感激拜伦总是和我一起练习，让我可以熟悉比赛。
Ava: He is such a good friend that your friendship will be everlasting.	艾娃：他是这么好的朋友，你们的友情必定会长存。
Liam: I hope so. I also hope I will be able to obtain the ownership of the franchise mechanics shop, and be an outstanding mechanic in the future.	利亚姆：但愿如此，我也希望未来我能取得连锁修车厂的经营权，并成为杰出的技师。

⚡ 单词解析零距离

❶ **champ** 平原 ＋ **ion** 名词后缀 ＋ **ship** 身份

championship ['tʃæmpiənʃɪp] 名 冠军

延伸用法 Women's Championships 女子锦标赛

▶ They are practicing very hard in order to win the Women's Volleyball **Championships**.
为了赢得女子排球锦标赛，她们努力练习。

❷ **scholar** 学术的 + **ship** 状态

scholarship ['skɒləʃɪp] 名 奖学金；学识

延伸用法 sports scholarship 体育奖学金

▶ Jerry goes to a nice university on the sports **scholarship**.
杰里靠体育奖学金上了一所不错的大学。

❸ **friend** 朋友 + **ship** 关系

friendship ['frendʃɪp] 名 友情

延伸用法 everlasting friendship 永恒的友谊

▶ I am impressed with the everlasting **friendship** between my father and Uncle Jack.
我对父亲和杰克叔叔之间永恒的友谊印象深刻。

❹ **own** 拥有 + **er** ……的人 + **ship** 状态、身份

ownership ['əʊnəʃɪp] 名 拥有者；所有权

延伸用法 public ownership 公有制；国家所有制

▶ Power industry still remains in public **ownership** in this country.
电力工业在这个国家仍维持国家所有制。

延伸补充自然学

☆ **fellow**ship	伙伴的关系	名 伙伴关系
☆ **sportsman**ship	运动家的状态	名 运动家精神
☆ **kin**ship	家族的关系	名 血缘关系
☆ **citizen**ship	公民的身份	名 公民身份

尾 age 状况、行为、数量、性质

🎧 *Track 176*

💬 情境对话试水温

Gillian: Elena is one of the survivors of the airline incident. Her husband died in the air crash. The police are checking the plane breakage, and try to find the flight recorder from the plane wreckage to see the CVR, mileage from FDR, and other details.

吉莉安：埃琳娜是这次空难的幸存者之一。她丈夫死于空难。警方正在检查飞机破损情况，并试图从飞机残骸中找到飞行记录器，以查看驾驶舱话音记录器、飞行资料记录器里的里程数和其他细节。

Adam: Jenny and I went to the hospital to visit her yesterday. She was almost covered with the bandage and pipes.

亚当：我跟珍妮昨天去医院探视伊莲娜，她几乎全身都被绷带和管子覆盖。

Gillian: Elena and her husband had a lovely and happy marriage. They are aligned with each other's soul and just meant to be.

吉莉安：伊莲娜和她丈夫有很美满的婚姻，他们灵魂契合，注定要和彼此在一起。

Adam: It will definitely be a long way for her to get recovery from sorrow.

亚当：要她从伤痛中复原势必是条漫漫长路。

⚡ 单词解析零距离

① band 用带捆 ＋ **age** 状态

bandage ['bændɪdʒ] 名 绷带、束缚

延伸用法 bandage up 包扎起来

▶ The nurse bandaged up his injured arm roughly.
护士粗鲁地将他受伤的手臂包扎起来。

② mile 英里 ＋ **age** 数量

mileage ['maɪlɪdʒ] 名 里程数

延伸用法 low mileage 低里程数

▶ He bought a small used car with low mileage.
他买了一辆总里程数低的二手小轿车。

③ marri 结婚 ＋ **age** 行为

marriage ['mærɪdʒ] 名 婚姻

延伸用法 marriage bureau 婚姻介绍所

▶ Thanks to the marriage bureau, my 45-year-old aunt finally found her Mr. Right.
感谢婚姻介绍所，让我那四十五岁的姑姑终于找到她的真命天子。

④ break 毁坏的 ＋ **age** 状态

breakage ['breɪkɪdʒ] 名 坏损

延伸用法 accidental breakage 意外损害

▶ Any accidental breakage should be paid for.
任何意外损害都必须赔偿。

⑤ wreck 失事 ＋ **age** 状况

wreckage ['rekɪdʒ] 名 （飞机、船等）失事、遭难

延伸用法 plane wreckage 飞机残骸

▶ The rescuers had to drag out the dead bodies of the victims from the plane wreckage.
救难人员不得不从飞机残骸中将罹难者的遗体拉出来。

⑥ us 使用 ＋ **age** 行为

usage ['juːsɪdʒ] 名 使用方法

延伸用法 ill-usage 错误使用；滥用

▶ The damage to this machine is apparently caused by ill-usage.
这台机器的损坏明显是使用错误所造成的。

延伸补充自然学

☆ **short**age	短少的状态	名 短缺
☆ **append**age	附加的性质	名 附加物

Unit 177 尾 ance 性质、状态

情境对话试水温

🎧 *Track 177*

Steven: Have you seen the news? Ivy is going to marry the richest businessman, and there will be a large **attendance**.	史蒂芬：你看到新闻了没？艾薇即将跟首富结婚了，而且很多有头有脸的人物都会出席这场婚礼。
Ricky: Yes, I have. The wedding is totally an **extravagance**. The side-street news even reveals that Ivy is quite picky on the **fragrance** of the wedding venue. Who cares about what kind of aromatic they use?	里基：是的，我看到了。这场婚礼真是太奢侈了。甚至有小道消息透露，艾薇对婚礼场地的香味相当挑剔。谁在乎他们用的是哪种香精？
Steven: That's absolute nonsense. That businessman is indeed in **ignorance** of how miserable his life will be after marriage.	史蒂芬：真是太扯了，这位富商完全不知道他婚后的生活会是怎样悲惨。
Ricky: Exactly. Also, there's a gossip that Ivy originally showed **reluctance** to the marriage, so the man doubled the bride-price to please her.	里基：没错，而且还有八卦指出当初艾薇不愿接受这件婚事，所以富商把礼金加倍来讨好她。

单词解析零距离

1 **attend** 参加 ＋ **ance** 状态

attendance [ə'tendəns] 名 参加、出席

延伸用法 perfect attendance 全勤

▶ The only perfect **attendance** award of this semester goes to Amy.
这学期唯一一个全勤奖的得奖人是艾米。

❷ extra 超出 **+ vag** 漫游 **+ ance** 状态

extravagance [ɪkˈstrævəgəns] 名 铺张、浪费

延伸用法 live a life of extravagance 过着铺张浪费的生活

▶ It is unbelievable that she lives a life of extravagance by borrowing.
真不敢相信她竟靠借贷过着铺张浪费的生活。

❸ fragr 芳香的 **+ ance** 性质

fragrance [ˈfreɪgrəns] 名 芳香、香气

延伸用法 flower fragrance 花香

▶ The whole room is filled with flower fragrance.
整个房间充满了花香。

❹ ignor 忽视 **+ ance** 状态

ignorance [ˈɪgnərəns] 名 忽视、忽略

延伸用法 in ignorance of ... 对……不知情

▶ It is sad that the old man is in complete ignorance of his son's death.
令人悲伤的是，老人对儿子的死一无所知。

❺ reluct 不情愿的 **+ ance** 状态

reluctance [rɪˈlʌktəns] 名 不甘愿、勉强

延伸用法 show reluctance to do ... 不愿做……

▶ Mary showed reluctance to lend Peter any money.
玛丽表示一分钱都不愿意借给彼得。

延伸补充自然学

与 ance 意思相近的后缀：cy、sy

☆ **accura**cy　　准确的性质　　　名 正确性

☆ **idiosyncra**sy　　个人的习性　　　名 特质

Unit 178

尾 **ence** 行为、状态

📱 情境对话试水温

🎧 *Track 178*

David:	Wenny accused the housekeeper of T Hotel stealing her diamond ring, and had firmly **insistence** to have access to all surveillance cameras.	大卫：温妮指控T酒店的管家偷了她的钻戒，并**坚决要求**查看所有的监控摄像头。
Tim:	The housekeeper stole the ring?	提姆：管家偷了戒指？
David:	She tried to prove her **innocence**, but in vain. The surveillance camera showed that she was the only one entering Wenny's room. They all confronted in a tense **ambience**.	大卫：她尝试证明自己的**清白**但徒劳无功，监控录像显示她是唯一进入温妮房间的人，对质的**氛围**很紧张。
Tim:	Wasn't that Wenny's engagement ring?	提姆：那是温妮的订婚戒指吧？
David:	Yes. The manager apologized for the **negligence** and promised to compensate for the loss.	大卫：是，经理为他们的**疏忽**道歉，并且承诺赔偿。
Tim:	Wenny always acts with **prudence**. How could she put the costly ring in the room?	提姆：温妮做事一向**谨慎**啊，怎么会把昂贵的戒指放在房里？
David:	Losing a ring is not that big deal. It seemed like **providence** that the hotel was on fire the day after Wenny checked out!	大卫：弄丢戒指是小事。温妮退房的第二天酒店就着火了，真是**天意**啊！

 单词解析零距离

❶ **ambi** 周围 ＋ **ence** 状态

ambience ['æmbiəns] 名 周围气氛

延伸用法 dining ambience 用餐气氛

▶ We enjoyed the relaxed dining **ambience** at the homey Italian restaurant. 我们在这家温馨的意大利餐厅享受着轻松的用餐氛围。

❷ **in** 不＋ **noc** 伤害＋ **ence** 状态

innocence ['ɪnəsns] 图 无辜、清白

延伸用法 prove one's innocence 证明一个人的清白

▶ There is no sufficient evidence to prove his **innocence**.
没有足够的证据能证明他的清白。

❸ **in** 使＋ **sist** 使站立＋ **ence** 行为

insistence [ɪn'sɪstəns] 图 坚持

延伸用法 insistence on ... 对……的坚持

▶ They called a hunger strike to show their **insistence** on the removal of the president. 他们呼吁绝食抗议，以表明他们对撤掉总统的坚持。

❹ **neglig** 忽略＋ **ence** 行为

negligence ['neglɪdʒəns] 图 疏失

延伸用法 contributory negligence 共同过失

▶ The plaintiff cannot get the indemnity he requested for contributory **negligence**. 原告因共同过失而无法拿到他要求的赔偿金。

❺ **pro** 预先＋ **vid** 看＋ **ence** 状态

providence ['prɒvɪdəns] 图 远见、天命

延伸用法 act of providence 不可抗力的天灾

▶ The tsunami that killed 500 people ten years ago was deemed an act of **providence**.
十年前那场使五百人丧生的海啸被视为不可抗力的一场天灾。

❻ **prud** 正经＋ **ence** 状态

prudence ['pru:dns] 图 慎重　　延伸用法 act with prudence 谨慎行事

▶ We must act with **prudence** so as not to leak out any information.
我们务必谨慎行事，以免走漏任何风声。

 ment 行为、行动

💬 情境对话试水温

🎧 *Track 179*

Bill: The city government provided subsidization for enterprise as an encouragement to build factories in this area.

比尔：市政府为企业提供补助，作为他们在该区建设工厂的鼓励。

Jam: The policy was for local development. However, most residents felt resentment at the industrial pollution the factories had caused, such as the discharge of sewage, soot emi, noise pollution, etc.

詹姆：这个政策原本是为了地区发展，但多数居民因工厂造成的工业污染而感到不满，像是废水排放、废气排放、噪声污染，等等。

Bill: The residents even led a protest movement against the city government and enterprises involved. They asked the enterprises to make renouncement and stop operations of all authorized manufacturing factories.

比尔：居民甚至针对政府及涉及的企业发起抗议活动，他们要求企业停止运作所有已授权的制造业工厂。

 单词解析零距离

❶ **en** 使…… ＋ **courage** 鼓励 ＋ **ment** 行为

encouragement [ɪnˈkʌrɪdʒmənt] 名 奖励、鼓励

延伸用法 negative encouragement 消极鼓励

▶ Experts believe that physical punishment is a negative encouragement to students.
专家认为体罚对学生来说是消极鼓励。

❷ develop 发展＋**ment** 行为

development [dɪˈveləpmənt] 名 发展、进步

延伸用法 personality development 人格发展

▶ Home education can greatly influence one's personality **development**.
家庭教育对一个人的人格发展影响甚巨。

❸ govern 统治＋**ment** 行为

government [ˈgʌvənmənt] 名 政府

延伸用法 tyrannical government 专制政府

▶ They are scheming an uprising to overthrow their tyrannical **government**. 他们正在计划一场起义，以推翻他们的专制政府。

❹ move 移动＋**ment** 行动

movement [ˈmuːvmənt] 名 动作、行动

延伸用法 bowel movement 排便

▶ Regular exercise and fiber intake can improve bowel **movement**.
规律运动及摄取纤维能促进排便。

❺ re 回＋**nounce** 说＋**ment** 行为

renouncement [rɪˈnaʊnsmənt] 名 放弃、拒绝

延伸用法 right of renouncement 解除权

▶ His attorney suggested that he exercise the right of **renouncement** and rescind the contract.
他的律师建议他行使解除权，撤销合约。

❻ re 一再＋**sent** 情感＋**ment** 行为

resentment [rɪˈzentmənt] 名 仇恨、怨恨

延伸用法 resentment against ... 对……感到愤慨

▶ The residents felt **resentment** against the industrial pollution caus by the factory. 居民对工厂造成的工业污染感到很愤慨。

 ness 性质、状态

情境对话试水温

Jordan: A **business** genius should have the **awareness** of future trends.

乔登：一名商业天才需要知道未来趋势。

Donnie: Well ... So far, you have had one trait to start your career in Rothschild. What else?

唐尼：嗯……你已经拥有了一项可以开始在罗斯柴尔德工作的特质。还有呢？

Jordan: When you are about to persuade the potential customers, you should maintain the **conciseness** of the conversation, and impress them with accuracy and efficiency.

乔登：当你要说服潜在客户的时候，你应该保持谈话的简洁，给他们留下准确和高效的印象。

Donnie: Um, it gets more interesting now.

唐尼：嗯……越来越有趣了呢。

Jordan: What's more, you should talk with **happiness** in your eyes to let them know those penny stocks are really promising. Last but not least, you should always show **kindness**.

乔登：更重要的是，你应该在交谈时保持愉悦，让他们知道那些低价股真的很有前途。最后但同样重要的是，你应该总是表现出善意。

Donnie: Okay. I'm really looking forward to your performance in our company now.

唐尼：好，我现在真的很期待你未来在公司的表现。

解析零距离

...ss 性质

商业、生意

停业；歇业

...en out of **business** since last month.

经停业了。

❷ **aware** 觉察 ＋ **ness** 状态

awareness [əˈweənəs] 名 认知、觉察

延伸用法 eco-awareness 环保意识

▶ The ecologist gave a speech to promote eco-awareness.
该生态学家做了一场推动环保意识的演讲。

❸ **con** 共同 ＋ **cise** 切 ＋ **ness** 性质

conciseness [kənˈsaɪsnɪs] 名 简明、简单

延伸用法 conciseness of expression 言简意赅

▶ A good essay should be a balance between conciseness of expression and adequate information.
一份好的报告应该在言简意赅和信息充分之间取得平衡。

❹ **happi** 快乐 ＋ **ness** 状态

happiness [ˈhæpinəs] 名 快乐、愉悦

延伸用法 in great happiness 非常愉快地

▶ The couple is preparing for their wedding in great happiness.
这对情侣正非常愉快地筹备他们的婚礼。

❺ **kind** 仁慈 ＋ **ness** 性质

kindness [ˈkaɪndnəs] 名 仁慈、友好

延伸用法 kill someone with kindness 宠坏某人

▶ Stop spoiling your son. You're going to kill him with kindness.
别再溺爱你儿子了。宠他就是害了他。

💡 延伸补充自然学

☆ **empti**ness   空的状态   名 空虚

☆ **swift**ness   快捷的状态   名 敏捷

尾 tion, sion
行动、状态

💬 情境对话试水温

🎧 *Track 181*

Linda: I think this revolution has already caused too many social **confrontations**. It has to end.	琳达：我认为这场革命已经导致太多的社会冲突，它必须结束。
Kevin: Well, on the bright side, **tensions** are actually good things. They make people reflect and contemplate on the situation they're facing.	凯文：嗯，从好的方面来说，紧张的局势其实是好事，它使人们深省并思考他们所面临的情况。
Linda: True. But it has led to the **isolation** of minorities from the general public. A strategic **decision** needs to be made.	琳达：没错，但它害得少数族群被大众孤立，必须做出决策了。
Kevin: So, you're saying that the government should suppress the civil **action**?	凯文：所以，你是说政府应该禁止公民运动？
Linda: No. I'm trying to say that the movement has crossed the boundaries.	琳达：不，我是觉得这场运动已经逾矩了。

 单词解析零距离

n 共同 + **front** 正面的 + **ation** 行动

ntation [ˌkɒnfrʌnˈteɪʃn] 名 冲突、对抗

nfrontation with 和……对峙

were now in a **confrontation** with the government.

政府对峙。

、紧绷

延伸用法 the tension between A and B　A和B之间的紧张氛围

▶ It's not difficult to detect the **tension** between Marco and Mars.
　我们不难察觉到马可跟马尔斯之间的紧张氛围。

---

❸ i + sol 唯一 + ation 状态

isolation [ˌaɪsə'leɪʃn] 名 孤立、隔离

延伸用法 feelings of isolation　孤独感

▶ Reaching mid-life, Alice keeps having feelings of **isolation**.
　艾丽斯到了中年后，一直觉得很孤独。

---

❹ de 除去 + cis 切除 + ion 行动

decision [dɪ'sɪʒn] 名 决定、判断

延伸用法 make a decision　做决定

▶ In life, we are constantly forced to make **decisions**.
　人生中，我们经常被迫做出决定。

---

❺ act 行动 + ion 行动

action ['ækʃn] 名 行动、行为

延伸用法 take action　采取行动

▶ Facing this dire situation, I have to take **action** to protect myself.
　面临这种紧迫的局面，我必须采取行动来保护我自己。

💡 延伸补充自然学

✩ **persua**sion	通过 + 柔顺的 + 行动	名 说服
✩ **ambi**tion	绕周围走 + 状态	名 野心